Das war 84

STERN JAHRBUCH

das war 84

Herausgeber:	Rolf Winter
Redaktion:	Hans-Joachim Maass, Text
	Gerhard O. Aeckerle, Bild
Gestaltung:	Franz Epping
Produktion:	Druckzentrale G+J
Druck:	Brillant-Offset, Hamburg
	© STERN-Buch im Verlag
	Gruner + Jahr AG & Co, Hamburg
	1. Auflage 1985
	ISBN: 3-570-04915-9

Zu diesem Buch

Die Welt ist auch 1984 nicht friedlicher geworden. Trotz aller Bemühungen um den Frieden, trotz aller Appelle scheinen Kriege zu der Welt zu gehören, in der wir leben.

Zwei Kriege dauern nun schon fast so lange wie der Zweite Weltkrieg: der Kampf der Afghanen gegen die sowjetischen Invasoren und der Golfkrieg zwischen Iran und Irak. Die Sowjetunion hat ihre militärische Präsenz in dem besetzten Afghanistan verstärkt und richtet ihre Angriffe zunehmend gegen die Zivilbevölkerung – in der irrigen Ansicht, so den Widerstandswillen der Mujaheddin schwächen zu können. Die Proteste der westlichen Welt scheinen die sowjetische Führung nicht zu beeindrucken: Der Kampf wird mit immer brutaleren Mitteln geführt.

Der Krieg am Persischen Golf ist zu einem Stellungskrieg erstarrt; die Iraner setzen auf Massenangriffe, mit denen sie die Stellungen der Iraker zu überrennen versuchen. Der Irak hat 1984 damit begonnen, Öltanker von Drittländern im Golf zu beschießen, um den iranischen Ölexport zu behindern und den Gegner so wirtschaftlich zu schwächen.

Afghanistan und der Golf waren jedoch nicht die einzigen Kriegsschauplätze des Jahres: Im Tschad gab es einen Bürgerkrieg, Marokko geht nach wie vor gegen die westafrikanische Freiheitsbewegung Polisario vor, im südlichen Afrika ging der Guerillakrieg in Mosambik und Angola weiter. Nicht zu vergessen die Bürgerkriege und Grenzkonflikte: Nicaragua, El Salvador, Honduras, Sri Lanka, Philippinen, Kambodscha.

Lediglich im Libanon deutet einiges darauf hin, daß das hart getroffene Land sich um eine Heilung der Wunden bemüht, die der langjährige Bürgerkrieg geschlagen hat.

Der internationale Terrorismus hat sich 1984 ebenfalls wieder bemerkbar gemacht: In Italien bei einem Anschlag auf einen Schnellzug bei Bologna, und in der Bundesrepublik machte die von einigen schon totgeglaubte RAF wieder von sich reden.

Zwei politische Attentate waren gegen weibliche Regierungschefs gerichtet: In Brighton entging Premierministerin Margaret Thatcher einem Anschlag der IRA, während Indiens Ministerpräsidentin Indira Gandhi durch Schüsse einiger Sikh-Leibwächter ums Leben kam. Dieser Mord löste in ganz Indien eine Verfolgung der Sikhs aus, bei der tausende Angehörige dieser religiösen Minderheit ihr Leben verloren.

In Polen ließ der Mord an dem Priester Jerzy Popieluszko erkennen, daß zwischen Staat und Kommunistischer Partei einerseits und Gesellschaft und katholischer Kirche andererseits nur ein mühsam gewahrter Waffenstillstand herrscht.

Im Herbst erschütterten die Meldungen von der Hungerkatastrophe in Äthiopien die Weltöffentlichkeit und ließen – viel zu spät – Hilfskampagnen anlaufen.

In der Bundesrepublik waren die stetig steigende Arbeitslosigkeit, der Flick-Parteispenden-Skandal und der siebenwöchige Metallarbeiterstreik die beherrschenden Themen des Jahres.

Die USA waren im vergangenen Jahr sehr mit sich beschäftigt: Die Olympischen Spiele in Los Angeles brachten für die Athleten der USA einen Medaillenregen wie noch nie. Publikum und Öffentlichkeit in Amerika bejubelten die Sportler, als wollten sie zeigen, daß das Land von Selbstkritik genug hat. Am Jahresende errang Präsident Ronald Reagan einen überzeugenden Wahlsieg, der endlich den Weg freimachte für neue Abrüstungsverhandlungen mit der Sowjetunion.

Das Jahrbuch berichtet auch von den erfreulicheren Ereignissen des Jahres. Sie sorgen dafür, daß dieses Buch keine zu düstere „Schlagseite" bekommt. Es gab nämlich auch 1984 wieder manches, was zu einem optimistischen Blick in die Zukunft berechtigt.

Hamburg, im Januar 1985

Die Redaktion

8 Abenteuer:
Der Wellenbrecher.
Von Burkhard Lüpke
Der Traum vom Fliegen.
Von Uwe Behringer

12 Accessoires:
Schein-Kram.
Von Barbara Larcher

14 Äthiopien:
Die Menschen aßen Unkraut, Rinde und Gras.
Von Peter-Hannes Lehmann

20 Afghanistan:
Jagd auf den „Löwen vom Panjshir-Tal".
Von Peter-Hannes Lehmann

22 Argentinien:
Gräber ohne Namen.
Von Teja Fiedler

24 Bademode:
Die große Erleuchtung. – Das scharfe Nichts.
Von Barbara Larcher

28 Barkassenunglück
Es fing so fröhlich an ...
Von Edith Maahn

30 Brand:
Die Rache Gottes.
Von Eckard Presler

32 Brasilien:
Der tiefe Fall einer kühnen Hoffnung.
Von Uwe Zimmer

34 Bundesrepublik Deutschland:
Die Affäre Kießling – ein Fall Wörner.
Von Heiner Bremer
„Wir haben ein paar Schrammen abgekriegt."
Von Heiko Tornow
Kampf um die Startbahn West.
Von Sebastian Knauer
„Kopfprämie" für die Heimkehr der Gastarbeiter.
Von Ulrich Rosenbaum
Dreckschleuder der Nation.
Von Horst Güntheroth
Busenwahl und Damenboxen.
Von Evelyn Holst

46 DDR:
Hinterausgang aus der DDR.
Von Peter Pragal

48 Europacup:
Platini – Genie und Torjäger.
Von Burkhard Lüpke

50 Europäische Gemeinschaft:
Das Elend mit dem Überfluß.
Von Lutz Bindernagel

52 Expedition:
Das eisige Grab in der Arktis.
Von Rainer Köthe

54 Fallschirmspringen:
Es sprang ein Mann vom Eiffelturm.
Von Birgit Lahann

56 Film:
Hollywood an der Isar. – Noch ein Tarzan.
Von Michael Schaper

60 Fotografie:
Vom Weltall bis ins Molekül.
Von Horst Güntheroth

64 Frankreich:
Die Tafel eines ganzen Lebens.
Von Gerhard Schnitzer
Gesten fürs Gemüt. – Souvenirs für den Tschad.
Von Lutz Bindernagel
Aufruhr im Revier.
Von Katharina Horbatsch

72 Freiheitsstatue
Make-up zum Geburtstag.
Von Gerhard Schnitzer

74 Fußball:
Mein Gott, Jupp.
Von Burkhard Lüpke

76 Geburtstag:
50 Jahre und kein bißchen leise.
Von Uschi Neuhauser

78 Gesellschaft:
Das Ende eines Idols.
Von Edith Maahn

80 Gestorben:
Die Toten des Jahres.
Von Jürgen Kesting

86 Großbritannien:
Kumpels gegen die Staatsgewalt. – Um Haaresbreite.
Von Almut Hielscher
Der Tod eines irischen Märtyrers – live.
Von Mario R. Dederichs

92 Held:
Denkmal für einen Cowboy.
Von Michael Schaper

94 Hinrichtung:
Kopf ab in Dschidda.
Von Jochen Schildt

96 Hoheiten:
Harry von England. – Das Wunschkind von Monaco.
Von Evelyn Holst

98 Indien:
Blutbad nach dem Sturm auf den Tempel.
Von Peter-Hannes Lehmann

110 Iran – Irak:
Der Alte von Teheran. – Patt am Golf.
Von Jochen Schildt
Blut und Wasser.
Von Uwe Zimmer
Der vergessene Krieg schlummert. – Sechs Tage Zittern.
Von Carl Just

120 Jubiläum:
Ein Fest der Sieger und Befreiten.
Von Ulrich Rosenbaum

122 Katastrophen:
Feuersturm im Häusermeer.
Von Hans-Joachim Löwer
Das Katastrophenjahr 1984.
Von Evelyn Holst
Im Tal des Todes.
Von Almut Hielscher

130 Klick:
Von Eckard Presler

134 Libanon:
Ein Wettlauf um Leben und Tod. – Zerrütteter denn je – der Libanon. – Ein Präsident – mit Füßen getreten.
Von Uwe Zimmer

140 Mafia:
Der erste Pate packt aus.
Von Claus Lutterbeck
Tod und Trauer im Reich der Paten.
Von Stefanie Rosenkranz

146 Massaker:
75 Minuten Mord bei McDonald's.
Von Mario R. Dederichs

148 Medizin:
Ich wollte doch nur, daß sie lebt.
Von Hans-Hermann Klare
Das kalte Herz.
Von Klaus Lempke
Mitleid braucht er nicht.
Von Inga Thomsen

154 Miß-Wahlen:
Karriere durch einen Fehltritt.
Von Eckard Presler

156 Mittelamerika:
Alarm in Nicaragua. – Zum Frieden gibt es keine Wahl. – Ronald Reagans Musterschüler. – Zu den Urnen geladen.
Von Teja Fiedler

164 Mode:
Carmen reizt die Sinne. – Poetische Hüllen. – Scharf auf Shorts.
Von Barbara Larcher

170 Musik:
Die Oper geht ins Kino.
Von Jürgen Kesting
Michael Jackson – der keusche Prinz. – Michael in Wonderland.
Von Evelyn Holst
Götterdämmerung.
Von Jürgen Kesting.
Comeback für die Soul-Löwin.
Von Wolfgang Röhl
Fröhliche Musikanten.
Von Evelyn Holst

182 Nordsee:
Ein Meer auf der Kippe. – Müllschlucker Nordsee.
Von Horst Güntheroth

186 Olympische Spiele:
Olympia made in USA. – Goldrausch in L.A.
Von Burkhard Lüpke
Blanker Hohn.
Von Teja Fiedler
Ballett unter Wasser. – Medaillensegen für Maos Enkel. – Triumph und Tragik in Sarajevo. – Der Ski-Zirkus stand kopf.
Von Burkhard Lüpke

202 Oper:
Der Weiberheld ist eine Frau.
Von Ingrid Kolb

204 Parteien:
Ein Kanzler in schwerem Wetter.
Von Heiner Bremer
Suche nach neuen Zielen.
Von Ulrich Rosenbaum
Vor dem Abgrund.
Von Heiner Bremer
„Wir sind eine alternative Volkspartei."
Von Sebastian Knauer

220 Philippinen:
Der lange Abschied von der Diktatur.
Von Erich Follath

222 Polen:
Priester, Patrioten und Betonköpfe.
Von Jochen Schildt

224 Prozeß:
„Hitler-Tagebücher".
Von Jürgen Steinhoff

226 Rekorde:
Das Rad der Weisen. – Rekord-Flut.
Von Burkhard Lüpke
Höhenflug mit harter Landung.
Vor Gerhard Schnitzer

232 Rüstung:
Kritik an der Pershing 2. – Sternschnuppen mit tödlicher Fracht.
Von Wolf Perdelwitz
Heimliche Jagd. – Tödlicher Tomahawk.
Von Peter Thomsen

240 Schiffsunglück:
Ein Schiff am Pool.
Von Birgit Lahann

242 Sekte:
Bhagwan-Sekte in Oregon: die rote Heilsarmee.
Von Evelyn Holst

244 Sowjetunion:
Nichts läuft mehr für die alten Männer im Kreml.
Von Mario R. Dederichs
Rekordflug im All mit Raketen aus den fünfziger Jahren.
Von Peter Thomsen

250 Spendenaffäre:
Wie in einer Bananenrepublik.
Von Heiner Bremer

256 Südafrika:
Friedenspreis gegen den Staat der Gewalt.
Von Mario R. Dederichs

258 Tanker:
Schrottplatz Pakistan.
Von Herbert Uniewski

260 Terrorismus:
Bombenterror im Tunnel.
Von Carl Just.

262 Testflüge:
Gesucht: ein Treibstoff, der im Motor brennt, aber nicht in der Luft. – Harte Landung.
Von Peter Thomsen

266 Tiere:
Stoppt die Tierversuche.
Von Inga Thomsen
Tod für Tausende. – Der Zusteiger.
Von Gerhard Schnitzer.

272 Umwelt:
Glück im Unglück.
Von Rainer Köthe
Zurück zur Natur.
Von Klaus Ahrens
Das Hickhack um den Katalysator.
Von Peter Behse

278 USA:
Der große Ronald.
Von Mario R. Dederichs
Schon vor der Wahl verloren.
Von Wibke Bruhns
Ohne Arbeit – ohne Hüllen.
Von Uwe Zimmer
Satellit günstig zu kaufen. – Einsitzer für den Weltraum.
Von Peter Thomsen

288 Bildnachweis

289 Synchronoptische Tabelle

328 Personenregister

Der Wellenbrecher

Von solch einer Jahrhundert-Woge träumen die meisten Surfer ihr Leben lang vergeblich. Antonio Martins erwischte sie vor der Küste von Hawaii und wagte einen halsbrecherischen Ritt auf dem siebeneinhalb Meter hohen Wellenkamm. Doch dann trieb sein Board über das „Paradies des Surfers", den Umschlagpunkt, hinaus, und Antonio stürzte kopfüber in die Tiefe – aus der Traum vom Jahrhundert-Ritt.

Der Traum vom Fliegen

Startversuch des 82jährigen Schwaben Gustav Mesmer mit einem „Doppel-Drachen-Flugfahrrad". Einmal in seinem Leben möchte der „Leonardo '84" mit einem selbstgebauten Flugapparat von Dorf zu Dorf fliegen. Mesmers Meinung zur modernen Luftfahrt: „Noi, Jumbos mog i net."

Schein-Kram

Straß-Klunker waren die absoluten Renner der Modeschmuck-Saison. Wer modisch was auf sich hielt, glänzte mit Glas — nicht abends, sondern tagsüber und üppig behangen. Der neue Star des Jahres 1984 ist bereits zweihundert Jahre alt. Mitte des 18. Jahrhunderts machten sich zwei Juweliere und Hobby-Alchimisten an Steine aus Borsäure-Glas-Gemisch heran: Josef Strasser aus Wien und Georg Friedrich Stras aus Straßburg. Wer von beiden auch immer der erste gewesen ist, der damals den hochkarätig geschliffenen Glitzerkram erfand — Sieger ist heute Swarovski in Wattens bei Innsbruck. Der Glasschleifer aus Österreich liefert pro Saison über sieben Millionen Glassteine an Schmuck-Macher rund um den Globus.

Äthiopien

Abendlicher Rauch über den Zelten, flanierende Dorfbewohner — die scheinbare Idylle trügt: Die ersten Besucher, die das Auffanglager Gando bei Korem in der Provinz Wollo nach monatelanger Informationssperre erreichten, nannten es übereinstimmend „den Vorhof zur Hölle". Mehr als 50 000 Äthiopier, die vor dem Hunger aus ihren Dörfern geflüchtet waren, drängten sich zeitweilig in dem windigen, 3000 Meter hoch gelegenen Camp, in der vergeblichen Hoffnung auf Hilfe. Hunger, Kälte und Epidemien brachten Tausende von ihnen in wenigen Wochen um. Erst die Hilfe aus dem Ausland gab den Hungerflüchtlingen wenigstens eine Überlebenschance. Ihre Zukunft liegt in der Hand der äthiopischen Regierung: Um ein neues Desaster in den dürregeplagten Gebieten zu verhindern, will Addis Abeba bis Ende 1985 über 1,5 Millionen Menschen aus Eritrea, Tigre und Wollo in fruchtbare, allerdings bislang kaum erschlossene Gegenden im Westen des Landes umsiedeln — notfalls mit Gewalt.

Äthiopien

Ein Bild, das die Welt erschütterte: Verhungert liegt ein achtjähriger Junge auf einer Wellblechbahn im Totenzelt des äthiopischen Auffanglagers Gando nahe dem Dorf Korem. Wie dieser Junge kamen seit dem Frühsommer 1984 mehr als 300 000 Menschen in Äthiopien ums Leben. Sie wurden Opfer der größten Dürrekatastrophe, die seit Menschengedenken in dem ostafrikanischen Bergland geherrscht hat. Opfer, die vermeidbar gewesen wären. Denn nicht nur das Ausbleiben der örtlichen Regenfälle ist schuld an dem Massensterben, sondern auch die mangelnde oder zögernde Hilfsbereitschaft der reichen Industrieländer. Erst als die Massenmedien Ende Oktober Bilder von Toten und Verhungernden im Überfluß zeigten, begannen die großen Hilfsmaßnahmen in West und Ost – zu spät, um alle der schätzungsweise neun Millionen von der Dürre bedrohten Äthiopier vor dem Hungertod zu retten.

Die Menschen aßen Unkraut, Rinde und Gras

Warum mußten Hunderttausende von Menschen in Äthiopien verhungern? Keiner der verantwortlichen Politiker in Ost und West kann sich damit herausreden, er habe von der drohenden Katastrophe am Horn Afrikas nichts gewußt: Denn schon Ende März 1984 hatte die Revolutionsregierung in Addis Abeba die in Äthiopien tätigen Diplomaten und Hilfsorganisationen alarmiert, daß nach dem Ausbleiben der örtlichen Regenfälle eine schwere Dürre drohe, und sie um Bereitstellung von 450 000 Tonnen Getreide gebeten. Die Bitte verhallte ungehört. Erst als Addis Abeba in den darauffolgenden Monaten den Hilfeappell erneuerte, sagten westliche Geber dem Land 80 000 Tonnen Weizen zu. Davon trafen bis Anfang September in Äthiopien ganze 30 000 Tonnen ein. Zu wenig – zu spät.

Auch die sozialistische Regierung in Addis Abeba hat versagt: Um zu verhindern, daß Unheilsmeldungen aus den Dürre-Gebieten die pompösen September-Feiern zum 10. Jahrestag der Revolution gegen Kaiser Haile Selassie überschatteten, verbot sie ausländischen Journalisten von Ende Juli bis Anfang Oktober die Einreise in die Katastrophen-Region. Der Hungertod, der in elf der vierzehn Provinzen Äthiopiens wütete, wurde monatelang totgeschwiegen.

So traf es die Welt wie ein Schock, als sie Ende Oktober – durch einen Fernsehbericht der britischen BBC und auch durch eine Reportage im STERN – schlagartig das ganze Ausmaß der lange verharmlosten beziehungsweise verheimlichten Tragödie erfuhr: Mehr als sieben Millionen Menschen drohte der Hungertod; jeden Tag kamen Tausende von Kindern, Frauen und Männern – durch Lungenentzündung, Masern, Hepatitis und chronischen Durchfall zusätzlich geschwächt – elend ums Leben.

Wer noch konnte, schleppte sich über die Berge und durch sonnenverbrannte wüstenähnliche Landstriche in die wenigen Auffanglager der Regierung. Hunderttausende standen bettelnd an der Überlandstraße, welche die am schwersten betroffenen Provinzen Eritrea, Tigre und Wollo mit der Hauptstadt Addis Abeba verbindet. Wenn sich ein Auto näherte, fielen die Kinder auf die Knie und küßten den Asphalt, um es aufzuhalten. Andere stocherten im Staub der Marktplätze und in den Reifenspuren der Lastwagen nach verlorengegangenen Getreidekörnern. Die Hungernden, die schon ihre Hütten niedergerissen hatten, um wenigstens das Bauholz gegen ein paar Handvoll Korn eintauschen zu können, verscherbelten sogar ihre Schuhe, aßen in ihrer Not Baumrinde, Unkraut und Gras.

Die Not in den Auffanglagern wurde so groß, daß die Ärzte-Teams schließlich nur noch Kinder im Alter bis zu fünf Jahren bei sich aufnahmen, die an mindestens zwanzig Prozent Untergewicht litten. Viele dieser Kinder wurden zu Waisen: Während sie in den Wellblech-Baracken hochgepäppelt wurden, verhungerten ihre Eltern in den „wilden" Lagern um sie herum.

Dem Entsetzen über die Hunger-Katastrophe in Äthiopien folgte eine Welle internationaler Hilfsbereitschaft. Allein in den Niederlanden sammelte die Bevölkerung an einem einzigen Tag rund 58 Millionen Mark an Hilfsgeldern ein. Spender in der Bundesrepublik trugen bis zum Jahresende schätzungsweise 75 Millionen Mark zusammen. London und Bonn, aber auch Moskau und Ost-Berlin schickten außer Getreide, Medikamenten und Wolldecken auch Flugzeuge und Lastwagen, um die Hilfsgüter in die abgelegenen Dürre-Gebiete zu transportieren. Die Bundesregierung versprach Addis Abeba 1984 Hilfe von 130 Millionen Mark.

Doch diese Hilfe reicht bei weitem nicht aus. Um die neun Millionen Hungernden in Äthiopien bis zur nächsten Ernte – im Herbst 1985! – versorgen zu können, werden mindestens 1,3 Millionen Tonnen Lebensmittel benötigt. Davon waren bis zum Jahresende erst 510 000 Tonnen zugesagt.

Und Äthiopien ist nur einer von 33 Staaten dieser Erde, die Sofort-Hilfe benötigen, wenn ihre Völker nicht verhungern sollen. Insgesamt 500 Millionen Menschen auf der Erde sind extrem unterernährt. Die meisten von ihnen sind Kinder.

Unter den Porträts von Lenin, Marx und Engels, in deren Namen die Revolutionsregierung in Äthiopien den Sozialismus aufbauen will, warten Hungernde im Dorf Alamata seit Tagen auf Getreidelieferungen. 40 Kilometer nördlich, im Lager Gando, war der Hunger so groß, daß zeitweilig mehr als 150 Menschen pro Tag starben. Die meisten waren noch Kinder.

Mit einer erbeuteten sowjetischen Panzerfaust vom Typ RPG-7 beschießt ein afghanischer Mujaheddin einen sowjetischen Militärkonvoi, der in das strategisch wichtige Panjshir-Tal eindringen will. Ein Lastwagen geht in Flammen auf. Die Panzer versuchen zu fliehen. Der Angriff wird erfolgreich abgeschlagen.

Jagd auf den „Löwen vom Panjshir-Tal"

Der Krieg in Afghanistan, der mit dem Einmarsch sowjetischer Truppen am 27. Dezember 1979 begann, dauert nun schon fast so lange wie der Zweite Weltkrieg – und noch immer ist kein Ende in Sicht. Invasoren wie Widerstandskämpfer haben ein blutiges Patt erreicht, obwohl beide Seiten im schwer zugänglichen zentralasiatischen Bergland noch mehr Soldaten und noch modernere Waffen eingesetzt haben und neue Taktiken anwenden.

Der afghanische Widerstand feiert einen neuen Helden: Ahmed Shah Massoud, genannt „der Löwe vom Panjshir". Der 31 Jahre alte Architekturstudent aus alter Offiziersfamilie hat nicht nur mit 5000 Mujaheddin das strategisch wichtige Panjshir-Tal im Nordosten gegen insgesamt acht sowjetische Offensiven verteidigt. Massoud („der Glückliche") hat auch den Kampfstil revolutioniert: Statt hier und da lokale Überfälle zu improvisieren, führt er wie seine Vorbilder Mao und Tito mit beweglichen Einheiten einen systematischen, überregionalen Partisanenkrieg. Der erfolgreiche Einsatz von Boden-Luft-Raketen gegen die „unbesiegbaren" sowjetischen Kampfhubschrauber MI-24 stärkt die Moral der Rebellen. Massoud erhält Zulauf.

Die Sowjets haben auf seinen Kopf einen Preis von einer halben Million Mark ausgesetzt. Um die rund 100 000 Guerilleros vom Nachschub aus Pakistan und dem Iran abzuschneiden, setzen sie erstmals auf Bergkrieg trainierte Kommando-Truppen ein und zerstören Hochtäler wie grenznahe Gebiete durch „Teppich"-Bombardements. Ihre Bomber starten jetzt meist von sicheren Basen in der UdSSR aus. Moskau erhöht die Zahl seiner Soldaten von 105 000 auf 140 000. Wiederholt wird Giftgas eingesetzt.

Afghanistan – Land ohne Zukunft: Moskau will „die Banditen ausräuchern". Die Mujaheddin wollen den „shahadat" – den Endsieg. Der Verlierer ist die Zivilbevölkerung: Drei der 16 Millionen Afghanen sind schon nach Pakistan geflohen, eine Million in den Iran, über eine Million in die Hauptstadt Kabul. Der Rest vegetiert in einem sterbenden Land. Wer siegen will, wird es töten.

Mal hoch zu Roß, mal im erbeuteten Geländewagen – der 31jährige Guerilla-Führer Ahmed Shah Massoud, der „Löwe des Panjshir-Tals", praktiziert als erster in Afghanistan den beweglichen Partisanenkrieg à la Mao oder Tito. Mit seinen 5000 Freiheitskämpfern hat der fromme Moslem bisher acht Offensiven der „kafir", der Ungläubigen, abgewehrt. Moskau hat auf seinen Kopf einen Preis von einer halben Million Mark ausgesetzt.

Gräber ohne Namen

„Wir sind in die Hölle hinabgestiegen", sagte die Sprecherin der Kommission zur Aufklärung des Schicksals der Verschwundenen, als das Gremium im August dem argentinischen Staatspräsidenten Raúl Alfonsín seinen 50 000 Seiten starken Abschlußbericht übergab. Fast 9000 Schicksale von „desaparecidos", Verschwundenen, werden darin dokumentiert, die zwischen 1974 und 1982, in den Jahren der Militärdiktatur, von sogenannten „Einsatzgruppen" entführt und gefoltert worden waren und seither nicht mehr aufgetaucht sind. Dazu kommt eine minuziöse Auflistung von über 300 geheimen Gefängnissen und Konzentrationslagern in ganz Argentinien. Dort wurden die Entführten, meist Studenten, Gewerkschafter und Intellektuelle, mit Elektroschocks, Schlägen und Untertauchen bis an den Rand des Erstickungstodes gefoltert, um noch unbekannte Namen von „subversiven Elementen" preiszugeben, bevor sie für immer verschwanden.
Das brisanteste Ergebnis der monatelangen Recherchen wurde dem argentinischen Staatspräsidenten jedoch in einem verschlossenen Umschlag überreicht: 1300 Namen von Personen – fast alle Polizisten oder Militärs –, die verdächtig sind, selbst gefoltert und gemordet oder zu Folter und Mord die Befehle gegeben zu haben. Die Regierung hat bisher nicht gewagt, diese Liste zu veröffentlichen – oder gar gegen die Genannten vorzugehen.
Denn obwohl die Militärs 1983 nach dem für Argentinien katastrophalen Verlauf des Falkland-Kriegs und wegen der von ihnen verursachten ebenso katastrophalen Wirtschaftslage des Landes aus der Macht verdrängt wurden, sind sie immer noch stark genug, einen Angriff auf ihre „Soldatenehre", d.h. Gerichtsverfahren gegen alle Folterer, zu verhindern. Notfalls mit Gewalt. So konnte Alfonsín bisher lediglich riskieren, etwa ein Dutzend Verantwortlicher, darunter allerdings drei ehemalige Junta-Chefs, anzuklagen und in Haft zu nehmen. Doch das ist vielen Argentiniern nicht genug. Den „Müttern von der Plaza de Mayo", die schon während der Militärdiktatur unerschrocken jede Woche vor dem Regierungspalast mit einem Schweigemarsch gegen das Schicksal ihrer verschwundenen Kinder protestiert hatten, sind von diesem zögernden Vorgehen enttäuscht. Hebe Bonafine, ihre Sprecherin: „Wir fordern die Bestrafung aller Schuldigen." Doch die schlagen zurück, nicht nur verbal: Im Dezember wurden in La Plata fünf Personen erschossen. Alle hatten als Zeugen gegen die Folterer ausgesagt.

Auch nach dem Ende der Militärdiktatur verlangen die Angehörigen der 30 000 Personen, die zwischen 1974 und 1982 in Argentinien verschwunden sind, Aufklärung über deren Schicksal und Bestrafung der Schuldigen: Schattenrisse der „desaparecidos" auf Packpapierbahnen sollen auf die ungeklärten Fälle hinweisen (unten). Die Exhumierung

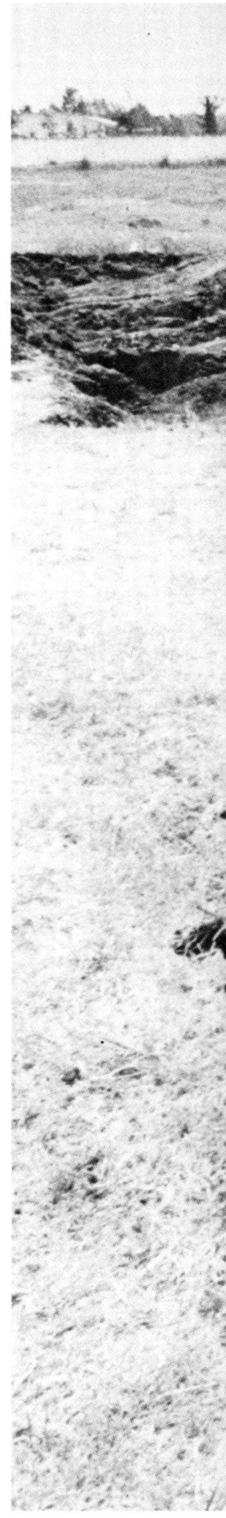

Hunderter von Leichen, die in Massengräbern überall im Land verscharrt worden waren, hat den traurigen Verdacht erhärtet, daß kaum einer der Regime-Gegner, die während des „schmutzigen Kriegs" entführt und gefoltert wurden, noch am Le[illegible] ist. Eine von Prä-

sident Raúl Alfonsín eingesetzte Untersuchungskommission hat über 1300 Militärs und Polizisten namentlich ermittelt, die an diesen Verbrechen beteiligt waren.

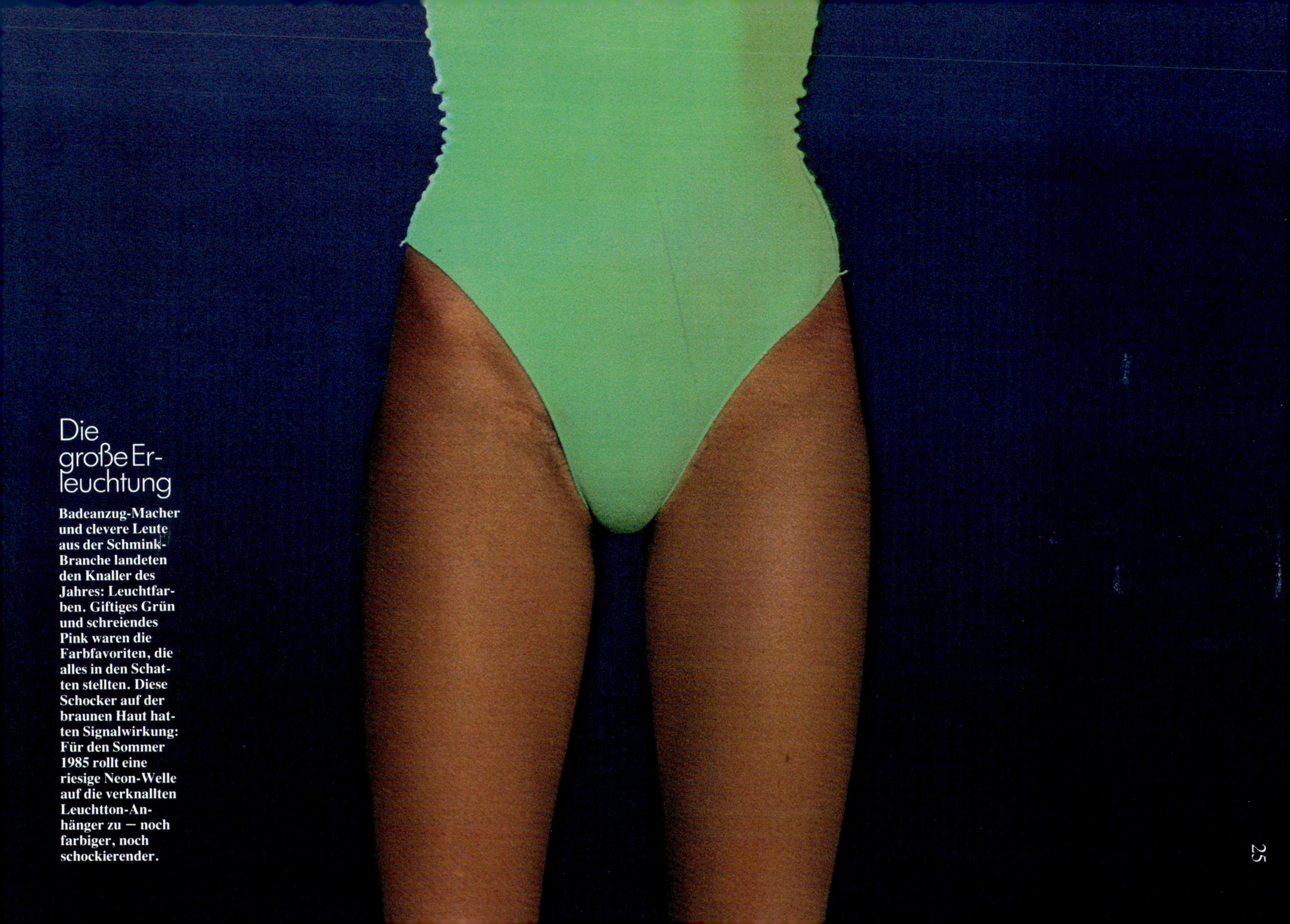

Die große Erleuchtung

Badeanzug-Macher und clevere Leute aus der Schmink-Branche landeten den Knaller des Jahres: Leuchtfarben. Giftiges Grün und schreiendes Pink waren die Farbfavoriten, die alles in den Schatten stellten. Diese Schocker auf der braunen Haut hatten Signalwirkung: Für den Sommer 1985 rollt eine riesige Neon-Welle auf die verknallten Leuchtton-Anhänger zu – noch farbiger, noch schockierender.

Das scharfe Nichts

Die aufregendsten Bikinis der Saison gab es am anderen Ende der Welt – in Brasilien. Was die Mädchen am Strand von Copacabana vorführten, hatte nur noch entfernt etwas mit dem Tanga zu tun, der dort vor genau zehn Jahren erfunden worden war. Der winzige Lendenschurz von einst war zu einem scharfen Nichts geschrumpft. Um die Brasilien-Bikinis klitzeklein zu kriegen, kamen die Rio-Mädchen auf einen ganz einfachen Dreh: sie zwirbelten solange an ihren Tanga-Slips, bis nur noch eine schmale Hüftrolle und ein Mini-Dreieck übrigblieben.

Das erste Opfer, das die Elbe wieder freigibt, ist eine ertrunkene Frau. Sie wird an Bord eines Polizeiboots gehievt. Zwei Tage nach der Tragödie heben Taucher das Wrack der Barkasse „Martina" an die Wasseroberfläche. In der eingedrückten Mittelkajüte befanden sich die meisten Passagiere, als das Unglück geschah. Sechs Leichen werden dort gefunden. Erschüttert sagt der Kapitän des Schleppers, Günther Peinemann, der die Barkasse überrollt hatte: „Keiner, der es nicht miterlebt hat, kann sich vorstellen, was sich hier abgespielt hat. Die Menschen trieben schreiend im Wasser, klammerten sich an Kühltaschen und Wrackteilen fest." Ihm ist es zu verdanken, daß das Barkassenunglück nicht noch mehr Opfer gefordert hat.

Es fing so fröhlich an ...

Es sollte eine fröhliche Geburtstagsfeier werden. Höhepunkt war eine Barkassenrundfahrt im Hamburger Hafen. Der Meteorologe Wolfgeorg Rosenhagen hatte 42 Freunde, Kollegen und Verwandte dazu eingeladen. Der 2. Oktober wurde einer der schwärzesten Tage in der Geschichte des Hamburger Hafens. Die Barkasse „Martina" rammte einen Schleppzug, kenterte und sank. Im eiskalten Elbwasser ertranken 19 Menschen. Unter den Opfern war auch Barkassenkapitän Ulrich Wruck. Weil der 66jährige Rentner auf einem Auge stark sehbehindert und nachtblind dazu gewesen war, hatte er den korrekt beleuchteten Lastkahn übersehen. Rettungsringe und Sitzbänke hatten sich beim Untergang im Wrack verklemmt. In einer beispiellosen Rettungsaktion konnten 24 Kinder, Frauen und Männer trotz der Dunkelheit geborgen werden, darunter auch der 40jährige Rosenhagen und seine Frau Gudrun. Die Söhne Guntram und Matthias ertranken.
Das Unglück löste eine Diskussion über die Sicherheit der leichten Hafenbarkassen aus. Fachleute bemängeln, daß sie bei Unfällen wie ein Stein sinken. Die Behörden überlegen, ob schärfere Vorschriften Barkassenfahrten sicherer machen können.

WS 209

Die Rache Gottes

Ein Blitz zerstörte im Juli dieses Jahres den gesamten Dachfirst der bedeutendsten gotischen Kathedrale Englands in York. Das Feuer in dem südlichen Querschiff – erbaut im 13. Jahrhundert – konnte erst nach drei Stunden von der Feuerwehr unter Kontrolle gebracht werden. Die traditionsverhafteten Christen von Yorkshire sprachen nach dem Brand von der „Rache Gottes", weil sich ihr Bischof David Jenkins wie ein „theologischer Playboy" benehme. Er sei ein „Gotteslästerer", der die jungfräuliche Geburt Christi bezweifle und die christliche These der Auferstehung leugne. Die Renovierungsarbeiten sollen 12 Millionen Mark kosten und drei Jahre dauern.

Der tiefe Fall einer kühnen Hoffnung

Noch vor wenigen Jahren galt Brasilien als künftige Industriegroßmacht. Doch die Spekulationen der ehrgeizigen Machthaber gingen nicht auf. Mittlerweile ist der südamerikanische Staat das am höchsten verschuldete Land der Erde. In den Industriezentren liegt die Arbeitslosigkeit bei mehr als 30 Prozent, immer mehr Unternehmen melden Konkurs an. Staatliche Hilfen gibt es nicht, und die kargen Löhne frißt eine galoppierende Inflation. In Rio de Janeiro und in São Paulo vergeht kein Tag, an dem nicht hungernde Vorortbewohner im Morgengrauen die eisernen Rolläden von Geschäften aufbrechen. Sie suchen Lebensmittel, die sie nicht bezahlen können, oder Waren, die sie auf dem schwarzen Markt verkaufen wollen. Angestachelt werden die Plünderer nicht selten von Agitatoren, die erreichen wollen, daß die Militärs eingreifen. So ist ein Kreislauf von Gewalt und Gegengewalt in Gang gekommen, von dem niemand weiß, wie er zu durchbrechen ist.

Ob schuldig oder unschuldig, wer keine Wohnung hat, landet hinter Gittern. Nach Verbüßung der Strafe stehen die Jugendlichen wieder auf der Straße, ohne Zukunft, ohne Arbeit, ohne Hoffnung.

Ein Wachtposten mit Gewehr soll in einem Supermarkt in São Paulo Plünderer und Ladendiebe abschrecken. Die Angst vorm Verlust der Waren ist größer als die vor der Gefährdung der Kunden.

Die wirtschaftliche Misere und die damit verbundene Verarmung von Millionen Menschen haben die Kriminalität in Brasilien sprunghaft ansteigen lassen. Jugendbanden ziehen raubend und plündernd durch die Großstädte. Die Polizei ist machtlos, wenn Jugendliche – wie hier in Rio de Janeiro – Läden ausräumen. Bei gelegentlichen Razzien schlägt sie dafür um so erbarmungsloser zurück.

Abgang mit militärischen Ehren: Nach dem öffentlichen Eingeständnis von Verteidigungsminister Wörner, er habe bei der Entlassung von General Kießling „Fehler" gemacht, wird das Opfer einer vom Minister mitzuverantwortenden Rufmordkampagne rehabilitiert und schließlich – wie vereinbart – pensioniert: in allen Ehren. Heute arbeitet Kießling als Pensionär in seiner Eigentumswohnung in Rendsburg an einer Studie mit dem Titel: „Vom Wesen einer Verteidigungsgemeinschaft." Zu Papier gebracht hat er inzwischen auch seinen eigenen Fall, für den er „eine erschreckende Kette von Versäumnissen" verantwortlich macht, die bisher ohne Konsequenzen geblieben seien. Die falschen MAD-Behauptungen über Kontakte zu Strichjungen machen dem General a.D. noch immer zu schaffen. Kießling: „Diesen Schmutzfleck kriege ich nie wieder los."

Die Affäre Kießling – ein Fall Wörner

Ein alerter Verteidigungsminister, der das Rüstungs-Einmaleins beherrscht, die Bundeswehr im Griff hat und den die Truppe liebt – so stellte sich der Christdemokrat Manfred Wörner gern dar und so wurde er auch von vielen seiner Parteifreunde gesehen. Doch als er in der Affäre um den Vier-Sterne-General und stellvertretenden Nato-Oberbefehlshaber Günter Kießling einen Fehler nach dem anderen machte, stimmte nichts mehr an diesem Bild. Gestützt auf einen windigen Bericht des Militärischen Abschirmdienstes (MAD), Kießling pflege homosexuelle Beziehungen, habe sogar in der Kölner Homo-Szene verkehrt und sei deshalb als Sicherheitsrisiko untragbar, hatte Wörner den angesehenen Offizier in die Wüste geschickt. Seine Entlassungsargumente entnahm er zwei halbseitig maschinengeschriebenen MAD-Berichten aus einem insgesamt 50 Seiten umfassenden Dossier. Doch die angeblich hieb- und stichfesten Beweise des Ministers waren tatsächlich nur ein „einziger Dünnpfiff" (SPD-MdB Erwin Horn). Der MAD hatte schlampig recherchiert und beispielsweise den General mit einem Doppelgänger verwechselt und so den Ruf eines der höchsten deutschen Offiziere ruiniert. Wörner mußte die leichtfertig aufgestellte Behauptung, Kießling sei homosexuell, schließlich zurücknehmen, nachdem ihm selbst ausgesprochen dubiose Zeugen aus dem Homo-Milieu kein handfestes Belastungsmaterial gegen den General hatten liefern können. Vor dem Rücktritt bewahrte Wörner nur die unverständliche Gnade seines Herrn. Kanzler Kohl mochte den politisch untragbar gewordenen Minister nicht fallen lassen.

„Wir haben ein paar Schrammen abgekriegt"

Am Ende gab es lange Gesichter: „Leber-Tran" nannten die Metaller den Kompromiß, mit dem der SPD-Politiker Georg Leber den siebenwöchigen Arbeitskampf in der Metallindustrie beendete. Mit der von der Industriegewerkschaft Metall geforderten „35-Stunden-Woche bei vollem Lohnausgleich" hatte das Ergebnis nicht mehr viel zu tun. Es gab lediglich eine 38,5 Stunden-Woche und die auch erst zum 1. April 1985. Trotzdem feierte die IG Metall den neuen, im härtesten Arbeitskampf der deutschen Nachkriegsgeschichte erkämpften Tarifvertrag als einen Erfolg. Es war gelungen, ein bis zum Schluß zäh verteidigtes Tabu des Arbeitgeberverbands Gesamtmetall zu brechen. Die Unternehmer wollten – koste es, was es wolle – an der Regelarbeitszeit von 40 Stunden festhalten.

Nach der Unterzeichnung des Kompromiß-Papiers im Stuttgarter Hotel Zeppelin gestand der IG Metall-Vorsitzende Hans Mayr ein: „Wir haben ein paar Schrammen abgekriegt." Tatsächlich aber hat der Streik tiefe Wunden hinterlassen. Einige Male stand sogar die Existenz der größten Einzelgewerkschaft der Welt als ernstzunehmender Tarifpartner und als kampfkräftige Organisation auf dem Spiel.

Die Schwierigkeiten begannen bereits bei der Durchsetzung des Kampfziels in den eigenen Reihen. Den 2,5 Millionen Mitgliedern leuchtete das Argument, mit kürzerer Arbeitszeit könne die Arbeitslosigkeit wirksam bekämpft werden, nicht ein. Sie fürchteten vielmehr, in kürzerer Zeit mehr leisten zu müssen.

Die Funktionäre der IG Metall, die in den Betrieben für die 35-Stunden-Woche warben, hatten einen schweren Stand gegen die geschickte Propaganda von Gesamtmetall: „Die Japaner werden sich freuen." Bundeskanzler Kohl ergriff im Tarifstreit die Partei der Unternehmer und nannte die Forderung der Gewerkschaft „dumm, töricht und absurd". Konservative Kommentatoren warnten davor, den „beginnenden Aufschwung kaputtzustreiken". Zusätzliche Schwierigkeiten bereitete das IG Metall-Mitglied Norbert Blüm seiner Gewerkschaft. Der Bundesarbeitsminister unterlief die Forderung nach einer Verkürzung der Wochenarbeitszeit mit seinem Angebot, den Vorruhestand für 58jährige und ältere Arbeitnehmer staatlich zu fördern. Diese Verkürzung der Lebensarbeitszeit wurde rasch populär bei vielen älteren Arbeinehmern und bei einer Reihe von DGB-Gewerkschaften.

Die IG Chemie, die Gewerkschaft Nahrung, Genuß, Gaststätten, die IG Bau, die IG Textil und die IG Bergbau gaben dem Vorruhestand den Vorzug vor der 35-Stunden-Woche. „Fünferbande" nannten erbost Metaller und Drucker diese Abweichler von der reinen Lehre und beklagten, daß diese Kollegen es den für die Verkürzung der Wochenarbeitszeit eintretenden

Gewerkschaftsmitgliedern unnötig schwer gemacht hätten.
Die Führung der IG Metall mußte schon ihr gesamtes Prestige in die Waagschale werfen, um schließlich in Baden-Württemberg und dann auch in Hessen die Urabstimmung mit über 80 Prozent zu gewinnen. Die Mitglieder wollten ihrer Organisation die Solidarität nicht versagen, auch wenn das Kampfziel durchaus nicht von allen unterstützt wurde.
Am 14. Mai ruft die IG Metall in einem guten Dutzend ausgesuchter Betriebe die Mitglieder in den Streik. Mit möglichst kleinem Aufwand soll größte Wirkung erzielt werden. Deshalb werden die wichtigsten Zulieferer der bundesdeutschen Automobilbauer getroffen. Diese „Mini-Max-Strategie" zeigt rasch Wirkung. Die Fabriken auch in streikfernen Betrieben, etwa Daimler-Benz in Bremen und VW in Wolfsburg, stellen wegen der Nachschubprobleme die Produktion ein. Die Belegschaft wird nach Hause geschickt, sie ist „kalt ausgesperrt". 264 000 Metaller, von der Fernwirkung des Arbeitskampfes betroffen, sind bald das Hauptproblem des Gewerkschaftsvorstands. Heinrich Franke, der neue Präsident der Bundesanstalt für Arbeit, weigert sich, eine alte Praxis auch diesmal anzuwenden und den „kalt ausgesperrten" Männern und Frauen Kurzarbeitergeld zu zahlen. Hans Mayr macht deutlich: „Wir können für diese Kollegen unsere Streikkasse nicht plündern." Es kommt zu einer großen Protest-Demonstration von Metallern und den seit Anfang April streikenden Druckern in Bonn. Gleichzeitig wächst der Druck der ausgesperrten Kollegen auf die Gewerkschaft. Vor Gericht kann die IG Metall einen ersten Sieg erringen. Heinrich Franke muß zahlen.
Die Bilanz unmittelbar nach dem Arbeitskampf: Um 500 Millionen Mark ist die Gewerkschaft ärmer. Gesamtmetall zahlte 900 Millionen Mark an ihre Mitgliedsfirmen. 200 000 Autos wurden weniger gebaut, den Konzernen fehlten etwa 10 Milliarden Mark an Umsatz.
Inzwischen aber sieht die Lage etwas rosiger aus. Die Metallarbeiter begannen eine Aufholjagd ohnegleichen und produzierten in Sonderschichten und mit Überstunden die ausgefallenen Autos nach. So verkaufte etwa VW 1984 genauso viele Autos wie im Jahr zuvor. Und die Bundesanstalt für Arbeit in Nürnberg rechnet mit neuen Jobs für immerhin 50 000 Arbeitslose als Folge der kürzeren Arbeitszeit.

Angestellte betreten als Streikbrecher das Opel-Werk in Rüsselsheim. Sieben Wochen lang ist der soziale Frieden in der Bundesrepublik gestört, bis Arbeitgeber und die IG Metall sich schließlich auf einen Kompromiß einigen: Die 40-Stunden-Woche gibt es nicht mehr.

Kampf um die Startbahn West

Startbahn West. Unter dieser Parole demonstrierten zur Eröffnung der neuen Piste des Frankfurter Flughafens am 12. April die Bürgerinitiativen. Ein fast zwanzigjähriger Kampf gegen die Zerstörung eines der letzten geschlossenen Waldgebiete im Ballungsraum Rhein-Main war damit vorerst zu Ende. Auf einem Areal von 347 Hektar waren über 400 000 Bäume gefällt worden, um Platz für eine neue Startbahn zu schaffen. Der Bau einer technisch und ökonomisch sinnvolleren dritten Rollbahn parallel zu den bestehenden Pisten scheiterte an der Wohnbebauung im Stadtteil Zeppelinheim. Zudem wird rund ein Drittel der gesamten Flughafenfläche von den amerikanischen Militärs genutzt.
Bei jährlich 17 Millionen Passagieren und einem steigenden Frachtaufkommen soll die Drehscheibe Frankfurt in der Konkurrenz zu Zürich, Paris und Amsterdam bestehen. Der vier Kilometer langen Betonpiste liegen allerdings die satten Wachstumsraten der siebziger Jahre zugrunde.

„Kopfprämie" für die Heimkehr der Gastarbeiter

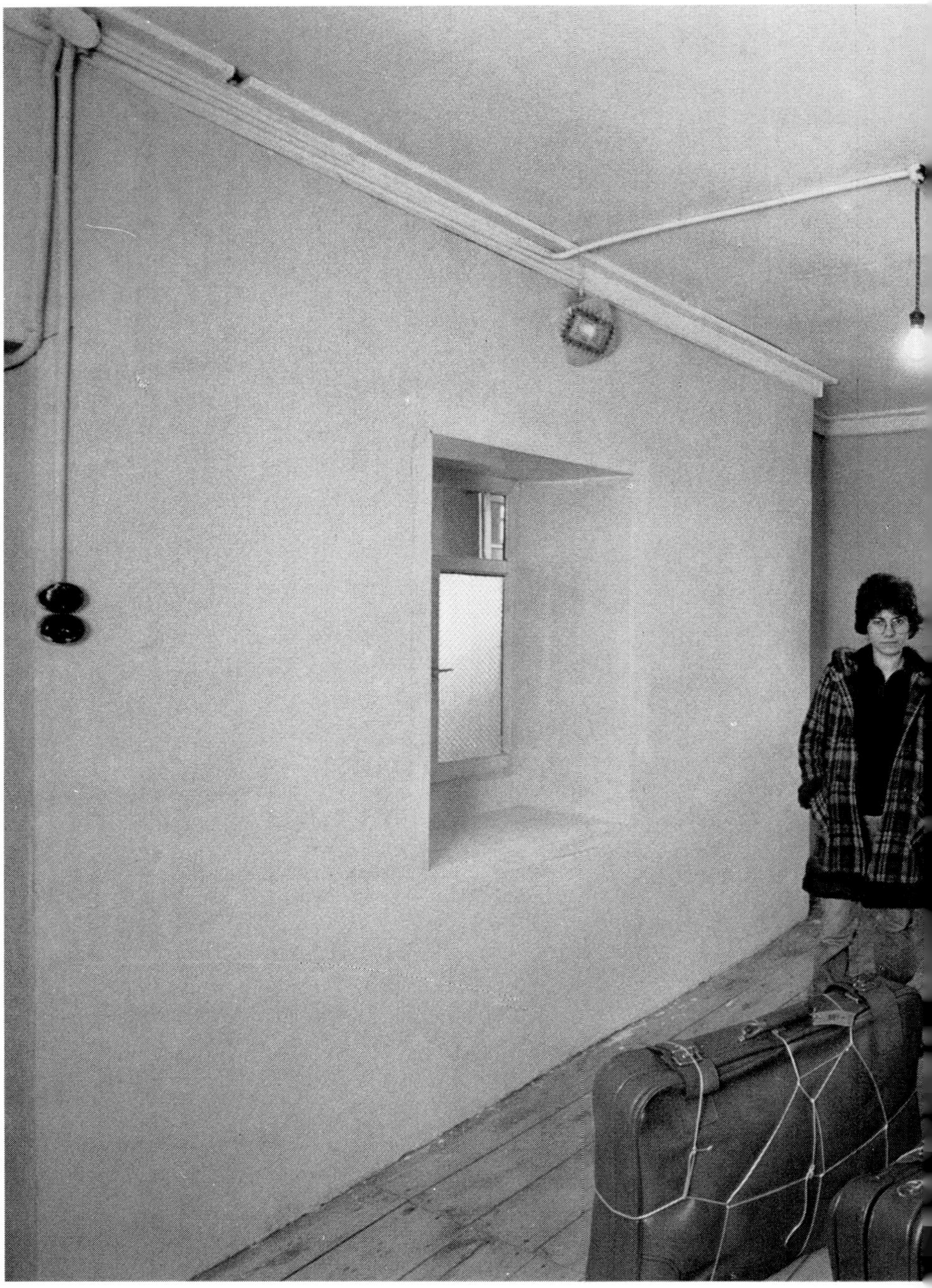

Als Beitrag, „das friedliche und gutnachbarliche Zusammenleben mit unseren ausländischen Mitbürgern" zu fördern, pries Bundesarbeitsminister Norbert Blüm im Bundestag an, was die SPD-Opposition „intolerant, unmenschlich und unwirklich" fand und von den Grünen als „unmoralischer Etikettenschwindel" deklariert wurde: das „Gesetz zur Förderung der Rückkehrbereitschaft von Ausländern". Die Bundesregierung wollte damit den Versuch unternehmen, einen Teil der 4,6 Millionen Ausländer in der Bundesrepublik, darunter 1,8 Millionen Arbeitnehmer mit einem überdurchschnittlich hohen Anteil an Arbeitslosen, zur Rückkehr in ihre Heimatländer zu bewegen. War schon der politische Ansatz dieser Maßnahmen umstritten, so erst recht die finanzielle Ausgestaltung. Zum einen sollte den ausländischen Arbeitnehmern ermöglicht werden, sich ihre hier erworbenen Rentenansprüche ohne die sonst übliche Wartezeit von zwei Jahren auszahlen zu lassen. Der Haken: Die ausländischen Arbeitnehmer sollten ihre gesamten Versorgungsansprüche aufgeben, aber nur den Arbeitnehmeranteil für die Rentenversicherung ausgezahlt bekommen. Der Arbeitgeberanteil blieb in den Versicherungskassen, allein 1984 waren dies rund 1,5 Milliarden Mark – während die rund 125000 Ausländer, die von dieser Regelung Gebrauch machten, nur durchschnittlich 10000 bis 15000 Mark in ihre Heimat mitnahmen.

Der andere Teil der Gesetzesregelung erwies sich als noch restriktiver: die sogenannte Rückkehrprämie. Anspruchsberechtigt waren nur jene Arbeitnehmer aus Jugoslawien, Korea, Marokko, Portugal, Spanien, Tunesien und vor allem der Türkei, die im Zeitraum bis Juni 1984 ihren Arbeitsplatz durch Konkurs oder Betriebsstilllegung verloren hatten oder mindestens ein halbes Jahr von Kurzarbeit betroffen waren. Ihre freiwillige Rückkehr, mit der die Bundesanstalt für Arbeit von der Pflicht zur Zahlung von Arbeitslosenunterstützung oder Kurzarbeitergeld befreit wurde, sollte vergleichsweise mager entgolten werden: 10500 Mark für den Arbeitnehmer, 1500 Mark für jedes Kind. Wer nicht binnen vier Wochen nach Genehmigung seines Antrags das Land verlassen hatte, dem wurden für jeden Monat Fristüberziehung 1500 Mark abgezogen. Alle Zahlungen, auch die Auszahlung der Rentenansprüche, durften erst nach der Ausreise erfolgen.

Diese Regelungen erwiesen sich in der Praxis schon sehr bald als unmenschlich. Da verlangt wurde, daß immer die gesamte Familie ausreiste, kam es zu zahllosen Konflikten vor allem in türkischen Familien, deren Kinder in der Bundesrepublik aufgewachsen waren und nicht in die ihnen fremde Heimat ihrer Eltern übersiedeln wollten. Weil die Gelder erst nach der Ausreise in die Heimat überwiesen wurden, wußten viele der Arbeitnehmer nicht, wie sie den Umzug – nicht selten so teuer wie die gesamte Rückkehrprämie – bezahlen sollten. Die Folge: Kreditvermittler machten ihre Geschäfte, mit Schuldzinsen bis zu 60 Prozent.

Bis zum Auslaufen der Gesetzesregelung am 30. Juni 1984 hatten rund 17000 ausländische Arbeitnehmer, davon 14500 Türken, die 10500-Mark-Prämie beantragt. Insgesamt brachte die Rückkehr-Förderungsaktion die Abwanderung einer Viertelmillion Ausländer. Nach Ansicht der Experten wären aber auch ohne das Gesetz die meisten von ihnen zurückgekehrt. Ein Teil wiederum sah erst dann einen finanziellen Anreiz, als der jeweilige

Exodus zurück in die Heimat: 125000 Ausländer, davon 115000 Türken, verließen zusammen mit ihren Familienangehörigen 1984 die Bundesrepublik, nachdem sie sich zuvor ihre Ansprüche auf Aufenthalt, Arbeitserlaubnis und Altersversorgung hatten abkaufen lassen. Für viele reichte die Prämie gerade, um Hab und Gut im Güterwaggon oder Möbelwagen in Richtung Heimat zu verfrachten. Wer von seiner Firma zusätzlich kassierte, war besser dran. So wie diese Mannesmann-Arbeiter aus Duisburg. Necip Cayhara (linkes Bild) zum Beispiel erhielt nach 18 Jahren 94000 Mark. In der alten, neuen Heimat Maras erwartete ihn eine leere Wohnung. Er muß versuchen, eine neue Existenz aufzubauen.

Arbeitgeber noch etwas drauflegte. Großfirmen wie Thyssen und Mannesmann zahlten Abschiedsbeträge von 30000 bis 70000 Mark. Der arbeitsmarktpolitische Effekt hierzulande war gleich Null, denn die ausländischen Arbeitnehmer gaben Arbeitsplätze auf, die ohnehin nicht mehr besetzt werden sollten. Die Regierung habe, so stellte der SPD-Politiker Rudolf Dreßler fest, lediglich ein Stück Arbeitslosigkeit exportiert. Bonn verzichtete schließlich auf eine Verlängerung der Maßnahmen. Gleichwohl ist eine Menge Porzellan zerschlagen worden. Viele der in der Bundesrepublik verbliebenen Gastarbeiter fragen sich, wann sie von einer ähnlichen Rückkehraktion getroffen werden.

Dreckschleuder der Nation

Etwa 1,8 Millionen Tonnen Schwefeldioxid quellen jährlich aus den Schloten der bundesdeutschen Kohlekraftwerke. Für das verheerende Waldsterben, Schäden an Bauwerken und vor allem für Erkrankungen der Atemwege und der Lunge bei Kleinkindern wird das Giftgas verantwortlich gemacht. Wie lasch dennoch die Gesetzgeber mit dem Luftverschmutzungsproblem umgehen, zeigte sich am Beispiel des niedersächsischen Kohlekraftwerks Buschhaus, in dem stark schwefelhaltige Braunkohle ohne Ent-

Mit 300 Metern ist der Schornstein des Kraftwerks Buschhaus bei Helmstedt so hoch wie der Eiffelturm. Aus Protest gegen die Bonner Umweltpolitik kletterten Anfang August zwei Mitglieder der Umweltschutzorganisation „Greenpeace" auf den Schlot und befestigten in 200 Meter Höhe ein Transparent mit der Aufschrift „So nicht". Als die Männer nach 48 Stunden wieder abstiegen, wartete unten auf sie die Polizei.

schwefelung verfeuert werden soll.
Als die Behörden 1978 den Braunschweiger Kohle-Bergwerken (BKB) die Genehmigung zum Bau der Stromfabrik erteilten, fehlte es an zwingenden Gesetzen, um dem Werk zwingend eine Rauchgasentschwefelungsanlage vorzuschreiben. Zudem existierte ein sehr zweifelhaftes Gutachten darüber, daß ein solcher Filter nicht „Stand der Technik" sei, wie es damals die Paragraphen forderten.
Dem widersprach im Herbst 1982 ein neues Gutachten. Der Sachverständigenrat warnte vor der Inbetriebnahme des Kraftwerks ohne Entschwefelungsanlage. So beschlossen im Juni 1984 alle vier Bundestagsfraktionen, daß sich die Bundesregierung für den unverzüglichen Einbau eines Schwefelfilters bei Buschhaus einsetzen sollte. – Weil klar war, daß man sich den Ausstoß von 12 500 Milligramm Schwefeldioxid pro Kubikmeter Abgas nicht mehr leisten konnte, war das Kraftwerk zur Frage der Glaubwürdigkeit der Bonner Umweltpolitik geworden.
Doch diese Glaubwürdigkeit währte nicht lange. Schon wenige Wochen später fiel die Regierungsmehrheit um – zur Freude der meisten Arbeiter vor Ort. Denn die hatten mehr Angst um ihre Arbeitsplätze als vor dem giftigen Qualm. Bonn empfahl, Buschhaus zwar mit schwefelärmerer Kohle, aber doch ohne Entschwefelungsanlage ans Netz gehen zu lassen.
Im September mußten dann die Politiker eine juristische Schlappe hinnehmen. Einstweilige Anordnung des Braunschweiger Verwaltungsgerichts: Buschhaus darf vorerst nicht befeuert werden, weil der Betriebsgenehmigung ein öffentliches Anhörungsverfahren zur Abwägung aller Risiken hätte vorangehen müssen.
Dagegen haben nun die Braunschweiger Kohle-Bergwerke Widerspruch eingelegt. Noch ist also offen, wer bei diesem traurigen Pokerspiel Sieger wird.

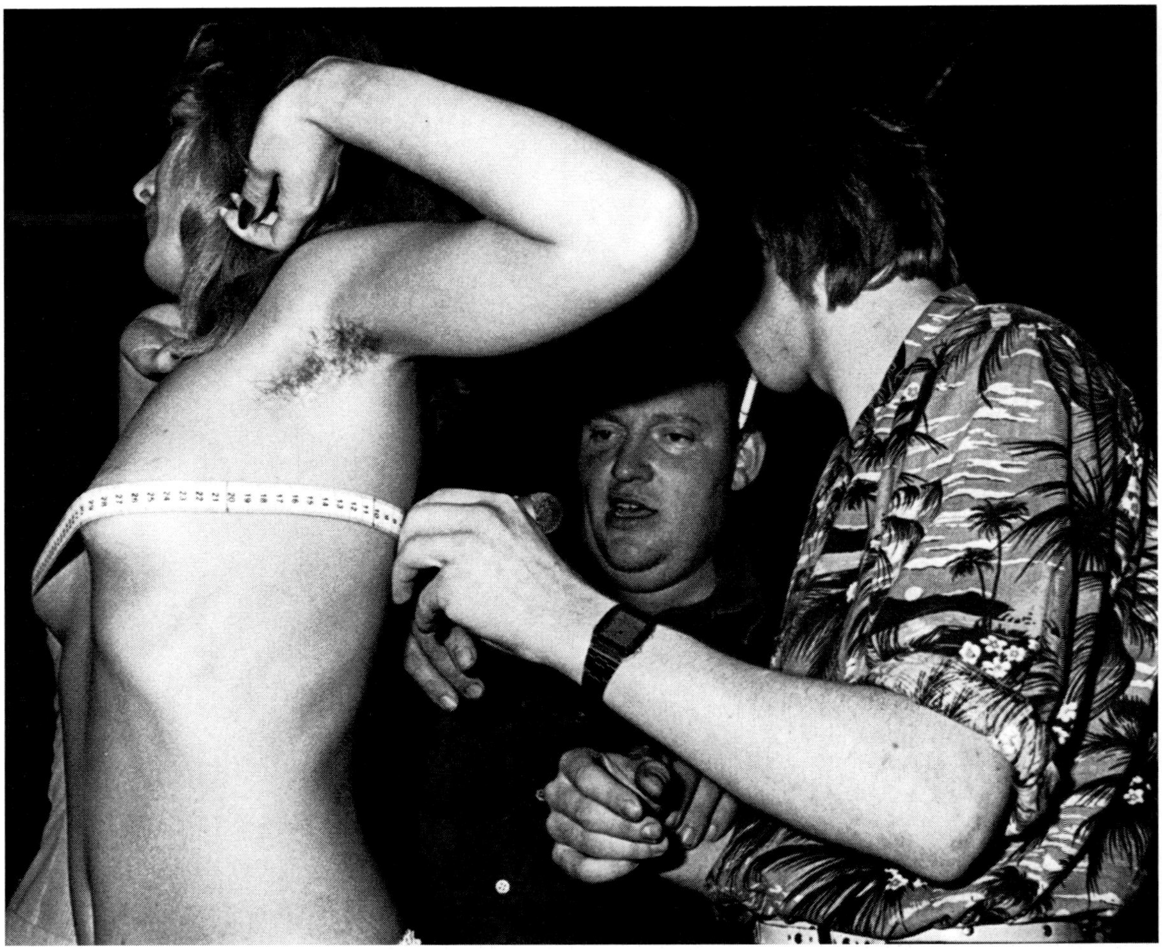

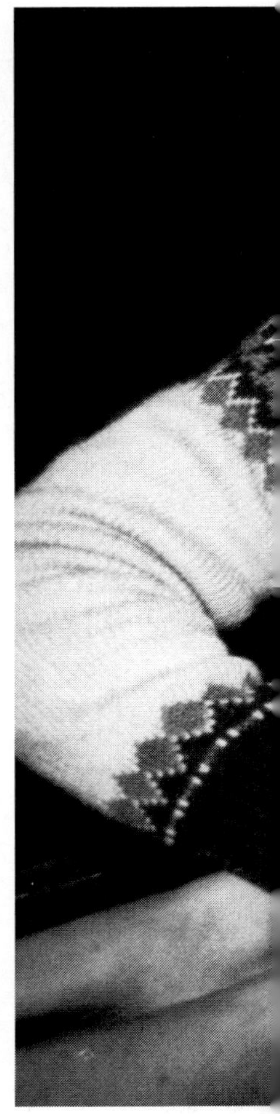

Busenwahl und Damenboxen

Nach zehn Uhr abends ist am Wochenende in vielen deutschen Diskotheken „Samstags nackt" die kassenfüllende Devise. Ringelpiez mit Anfassen ist dann gefragt, denn die sieche Branche kämpft mit Sex und Klamauk um jeden Gast.
Oben-ohne-Catch und „Miss Busen"-Wahlen, Striptease und Reizwäsche-Shows sollen das junge Publikum halten.
Im Düsseldorfer „Joy" dürfen Freiwillige mit einer Wäscheklammer die Bikini-Oberteile der Tänzerinnen öffnen. Die „Rokky-Horror-Show" im Siegburger „Pastiche" bietet was für starke Nerven: Dort dürfen besonders lüsterne Gäste Riesenspinnen über die Körper der Damen krabbeln lassen.
Bei der Miss-Busen-Wahl im „Metropol" von Gescher geht es dagegen fast brav zu. Dort mißt die Publikumsjury vorsichtig, was die Mädels an Knackigem zu bieten haben (oben links).

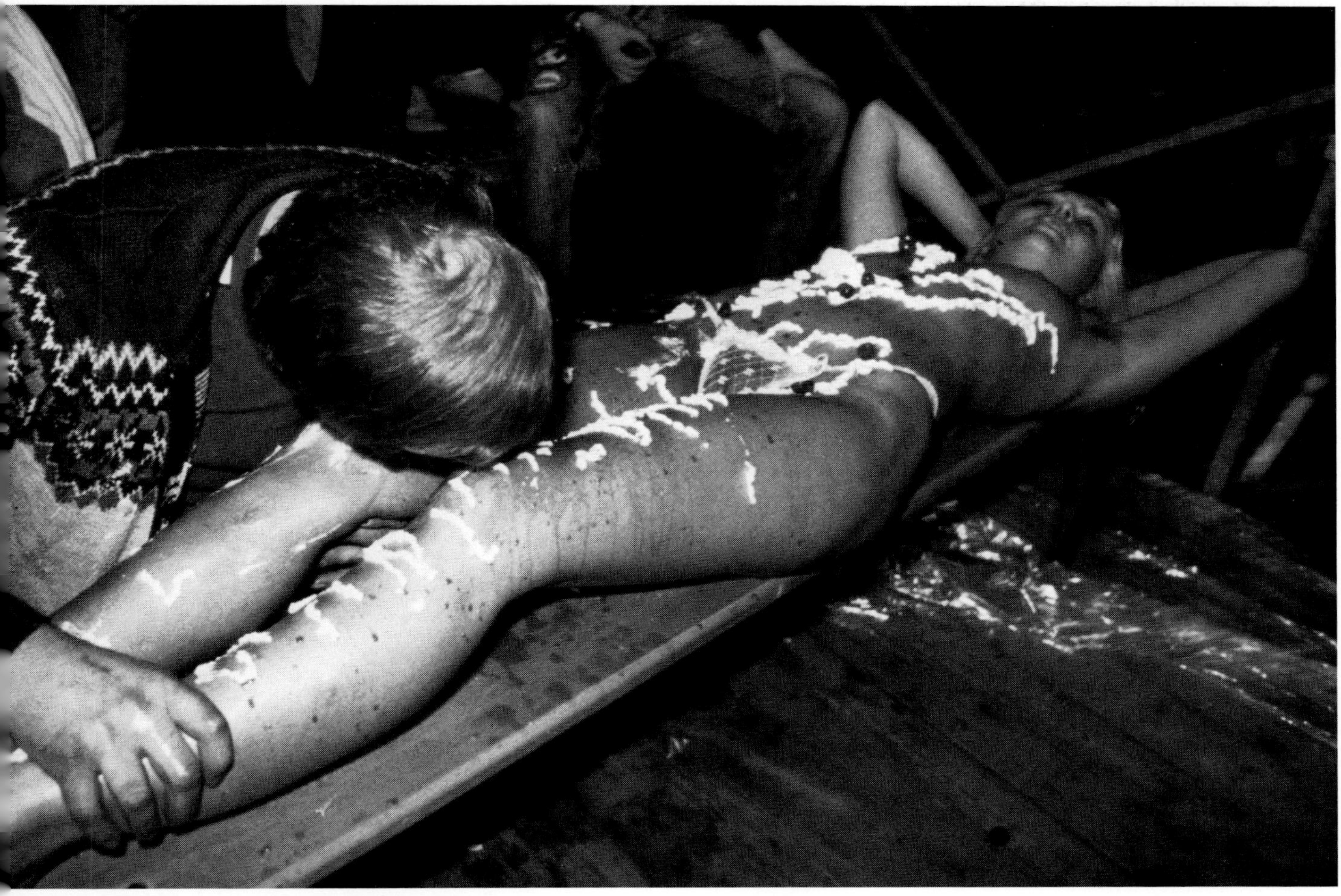

In der Disco „Saint Clair" von Leingarten bei Heilbronn weht ein Hauch von weiter Welt. Die Attraktion des Abends heißt dort: „Girl Eating" – ganz neu aus Amerika. Der Conferencier Rocky hat drei Mädchen mitgebracht, nackt bis auf den Mini-Slip. Sie legen sich auf Tische, während ihr Boss Mitspieler aus dem Publikum holt. Ihre Aufgabe: die Mädchen mit Schlagsahne-Spray wie Torten zu verzieren, mit Mandarinen aus der Dose zu dekorieren und anschließend das Ganze mit Händen und Zungen zu entfernen (oben rechts). Guten Appetit! Doch auch die reizhungrige Damenwelt kommt in Deutschlands Nachtleben auf ihre Kosten.
Im Hamburger Nachtclub „Crazy Boys" sind die Frauen zweimal pro Woche beim Männerstrip unter sich (unten Mitte). Kein Ehegattenblick stört, wenn Mutti sich an ihrem nackten Lustobjekt erfreut und dabei eine Cola nuckelt. Beim Entblättern der männlichen Stripper zeigt keine Frau Nervosität. Da die „Kleidung" meist aus Haftstreifen gemacht ist, ist dies für das pampers-erfahrene Publikum kein Problem.
Und wer sich traut, kann sich einen der Knaben bestellen und mit ihm im Separee verschwinden. Honi soit qui mal y pense.

Hinterausgang aus der DDR

Der 26. Juni 1984 war für Staatssekretär Hans Otto Bräutigam ein schwarzer Tag. Nachdem sich innerhalb weniger Wochen mehr als 50 DDR-Bürger in die Ständige Bonner Vertretung in Ostberlin geflüchtet hatten, um auf diese Weise ihre Ausreise aus dem SED-Staat zu erzwingen, zog der Missionschef die Notbremse: Er entschloß sich, das mit unfreiwilligen Gästen überfüllte Haus „vorübergehend" für den Publikumsverkehr zu schließen. Bräutigam damals: „Das ist der Tiefpunkt meiner Tätigkeit."

Es kostete viel Zeit und Überzeugungskraft, bis Bonner Regierungsbeamte die Zufluchtsuchenden überreden konnten, ihr enges Asyl freiwillig zu verlassen. Zwar lehnte die DDR, um Wiederholungsfälle zu vermeiden, eine Ausreise-Garantie ab. Aber sie enttäuschte die Erwartungen nicht. Die Flüchtlinge blieben nicht nur straffrei, sie erhielten auch bald die Erlaubnis, in den Westen überzusiedeln.

Was sich in jenen dramatischen Juni-Tagen in der Ständigen Vertretung in Ostberlin ereignete, passierte auch in anderen Bonner Missionen in Ostblock-Hauptstädten. Ob in Prag oder Warschau, Budapest oder Bukarest, überall suchten DDR-müde Bürger bei westdeutschen Botschaften Schutz und Beistand. Im Palais Lobkowitz in Prag, das ebenfalls geschlossen werden mußte, kampierten zeitweise rund 160 Flüchtlinge, unter ihnen zahlreiche Familien mit schulpflichtigen Kindern.

Die DDR-Besetzer, die sich auf das Bonner Grundgesetz beriefen und ihre Rechte als deutsche Staatsbürger einforderten, brachten die Bundesregierung in Bedrängnis. Zwar kann und will Bonn keinem DDR-Bürger den Beistand verweigern. Aber die Möglichkeit zu wirksamer Hilfe ist eng begrenzt. Ostblock-Staaten lassen Bundespaß-Inhaber nur dann ausreisen, wenn diese ein gültiges Visum haben. Wer in den Westen darf, so versuchten Bonner Beamte den Fluchtwilligen klarzumachen, darüber entscheidet allein die DDR.

Westdeutsche Missionen als Schleuse in den Westen zu benutzen, das hatten auch schon früher DDR-Bürger probiert. Meist mit Erfolg. Solche Fälle wurden diskret gelöst: Bonn zahlte, Ostberlin ließ die Flüchtlinge ziehen. Die Öffentlichkeit erfuhr davon nichts. Das änderte sich erst im Januar 1984, als sechs DDR-Deutsche in die Ostberliner US-Botschaft flüchteten und Rundfunkreporter darüber berichteten. SED-Chef Erich Honecker, um das Ansehen seines Staates besorgt, gab Anweisung, die Betroffenen direkt nach Westberlin ausreisen zu lassen.

Unbeabsichtigt trat Honecker damit eine Lawine los. In der irrigen Ansicht, sie könnten die Botschaften als Hinterausgang aus der DDR benutzen, baten immer mehr DDR-Bürger in Bonner Missionen um Aufnahme. Unter ihnen viele Verzweifelte, Menschen, die sich jahrelang vergeblich um eine Ausreise-Erlaubnis bemüht hatten. Aber auch Glücksritter waren dabei. Menschen, die plötzlich eine Chance erkannten, so schnell in den Westen zu gelangen.

Anfangs funktionierte das deutsch-deutsche Krisenmanagement noch reibungslos. Die DDR gab Zusicherungen für eine spätere Ausreisegenehmigung. Und die Betroffenen ließen sich von der Seriosität der Angebote überzeugen und gingen nach Hause. Aber der publizistische Wirbel, der die Botschaftsfälle begleitete, machte es immer schwerer, das Problem geräuschlos zu lösen. Als Beate Berg, eine Nichte von DDR-Ministerpräsident Willi Stoph, samt Familie in Prag um Asyl bat, änderte die DDR ihre Tonart. „Erpressung läuft nicht", verkündete der für humanitäre Fragen zuständige Ostberliner Anwalt Vogel. Künftig werde es keine Ausreise-Garantien mehr geben. Auch die Bundesregierung bemühte sich nach Kräften, den

Run auf die Vertretungen zu bremsen. Minister warnten öffentlich davor, die Botschaften als Fluchtburgen zu mißbrauchen. Die Entscheidung über Ausreisen stehe allein im Ermessen der DDR. Staatssekretär Ludwig Rehlinger: „Jeder muß die Gegebenheiten sehen, wie sie sind." Doch die Mahnung wurde von vielen, die dennoch ihr Glück versuchen wollten, überhört. Dabei waren die Chancen, legal in den Westen zu kommen, gar nicht so schlecht. Schon in den ersten vier Monaten des Jahres hatten rund 25 000 Antragsteller die Genehmigung zur Übersiedlung erhalten. Und auch danach durften noch viele DDR-Bürger in den Westen ziehen. Ende Dezember lag die Zahl bei knapp 40 000.

Auch sonst bemühten sich Ostberlin und Bonn, die deutsch-deutschen Beziehungen trotz der angespannten Weltlage stabil zu halten. Der Interessenausgleich vollzog sich nach bewährtem Muster: Die Bundesregierung sicherte einen zweiten Großkredit politisch ab. Die DDR-Führung zeigte sich durch menschliche Erleichterungen erkenntlich. Daß die Erfolgsbilanz dennoch hinter den Erwartungen zurückblieb, war eher der politischen Großwetterlage zuzuschreiben. Unter dem zunehmenden Druck aus Moskau sagte Erich Honecker seine für den Herbst geplante Reise in die Bundesrepublik ab. Freilich hatten es Unionspolitiker wie Alfred Dregger durch taktlose Äußerungen der DDR leichtgemacht, die Absage zu begründen.

„Wir sind aus Verzweiflung hier", sagten DDR-Bürger, die sich in die Ständige Vertretung geflüchtet hatten, „das ist unsere letzte Chance." Beschwörend steckten einige von ihnen die Hände durch die Jalousie im fünften Stock der Bonner Mission in Ostberlin. Voller Hoffnung, die Publizität der Medien könnte ihnen den Weg in die ersehnte Freiheit ebnen.

„Ich nehme alles in Kauf. Ein Zurück gibt es nicht." Durch einen Sitzstreik im Windfang der Vertretung erzwang eine Gruppe entschlossener DDR-Bürger die Aufnahme in das mit Flüchtlingen überfüllte Haus.

Europacup

Platini – Genie und Torjäger

Der Höhenflug des Michel Platini riß im Sommer ganz Frankreich mit. Zum erstenmal gewann die Grande Nation einen internationalen Titel – die Fußball-Europameisterschaft im eigenen Land. Super-Star Platini, seit zwei Jahren in Diensten von Juventus Turin, führte die Equipe tricolore als genialer Spielgestalter und Torschützenkönig zugleich mit neun Treffern in fünf Spielen zum Triumph, Sportjournalisten wählten den 29jährigen zum Welt-Fußballer des Jahres.

Das Elend mit dem Überfluß

Vor den Toren Avignons, wie auch anderswo in der Provence, kippten südfranzösische Bauern Millionen frisch geernteter Äpfel auf den Müll. Die EG zahlte ihnen dafür bis zu 30 Pfennig pro Kilo. Um den Marktpreis zu halten, durften Europas Obsterzeuger allein bis Jahresende 320 000 Tonnen Äpfel gegen Entschädigung aus Brüssel vernichten, verfüttern oder zu Alkohol destillieren lassen. Gerade die Preisgarantien der EG aber verleiten das Landvolk zu weiterer Überproduktion. In Europas Lagerhäusern sammelten sich Rekordüberschüsse von Getreide, Rindfleisch, Butter, Milchpulver und Wein. Die Kosten der Brüsseler Agrarpolitik – über 46 Milliarden Mark – sprengten denn auch 1984 erstmals den EG-Haushalt.

Das eisige Grab in der Arktis

Am 19. Mai 1845 brach eine englische Forschungsexpedition in die Arktis auf, um die sagenhafte Nordwestpassage, die nördliche Verbindung von Atlantik und Pazifik, zu finden. Keiner der Männer unter der Leitung des Arktisforschers Sir John Franklin kehrte je zurück. Schon bald waren ihre Schiffe Erebus und Terror festgefroren; die Männer versuchten, sich Hunderte von Kilometern durch die arktische Einöde zur nächsten Siedlung durchzuschlagen. Erst Jahre später fanden Suchexpeditionen ihre Spuren.

Eines der ersten Todesopfer der Unglücksexpedition war der Lademeister John Torrington. Er wurde zusammen mit zwei weiteren Toten im Dauerfrostboden der öden Beechey-Insel im Nordwesten Kanadas beigesetzt. Jetzt kam seine Leiche wieder ans Licht: Der kanadische Wissenschaftler Owen Beattie grub den Sarg aus dem Eis, um Gesundheits- und Ernährungszustand des 138 Jahre zuvor Gestorbenen zu untersuchen. Die Kälte, so zeigte sich, hatte den Körper hervorragend konserviert. Eines der ersten Obduktionsergebnisse war ein abnorm hoher Bleigehalt in den Knochen, wahrscheinlich die Folge schlecht gelöteter Blechdosen. Vielleicht, so Owen Beatties Vermutung, ist dieses Nervengift nicht nur die Ursache vieler Todesfälle, sondern auch von Fehlentscheidungen der damaligen Expeditionsteilnehmer, darunter der besonders verhängnisvollen, die wohlausgerüsteten Schiffe zu verlassen.

Drei einsame Gräber auf der öden arktischen Beechey-Insel künden vom Schicksal der Seeleute der unglückseligen Franklin-Forschungsexpedition vor 140 Jahren. Der Dauerfrost hat die Leichen sehr gut erhalten: Mit offenen Augen scheint der Seemann John Torrington aus seinem Sarg zu lächeln, als sein Grab 138 Jahre später geöffnet wird. Das Fesseln der Hände gehörte zu den damaligen Begräbnissitten.

Es sprang ein Mann vom Eiffelturm

Mike springt so weit er kann vom Gitter der dritten Plattform ab. Er springt auf die Stadt Paris. Die Zuschauer verfolgen hinterm Gitter – das wegen der vielen Selbstmörder am Eiffelturm angebracht wurde – den Sprung des mutigen jungen Mannes. Als der Fallschirm sich zwei Sekunden später öffnet, kommt er verdammt nahe an die Eisenstreben der unteren Plattform heran. Er kann sich rechtzeitig wegmanövrieren, sonst hätte er sich hoffnungslos in den Streben verfangen. Eigentlich hatte er damit gerechnet, von der Polizei festgenommen zu werden, sobald er Boden unter den Füßen hatte. Aber die Ordnungshüter verboten ihm nur, noch einmal zu springen. Doch Mike wollte eben nur dieses eine Mal seinen Traum vom Fall auf Paris verwirklichen.

Michael Endes Held Bastian bekommt ein Buch mit dem Titel „Die unendliche Geschichte" in die Finger und liest darin von den Abenteuern des Jungen Atréju, der – mit Hilfe des freundlichen Flugdrachens – das Land Phantásien vor dem alles verschlingenden Nichts bewahren soll. Mitten in der Lektüre bemerkt Bastian, daß er selbst in dieser unendlichen Geschichte vorkommt – er ist das Menschenkind, das gegen das Nichts antreten muß. Aus Endes Geschichte einer Erkundungsfahrt in die eigene Phantasie machte Regisseur Wolfgang Petersen ein fürs internationale Publikum konzipierten Fantasy-Film, der sich nicht lange mit Endes verschachtelter Erzähl-Dramaturgie aufhält, sondern ein modernes Märchen erzählt.

Hollywood-Produktion an der Isar

Dreieinhalb Jahre stand das Buch auf den Bestsellerlisten, über eine Million Exemplare wurden verkauft, wieder einmal sprach die Presse von einem „Kultbuch". Was also lag näher, als die „Unendliche Geschichte" von Michael Ende zu verfilmen?

Zwar war der Autor zunächst der Meinung, sein Buch über die Lesereise des jungen Bastian in das ferne Land Phan-

tásien könne man gar nicht auf die Leinwand bringen, doch als ihm im Sommer 1980 drei Männer aus München klarmachten, daß man in einer Art Experimentalfilm die komplizierte Erzählstruktur des Buches beibehalten werde, verkaufte er seine Rechte.
Drei Jahre später zog er mit lautem Krach seinen Namen von dem Unternehmen zurück: Denn inzwischen hatte sich das Showbusiness eingemischt. Bernd Eichinger, Chef der Münchner Verleihfirma „Neue Constantin", hatte die Rechte übernommen und nahm sich vor, aus dem kleinen Experimentalfilm ein großes Unterhaltungsspektakel zu machen – oder wie Ende es sah: „Einen dämlichen Micky-Maus-Film nach amerikanischem Vermarktungsmuster". Das fertige Produkt, für über 50 Millionen Mark in den dafür extra umgebauten Bavaria-Studios entstanden, scheint Endes Befürchtungen zu bestätigen: Von seinem Buch blieben kaum mehr als die Schauplätze und die handelnden Figuren übrig. Regisseur Wolfgang Petersen („Das Boot") konzentrierte sich in dem teuersten deutschen Film aller Zeiten auf die Effekte – schließlich mußte das Werk den größten Teil seines Gewinns in den USA einspielen. Ob es das auch wirklich tat, bleibt Geheimnis des Produzenten. In der Bundesrepublik zumindest sahen über vier Millionen Menschen die optisch zwar opulente, dramaturgisch aber reichlich verwässerte „Unendliche Geschichte".

Noch ein Tarzan

Es war die 42. Verfilmung des Romans von Edgar Rice Burroughs, und es sollte die originalgetreueste werden. Dafür investierten die Produzenten 27 Millionen Dollar, verwandelten eine riesige Studiohalle in eine wildwuchernde Dschungellandschaft – und schickten ein Dutzend Schauspieler sechs Monate zur Schule. Bei einem Pantomimen lernten sie, sich wie Affen zu bewegen, an Lianen zu hangeln und sich mit Kreischlauten zu verständigen. Vor der Kamera wurden die kostümierten Mimen mit echten Schimpansen gemischt: Auf dem Foto ist nur der kleine Affe rechts oben echt. Auch die Geschichte, die Regisseur Hugh Hudson in „Greystoke – Herr des Dschungels" erzählt, hat mit den „Ich Tarzan, du Jane"-Schinken der Johnny-Weissmüller-Zeit kaum noch etwas gemein. Zwar schildert auch Hudson ausführlich das Heranwachsen des jungen Schotten Lord Greystoke, der als Waisenkind in Afrika von Affen aufgezogen wird. Doch seine Geschichte geht weiter, zeigt den vergeblichen Versuch Greystokes, sich nach der Rückkehr aufs Familienschloß den starren Regeln und Ritualen der viktorianischen Gesellschaft anzupassen. Die bislang beste Tarzan-Verfilmung schließt ohne Happy End: den jungen Lord zieht es wieder in den Urwald. Zurück bleibt, tränenfeucht, die junge Braut.

Eine Fotoreise vom Rande des Weltalls bis ins Innere eines Moleküls hat das amerikanische Ehepaar Morris zusammengestellt. Hier ein Spiralnebel – unsere Milchstraße.

Irgendwo im Inneren der Milchstraße liegt unser Sonnensystem mit dem Planeten Erde. Satellitenaufnahme zehntausend Kilometer über Nordamerika.

Das Stadion „Soldier Fields", das Wissenschaftsmuseum und der Yachthafen. Luftbild aus 1000 Meter Höhe.

Zwischen dem „Lake Shore Drive" und dem Yachthafen liegt etwas auf der Wiese, 100 Meter unter der Kamera.

Der Michigan-See. Die Verdichtung im Zielquadrat an seinem Südufer ist Chicago. Aufnahme aus 1000 Kilometer Höhe.

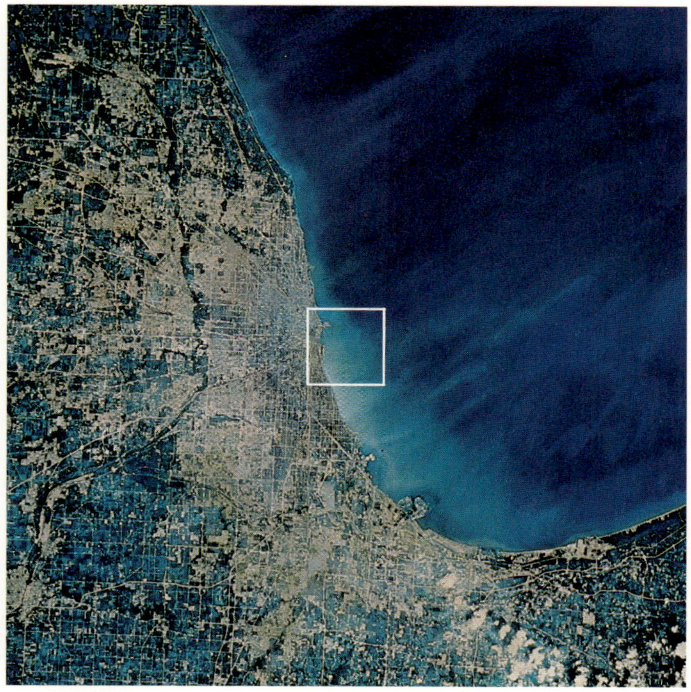

Das Häusermeer der Millionenstadt Chicago mit ihren Verkehrsadern am Rande des Sees. Fotografiert aus 100 Kilometer Abstand.

Es ist ein Mann auf einer gestreiften Decke. Fotografiert aus 10 Meter Höhe.

Nach dem Picknick in der Sonne ist er eingenickt. Entfernung zur Kamera: ein Meter.

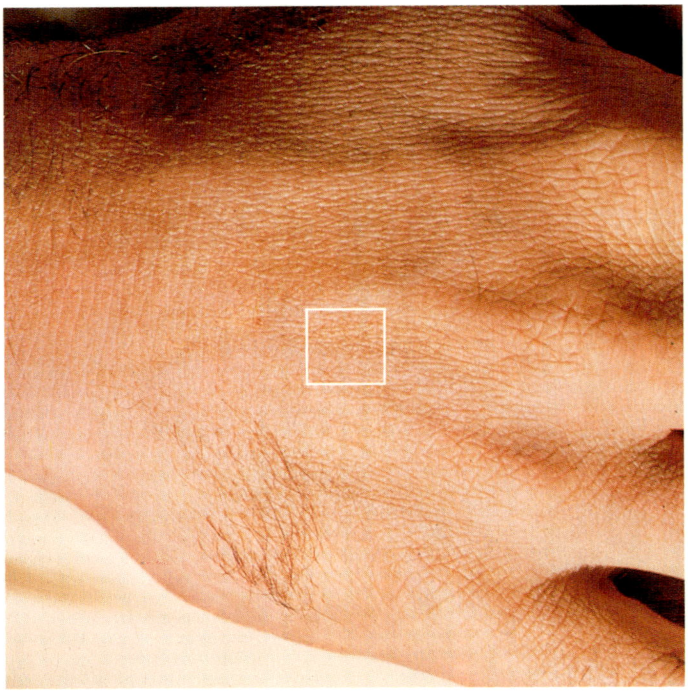

Die rechte Hand des Schläfers mit einer normalen Kamera fotografiert: Ein Objekt dieser Größe wäre auch noch mit einer Satellitenkamera zu erkennen.

Die menschliche Haut unter einer Lupe. Bei einem Zentimeter Abstand würde das Bild vor dem bloßen Auge verschwimmen.

Jetzt geht's unter die Haut. Das weiße Blutkörperchen aus einer Ader im Hautgewebe hat einen hundertstel Millimeter Durchmesser.

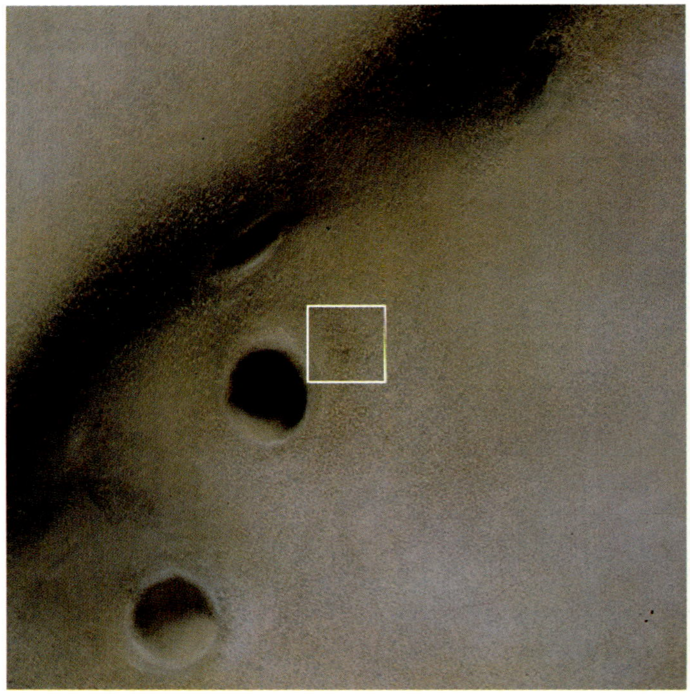

Die Hülle des Kerns im Inneren einer Zelle. Durch die Löcher tauscht der Zellkern Nährstoffe mit dem Rest der Zelle aus.

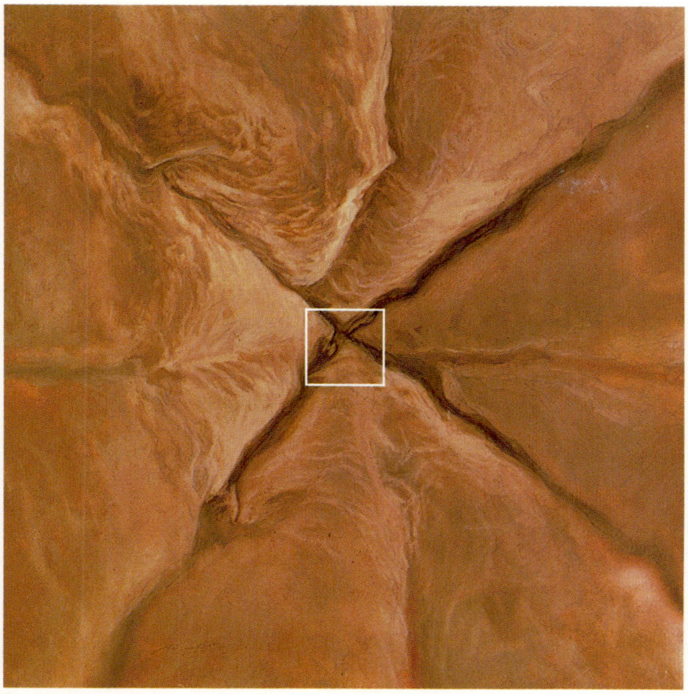

Im Nahbereich ist die Hautoberfläche zerklüftet wie ein Gebirge. Die Kantenlänge des Bildes entspricht einem Millimeter.

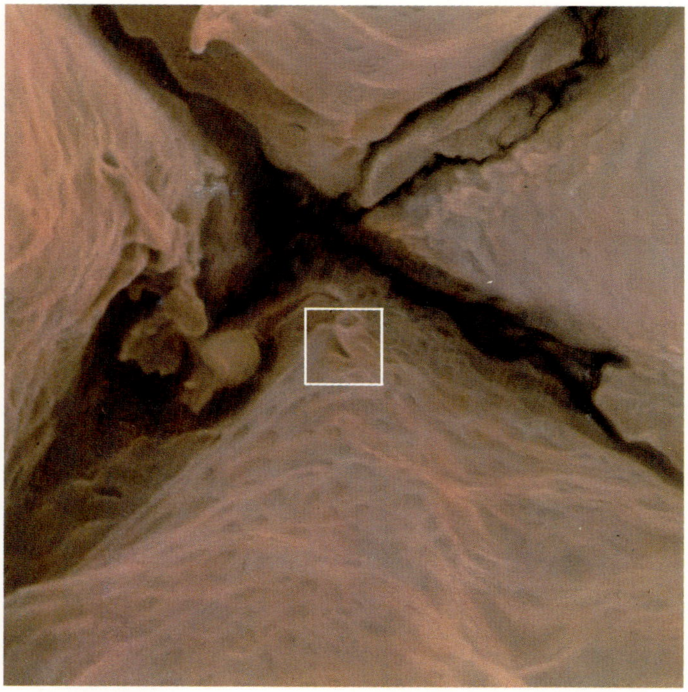

Schuppen unserer Hornhaut. Längst muß ein Mikroskop zur Betrachtung benutzt werden. Die Bildkantenlänge entspricht einem zehntel Millimeter.

Die fadenförmigen und gefalteten Molekülketten der Desoxyribonukleinsäure (DNA) im Zellkern. Sie steuern unsere biologische Entwicklung.

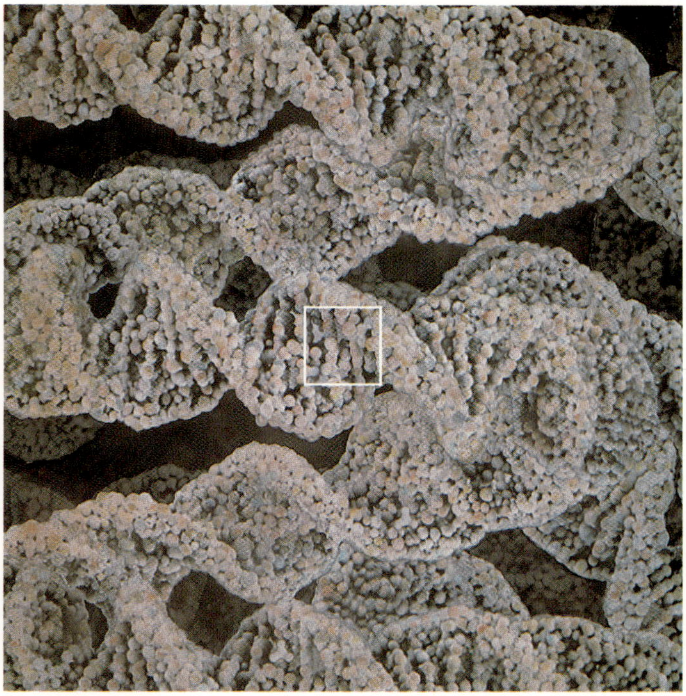

Das Molekül der Erbsubstanz DNA besteht aus zwei miteinander verdrehten Strängen. Die Bildkantenlänge entspricht einem hunderttausendstel Millimeter.

Die Tafel eines ganzen Lebens

Fünf Tage lang hatten vier Künstler in der normannischen Provinzstadt Evreux daran gearbeitet. Dann war ihr Werk fertig: Auf einer Fläche von 2700 Quadratmetern hatten sie ein Bild aus 49 Tonnen Nahrungsmitteln angerichtet – exakt die Menge, die eine französische Frau im Lauf ihres Lebens verspeist. Die Idee dazu hatte der Aktionskünstler Henry Pessar, und eine Supermarktkette stellte die dafür notwendigen Lebensmittel zur Verfügung. Als erstes wog Pessar kleine Mengen Obst und Gemüse, Brot und Fleisch, Eier und Getränke ab, breitete alles aus, maß die bedeckte Fläche und rechnete das Ergebnis auf die Gesamtmenge von 49 Tonnen hoch. Danach steckte er auf dem Parkplatz des Supermarkts in Evreux das Gelände für sein Panorama ab und nahm gemeinsam mit drei befreundeten Malern die Grundeinteilung des Bildes vor. Als nächstes kam die Beschaffung des Viehs. Nach wochenlangen Vorbereitungen konnten die Vier endlich ihr Essenspanorama fertigen. Aus 17 000 Einzelflaschen wurde die 32 Meter große Flasche am linken Bildrand gestaltet. Aus 30 000 Milchtüten entstand die Kanne auf der rechten Seite. Zuletzt kam das Vieh: 25 Kühe, 35 Schweine und 40 Schafe, die in vorbereitete Pferche getrieben wurden. Dann wurde die Luftaufnahme gemacht. Ein paar Stunden später war alles wieder weggeräumt und vom größten Bild der Welt nichts mehr zu sehen.

Auf dem Parkplatz eines Supermarkts der Stadt Evreux in der Normandie bauten vier Aktionskünstler ein riesiges Bild aus 49 Tonnen Lebensmitteln zusammen – der Menge an Nahrung, die eine Französin während ihres Lebens verbraucht. Nach ein paar Stunden war alles wieder weggeräumt.

Aus 13 000 Eiern entstand das acht Meter lange Ei am unteren Rand des 2700 Quadratmeter großen Lebensmittel-Bildes. Hunderte von Baguettes wurden als Umrandung gebraucht. Hier ist einer der Aktionskünstler noch bei der Arbeit.

Gesten fürs Gemüt

Frankreichs Öffentlichkeit war verwundert. Kein Jahrestag und keine Aktualität bot Anlaß für die Totenehrung, zu der sich Präsident François Mitterrand und Kanzler Helmut Kohl am 22. September auf dem Schlachtfeld von Verdun trafen. Dort, wo in der blutigsten Schlacht des Ersten Weltkriegs hunderttausende Franzosen und Deutsche gefallen sind, wollten die beiden ein neues Zeichen der Aussöhnung setzen. „Eine Freundschaft, die so vieler Symbole bedarf", befand das sozialistische Blatt „Le Matin", „ist nicht so fest, wie Paris und Bonn glauben machen möchten." Richtig ist, daß die ungewöhnliche erste Einladung eines deutschen Staatsmanns nach Verdun ein Akt der Wiedergutmachung war: dafür, daß der Bonner Kanzler im Juni nicht an der Feier der Alliierten zum 40. Jahrestag ihrer Landung in der Normandie hatte teilnehmen dürfen. Mit solchen Gesten fürs Gemüt will Mitterrand aber auch den deutschen Nachbarn fest im Westen verankern und ihn gegen neutralistische Versuchungen wappnen. Mehr als alle anderen Nachfolger de Gaulles und Adenauers, die vor zwei Jahrzehnten die Versöhnung mit einer gemeinsamen Messe in der Kathedrale von Reims eingeläutet hatten, bemühen sich Mitterrand und Kohl, ihren großen Vorbildern nachzueifern, und ihrerseits symbolhafte Wegmarken der Verständigung zu hinterlassen. Nicht von ungefähr auch trafen sie sich einen Monat nach Verdun in Bad Kreuznach wieder – an jenem Ort, wo Adenauer und de Gaulle einst den deutsch-französischen Freundschaftsvertrag konzipiert hatten.

Bei der ersten gemeinsamen Gedenkfeier auf dem Schlachtfeld von Verdun standen Frankreichs Präsident und der Bundeskanzler stumm vor dem „Beinhaus" von Douaumont, in dem die Überreste von etwa 135 000 Gefallenen beigesetzt sind. Während ein Musikzug der Bundeswehr die „Marseillaise" intonierte, ergriff Mitterrand die Hand von Kohl und hielt sie minutenlang.

Souvenirs für den Tschad

Leere Bier- und Cola-Dosen – das ist so ziemlich alles, was den Bewohnern des Tschad von der Intervention französischer Soldaten geblieben ist, die dort 13 Monate lang den Vormarsch libyscher Truppen aufgehalten hatten. Überraschend einigten sich Frankreich und Libyen im September auf einen beiderseitigen Truppenabzug aus dem umkämpften Land. Doch während sich die Franzosen eilig aus dem Staub machten, ließ Ghaddafi an die 3000 Mann zurück und behielt den Norden des Tschad unter seiner Kontrolle: Mitterrands bisher „größte außenpolitische Dummheit", wie sogar die regierungsfreundliche „Le Monde" urteilte.

Im Mai 1981 hatten die Stahlarbeiter in Lothringen begeistert den Wahlsieg des Sozialisten François Mitterrand gefeiert. Drei Jahre später, nach der Ankündigung von Entlassungen, stürmten sie das Büro der Sozialistischen Partei und verbrannten nicht nur das Mobiliar, sondern auch das Porträt ihres Präsidenten. Tagelang lähmten Demonstrationszüge, Barrikaden und heftige Straßenschlachten eine Region, die seit Generationen vom Stahl lebt und heute um ihre Zukunft fürchten muß.

Aufruhr im Revier

Kaum irgendwo in Frankreich wird das Scheitern der sozialistischen Utopie so schmerzlich empfunden wie im Kohle- und Stahlrevier von Lothringen. Präsident Mitterrand kann sein Versprechen, die Stahlindustrie zu retten, nicht halten. Seit zwei Jahrzehnten schon überleben deren veraltete Betriebe nur dank kräftiger Subventionen aus Paris: Umgerechnet über 25 Milliarden Mark mußte der französische Staat bereits zuschießen. Doch die inzwischen verstaatlichten Unternehmen arbeiten weiter mit ständig wachsenden Verlusten. Die sozialistische Regierung sah sich deshalb im Frühjahr gezwungen, einen radikalen Sanierungsplan zu verkünden: Die meisten Stahlwerke sollen geschlossen und 30 000 Arbeitsplätze abgebaut werden. Nach wütenden Protesten der Arbeiter gab ihnen die Regierung mit einer weiteren Finanzspritze von zehn Milliarden Mark für die nächsten drei Jahre noch einmal eine Gnadenfrist.

Die Mehrheit der lothringischen Stahlarbeiter gab sich mit den von den Gewerkschaften organisierten Demonstrationen zufrieden. Doch eine radikale Minderheit griff zur Gewalt. Vermummte Gestalten schraubten Eisenbahngleise auseinander oder demolierten das Finanzamt von Longwy.

Make up zum Geburtstag

Am 28. Oktober 1986 wird die Dame hundert. Dann soll die Freiheitsstatue von New York, einst ein Geschenk Frankreichs an Amerika, wieder wie neu aussehen. Vor allem der rechte Arm mit der erhobenen Fackel hat im Lauf der Jahrzehnte gelitten. Aber auch im Kopf der Lady ist nicht mehr alles in Ordnung: Unter der Krone befindet sich nämlich ein Aussichtspodest, von dem aus rund 2500 Besucher täglich den Blick über Manhattan genießen. Diese Besichtigungstouren haben der 46 Meter hohen und 200 000 Tonnen schweren Statue ebenso zugesetzt wie der nachträgliche Einbau von Fenstern, durch die zuviel Feuchtigkeit eindringt.

Mein Gott, Jupp

Franz Beckenbauer schlug die Hände über dem Kopf zusammen, als die deutsche Fußball-Nationalmannschaft bei der Europameisterschaft in Frankreich nach blamablen Leistungen gegen Portugal (0:0), Rumänien (2:1) und Spanien (0:1) nicht einmal

die Endrunde erreichte. Bundestrainer Jupp Derwall, seit den skandalösen Auftritten seiner Kicker bei der WM '82 ohnehin im Kreuzfeuer der Kritik, verschlug es endgültig die phrasenreiche Sprache. Er reichte seinen Rücktritt ein. Beckenbauer, von seinem Manager Robert Schwan und dem Boulevardblatt BILD ins Gespräch gebracht, wurde Derwalls Nachfolger. Während sich der glück- und hilflose „Häuptling Silberlocke" für 400 000 Mark netto im Jahr als Trainer von Galatasaray Istanbul und Berater der türkischen Nationalmannschaft anheuern ließ, mauserte sich Kaiser Franz vom Sonnyboy und Weltenbummler zum hart arbeitenden Teamchef. Bundestrainer hatte einer wie er, der nie einen Lehrgang als Fußball-Lehrer besucht hatte, nicht werden dürfen. Trotzdem sehen 55 Prozent der Bundesbürger in ihm bereits den Retter der Fußball-Nation.

50 Jahre und kein bißchen leise

Ein Chaot feierte am 13. März Geburtstag. Donald Duck ist ein halbes Jahrhundert alt geworden. Enten-Erfinder Walt Disney hatte damals seinen Zeichnern wenig Schmeichelhaftes als Charakterbeschreibung des Comic-Erpels ins Notizbuch geschrieben: streitsüchtig, bösartig, feindselig, cholerisch, launisch, zweideutig, ekelhaft, hämisch, schrill, wild, gemein, reizbar und grimmig wollte er diesen linken Vogel haben. Donald Ducks schlechte Laune und seine Wutausbrüche konnten nicht verhindern, daß er bei Kindern wie bei Erwachsenen zur beliebtesten Zeichentrickfigur aller Zeiten wurde: Diese Ente ist eben ein richtiger Mensch.

SPART EUCH DIE FRECHEN REDENSARTEN IHR

Am Morgen nach dem Todesschuß führen Kriminalbeamte den betrunkenen Gustav Scholz aus seiner Grunewald-Villa ab. Als er wieder nüchtern ist, bricht „Bubi" zusammen. Mit einer Rasierklinge will er sich die Pulsadern aufschneiden. Er weint. Im Prozeß will die Anklage mit 27 Zeugen und neun Sachverständigen beweisen, daß Scholz den Tod seiner Frau billigend in Kauf genommen hat. Dem Mann, der im Ring niemals ausgezählt worden ist, droht jetzt der K.O.

Das Ende eines Idols

In 96 Boxkämpfen blieb er 88mal Sieger. Gustav Scholz, liebevoll „Bubi" genannt, wollte ein zweiter Max Schmeling sein. Noch zwanzig Jahre nach seinem letzten Gefecht im Ring war er ein Idol. Ein Schuß durch die geschlossene Toilettentür, der seine Frau Helga tödlich traf, zerstörte am 23. Juli die Legende vom Sonnenkind der Berliner Gesellschaft.

An einer Würstchenbude hatten sich Helga und Bubi vor 35 Jahren kennengelernt. Sie war vierzehn, er knapp neunzehn. Als er 1958 im Berliner Olympiastadion im Fight gegen den „Löwen von Flandern", Charles Humez, Europameister im Mittelgewicht wurde, lag ihm ganz Berlin zu Füßen. Curd Jürgens, Hildegard Knef, Gerhard Wendland und Willy Brandt sahen seine großen Kämpfe. Eine französische Zeitung schwärmte: „Sein Körper könnte eine Jayne Mansfield zum Zittern bringen." Ehefrau Helga sonnte sich im Ruhm ihres starken Mannes. Im Hause Scholz wurden rauschende Partys gefeiert.

Bubi selbst gesteht später in seinen Memoiren: „Helga war natürlich nicht die einzige schöne und begehrenswerte Frau . . ." Nach dem Ende seiner Boxerkarriere 1964 wird Bubi Scholz erfolgreicher Geschäftsmann. Ihm gehören eine Werbeagentur und zwei Parfümerien, die Helga leitet. Der Ruhm des Box-Champions verblaßt allmählich. Sein liebster Platz wird der Partykeller, in dem er stundenlang Filme der alten Kämpfe vorführt. Eine Flasche Whisky pro Tag ist Bubis Minimum. Während Helga ihre Kosmetik-Boutiquen zum Millionengeschäft macht, spielt Bubi Golf. Seine zweite Leidenschaft heißt Manuela und ist Stewardeß. Als Helga hinter die Affäre kommt, reagiert sie offensiv: Sie verbündet sich mit der Rivalin gegen den 50jährigen Ehemann. Das Traumpaar von einst wird diesen Ballast nicht mehr los. An jenem Sonntag kommt es wieder einmal zum Streit. Helga schließt sich aus Angst in der winzigen Toilette ein. Ein Schuß aus Bubis Gewehr durchschlägt die Tür, bleibt in ihrem Kopf stecken. Im Kripoverhör spricht der Ex-Champion von einem Unfall beim Reinigen seiner Waffe. Außerdem sei er betrunken gewesen und könne sich nicht erinnern. Der Staatsanwalt will beweisen, daß Bubi gezielt geschossen hat. Seine Anklage lautet auf Totschlag. Auf Helgas offenes Grab hat Bubi hundert rote Rosen legen lassen. Dreitausend Berliner warteten auf dem Berliner Waldfriedhof vergeblich auf die Prominenz.

Seidenkleid und großes Make-up, Smoking und Champagner: Helga und Gustav Scholz gehörten zur Berliner High Society. Doch die Legende vom Traumpaar stimmte schon lange nicht mehr. Als Scholz seine Memoiren „Der Weg aus dem Nichts" veröffentlichte, spottete Helga: „Wenn ich mal auspacke, nenne ich meine Lebensgeschichte ‚Der Weg mit einem Nichts'."

Der Meister des Aiiaiiii-aiiiiaaa

Er war der erste Mann, der die 100 Meter unter einer Minute kraulte. Er war 1924 und 1928 fünffacher Olympiasieger und wurde im Jahre 1931 von Hollywood entdeckt. Und er, der Modell-Athlet und charmante Naturbursche zugleich, war es, der aus der „weißen Haut", dem von einer Äffin gehegten Menschenkind im Urwald, den wahren Tarzan machte, der von den Klugen der Kulturkritik – gut psychologisch – mal als Sadist oder Masochist, mal als Rassist oder Homo-Erotiker gedeutet wurde. Johnny Weissmüller hat in fast zwanzig Filmen den Tarzan gespielt, die Rolle ins Leben übernommen und mit dem Urschrei noch als kranker Greis nach etlichen Schlaganfällen die Insassen eines Pflegeheims in Acapulco verschreckt. Er starb im Beisein seiner Frau Maria – es war seine sechste Ehe – am 20. Januar.

Alexis Korner

Der Sohn eines österreichischen Offiziers und einer Greco-Türkin, in Paris geboren und seit Beginn des Zweiten Weltkrieges in England, wurde in den fünfziger Jahren der Prophet des „weißen Blues". Aus seiner „Blues Incorporated" gingen Musiker wie Mick Jagger, Charlie Watts, Ginger Baker, Eric Burdon, Graham Bond u.a. hervor. Aus der Kenntnis von Jazz und Blues entwickelte der Ziehvater der europäischen Rockmusik seinen City-Blues und wurde Vorbild für die „Animals", die „Stones", „Led Zeppelin", „Free" und „Pentangle". Er starb am 1. Januar mit 55 Jahren in London.

Wolfgang Staudte

Der Schauspielersohn aus Saarbrücken wurde Schauspieler, spielte unter Reinhardt und Piscator und lernte von diesem seine politische Lektion. In den bundesdeutschen Aufbaujahren leistete er Erinnerungsarbeit: „Die Mörder sind unter uns" (1945) und „Der Untertan" (1951), gedreht für die Ostberliner Defa, wurden als Nestbeschmutzung ebenso abgelehnt wie „Rosen für den Statsanwalt" (1959), wo er im Spießer das einstige Monster entlarvte. Der Unbequeme wurde in den sechziger und siebziger Jahren abgedrängt. Er starb am 19. Januar mit 77 Jahren.

Manès Sperber

Er wurde in Galizien als Sohn eines Rabbiners geboren, studierte Psychologie bei Alfred Adler, sympathisierte mit dem Kommunismus, mußte aus Berlin – wo er als Psychologe gelehrt und praktiziert hatte – vor den Nazis fliehen. In Paris veröffentlichte er eine Studie „Zur Analyse der Tyrannis" (1937). Unter dem Eindruck der stalinistischen „Säuberungen" sagte er sich vom Kommunismus los. Von seinen Erfahrungen berichtete er nach dem Krieg in der Trilogie „Wie eine Träne im Ozean". Der Träger vieler Auszeichnungen starb am 5. Februar mit 78 Jahren in Paris.

Tito Gobbi

Der Bariton aus Bassano del Grappa debütierte 1938 in Rom in „La Traviata", sang 1950 bei den Salzburger Festspielen den Don Giovanni unter Furtwängler und wurde in den fünfziger Jahren zum besten Darsteller sinistrer Opernschurken: Als Jago in „Otello", Scarpia in „Tosca" oder auch als Rigoletto hatte der große Sänger-Darsteller nach dem Krieg nicht seinesgleichen. Seine Auftritte neben Maria Callas gehörten zu den Sternstunden des Musiktheaters in den fünfziger und den frühen sechziger Jahren. Gobbi starb am 5. März mit 68 Jahren.

Martin Niemöller

Der Pfarrerssohn war im Ersten Weltkrieg U-Boot-Kommandant, studierte seit 1919 Theologie, gründete 1933 den Pfarrernotbund gegen die Nazis, kam als Hitlers „persönlicher Gefangener" nach Sachsenhausen und Dachau und wurde von den Amerikanern befreit. Von 1947 bis 1964 war er Präsident der Evangelischen Kirche in Hessen und Nassau, zwischen 1961 und 1968 einer der Präsidenten des Weltkirchenrats. Der kämpferische Pazifist, der sich an Aktionen für die Wiedervereinigung und die Ost-West-Verständigung und gegen Atomwaffen, Notstandsgesetze und Vietnamkrieg beteiligte, starb am 6. März 92jährig.

Karl Rahner

Der Professorensohn aus Freiburg wagte es, die Zeitbedingtheit von katholischen Dogmen in den Blick zu nehmen und die Theologie – so Hans Küng – „aus dem Gefängnis der römischen Neu-Scholastik" zu befreien. Er wurde 1932 zum Priester geweiht, studierte bei Heidegger, habilitierte sich 1937, las seit 1937 in Innsbruck, wurde 1949 Ordinarius in Innsbruck, 1964, als Nachfolger Guardinis, in München und 1967 in Münster. Der „Theologe im Übergang", bei den Orthodoxen zugleich gefürchtet und respektiert, Autor von mehr als 4000 Veröffentlichungen, starb am 30. März, 80jährig.

Uwe Johnson

Im Juni 1959, als sein Roman-Erstling „Mutmaßungen über Jakob" herauskam, verließ der Landwirtssohn aus Cammin in Pommern die DDR. Er wurde rasch berühmt, erhielt 1960 den Fontane-Preis, schrieb, in Westberlin lebend, über die deutsche Teilung. 1970 brachte er den ersten Teil seines Hauptwerks „Jahrestage I" heraus. Mitte der siebziger Jahre geriet er in eine schwere persönliche Krise und zog sich zurück in die Einsamkeit der Themse-Insel Sheppey. 1983 erschien der abschließende Band der „Jahrestage"-Tetralogie. Johnson starb in der Nacht vom 23. auf den 24. Februar mit 49 Jahren an Herzversagen.

Helmut Schelsky

Er wurde in Königsberg geboren, promovierte bei Hans Freyer und Arnold Gehlen, gründete 1945 das Flüchtlingswerk des Roten Kreuzes und wurde 1952 Ordinarius für Soziologie in Hamburg. Populär wurde er durch Studien über Arbeitslosigkeit der Jugend (1952), die „Wandlungen der deutschen Familie in der Gegenwart" (1954), „Schule und Erziehung in der industriellen Gesellschaft" und — ein Epochenbuch — „Die skeptische Generation" (1957). Als sein Fach zu heftig in die Linkskurve steuerte, zog er sich zurück. Er starb am 24. Februar mit 71 Jahren in Münster.

William Powell

Als phlegmatischer, whiskyfreudiger Nick Charles löste der große, dunkelhaarige Amerikaner mit dem eleganten Bärtchen die Mordfälle Dicker und Dünner Mann — trotz aller Ungeschicklichkeiten von Film-Gattin Myrna Loy. Der Charmeur von Graden hatte schon in der Stummfilm-Ära begonnen, den Wechsel zum Tonfilm mühelos überstanden und exzellierte fast zwei Jahrzehnte hindurch in den *sophisticated comedies*. Nach seinem letzten Film („Mr. Roberts") zog er sich 1955 nach Palm Springs zurück. Er starb am 5. März im Alter von 91 Jahren.

William („Count") Basie

Der Meister des Big-Band-Jazz, geboren 1904, lernte bei den Stride-Pianisten James P. Johnson und Fats Waller, wurde 1929 Mitglied des Orchesters Bennie Morton und nach dessen Tod im Jahre 1935 selber Bandleader. Basie war ein brillanter, klar und lapidar musizierender Pianist mit einem wundervollen Gespür fürs musikalische *timing*. Neben Benny Goodman und Glenn Miller war er der Baumeister des Swing. Noch 1976 ging er, im Rollstuhl am Klavier sitzend, auf Europa-Tournee. Der Autor von „Red Bank Boogie", „Out the Window" und „Jive at Five" starb am 26. April mit 79 Jahren.

Enrico Berlinguer

Die politische Vision des sardischen Aristokraten und „culo di ferro" (Eisenarsch) — er hielt endlose Sitzungen durch — scheiterte: der historische Kompromiß zwischen Christdemokraten, Sozialisten und Kommunisten, die 1976 unter ihm 34 Prozent Wählerstimmen erhalten hatten. Berlinguers KPI sackte bei den nächsten Wahlen unter 30 Prozent ab. Dennoch schaffte er es, die einst ideologisch starre Partei — gegen den Willen Moskaus — gegenüber der nordeuropäischen Sozialdemokratie zu öffnen. Der ebenso aufrechte wie leisebrillante Politiker starb am 11. Juni mit 62 Jahren.

Joseph Losey

Mit 22 Jahren war der in La Crosse, Wisconsin, geborene Großbürgerssohn Theaterdirektor und Regisseur am Broadway. Bei einer europäischen Studienreise lernte er in der UdSSR Brecht und Eisler kennen. Nach dem Krieg geriet er auf die Schwarze Liste McCarthys, wählte England als neue Heimat und wurde mit Filmen wie „The Sleeping Tiger" (1954), „Die Spur führt ins Nichts" (1960), „Eva" (mit Jeanne Moreau, 1962), „Der Diener" (1963), „Modesty Blaise" (1965), „Der Mittler" (1971) berühmt. Er arbeitete mit Autoren wie Harold Pinter, George Tabori und Tom Stoppard. Er starb am 22. Juni mit 75 Jahren.

James Mason

In mehr als 100 Filmen spielte der Brite aus Huddersfield, ausgebildet als Architekt, seit 1933 Schauspieler am Londoner Old Vic, die groß-zwiespältigen Charaktere wie Rommel („Der Wüstenfuchs"), Brutus („Julius Caesar"), den schurkischen Agenten in Hitchcocks „Der unsichtbare Dritte", den besessenen Liebenden in „Lolita" oder den Untoten in „Pandora und der fliegende Holländer". In B-Filmen setzte er Glanzlichter als Darsteller von Schurken und sanften Sadisten. Der notorisch Schwierige, gefürchtet wegen seiner Attacken auf die Filmbranche wie auf die Stars, starb 75jährig am 29 Juli.

Richard Burton

In seinem Ehrgeiz sah sich der walisische Bergmannssohn als „der größte lebende Schauspieler". Er spielte am Broadway, machte dann am Old Vic Sensation als Hamlet, Coriolanus, Othello und Jago und ging dann „für Ruhm und Geld" nach Hollywood, wo das Genie als Talent endete: Er spielte Römer und Russen, Spione und Gangster und vor allem, neben seiner Frau Liz Taylor, seine Glanzrolle in den Klatschspalten als Lover und Whisky-Vernichter und lebte sich rauschhaft zu Tode. Er fand in der Rolle Richard Wagners seine letzte große Aufgabe. Er starb am 5. August mit 58 Jahren an einem Gehirnschlag.

J. B. Priestley

Der Lehrerssohn aus Bradford, Yorkshire, arbeitete mit 16 in einem Büro, wurde freiwillig Soldat, studierte nach dem Ersten Weltkrieg Literatur, Geschichte und Politik und schrieb emsig für die sozialistische Presse. Mit dem Roman „Die guten Gefährten" (1929) errang er seinen ersten Welterfolg, übertroffen nur von seinem metaphysischen Theater-Krimi „Ein Inspektor kommt" (1946). Mit über 30 Stükken wurde der Großbürger, der den Kommunismus verachtete und sich zum Sozialismus bekannte, zum Star des englischen Theaterlebens. Er starb am 14. August im Alter von 89 Jahren.

François Truffaut

Der Architektensohn aus Paris fand in André Bazin, Chefredakteur der „Cahiers du Cinéma", einen Lehrmeister. Er arbeitete als Kritiker, griff 1954 vehement den französischen Film an, forderte das Autoren-Kino und wurde berühmt mit „Sie küßten und sie schlugen ihn" (1959). Es folgten Meisterwerke wie „Schießen Sie auf den Pianisten" ('60), „Jules et Jim" ('62), „Die süße Haut" ('64), „Fahrenheit 451" ('66), „Die Braut trug Schwarz" ('68) und die mit dem Oscar prämiierte „Amerikanische Nacht" ('73). Die Frauen dominierten seine Filme als „die Stärkeren im Leben". Er starb am 21. Oktober mit 52 Jahren.

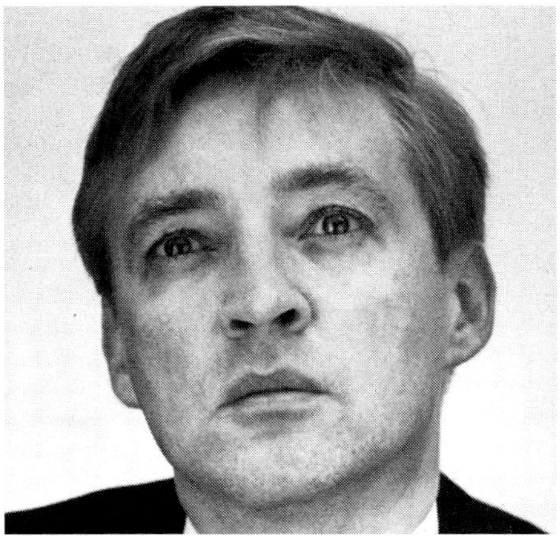

Oskar Werner

Mit 19 kam der Sohn eines Wiener Angestellten ans Burgtheater. In den fünfziger Jahren spielte er, mit der Kraft des sich übersteigernden Gefühls, jugendliche Liebhaber und sensible Neurotiker. Sein größter Hollywood-Erfolg war „Entscheidung vor Morgengrauen", unvergeßlich ist er durch die Filme François Truffauts: „Jules et Jim" und „Fahrenheit 451". Als manieristisches Genie kam er mit dem modernen Regie-Theater nicht zurecht. Er vereinsamte, scheiterte 1983 beim Versuch eines Comeback und lebte sich trinkend und leidend zu Tode. Er starb am 22. Oktober, 61jährig.

Paul Dahlke

In Käutners „Romanze in Moll" (1943) spielte er den armselig-eifersüchtigen Spießbürger, später die knurrigen Dickschädel etlicher TV-Serien, aber auch — und unnachahmlich charmant — den reichen Fabrikanten in „Drei Männer im Schnee" — den *deus ex machina* fürs Glück der Tochter. Der Komponistensohn aus Pommern hatte die Reinhardt-Schule absolviert, war von Heinz Hilpert nach Berlin geholt worden und exzellierte als Spezialist für Vielseitigkeit. Er starb am 23. November mit 80 Jahren.

Truman Capote

Truman Streckfus Persons aus New Orleans wurde von zwei Tanten erzogen, flüchtete sich in Traumwelten, schrieb als 12jähriger schon Gedichte, war als 15jähriger ein „kleiner Trinker" und als 17jähriger Autor des „New Yorker". Mit seinem ersten Roman „Other Rooms, Other Voices" (1948) machte der 24jährige Sensation. Der Außenseiter – homosexuell, alkohol- und drogenabhängig – schrieb sein Meisterwerk mit dem Sachroman „Kaltblütig" (1965). Das genialische Chamäleon, Lieblingsgast in der New Yorker Café Society, starb am 25. August mit 59 Jahren.

Fritz Sänger

Die Großtat des Kaufmannssohns aus Stettin war der Aufbau des „Deutschen Pressedienstes" (dpd), später „Deutsche Presseagentur" (dpa) zu einer freien Nachrichten-Agentur, die Weltgeltung errang. Noch im Lehrerseminar seiner Heimat entdeckte er sein Schreibtalent. Er wurde Lokalredakteur, dann politischer Journalist und als solcher der Chronist einer „Politik der Täuschungen" – Titel seines Resümées der Nazi-Zeit. Nach dem Krieg wurde er, weil unbelastet, der erste große Anwalt der „objektiven Nachricht" und der journalistischen Unabhängigkeit. Er starb am 30. August mit 82 Jahren.

Helge Pross

Die Tochter eines Managers betrieb Soziologie als Wissenschaft im Dienst sozialer Reformen. Sie habilitierte sich mit einer Studie über Manager (1963) und wies nach, daß Wirtschaftsführer sich ebenso kapitalistisch verhalten wie Privateigentümer. Sie dokumentierte die Ausbildungsschwierigkeiten junger Mädchen durch konservative Erziehung, entdeckte akademische Arroganz und konservativen Bildungs-Dünkel in der deutschen Professorenschaft und erforschte die Pascha-Mentalität der Männer in der Familie. Die sozialliberale Soziologin starb am 2. Oktober mit 57 Jahren in Gießen.

Albert Vietor

Mit selbstherrlichem Stolz ließ sich der Kaufmannssohn aus Kassel, vom kleinen Angestellten zum Vorstandschef der „Gemeinnützigen Wohnungsbaugesellschaft Neue Heimat" aufgestiegen, „King Albert" nennen. Unter seiner Ägide, von 1963 bis 1982, wuchs das Unternehmen zum größten Bauträger der Welt. Kungeleien und Privatgeschäfte führten zum Sturz des maßlosen Managers. Dennoch bekannte er, „nicht das geringste Schuldbewußtsein" zu haben, und strengte, vergeblich, einen Prozeß um seine Rehabilitierung an. Der tief Gestürzte starb am 26. November mit 62 Jahren.

Hans Speidel

Der Sohn eines Forstmanns promovierte 1925 zum Dr. phil., wurde 1930 Mitglied des Generalstabs, arbeitete als Militär-Attaché in Paris, war im Zweiten Weltkrieg Stabschef der deutschen Besatzungsarmee in Frankreich, ließ sich wegen der SS-Greuel an die Ostfront versetzen, geriet durch seinen Freund Generaloberst Beck in den Kreis der Widerständler, wurde zwei Monate nach dem 20. Juli verhaftet, entkam, übernahm wesentlich den Aufbau der Bundeswehr, wurde Chef der Nato-Streitkräfte in Mitteleuropa. Er starb am 28. November mit 87 Jahren in Honnef.

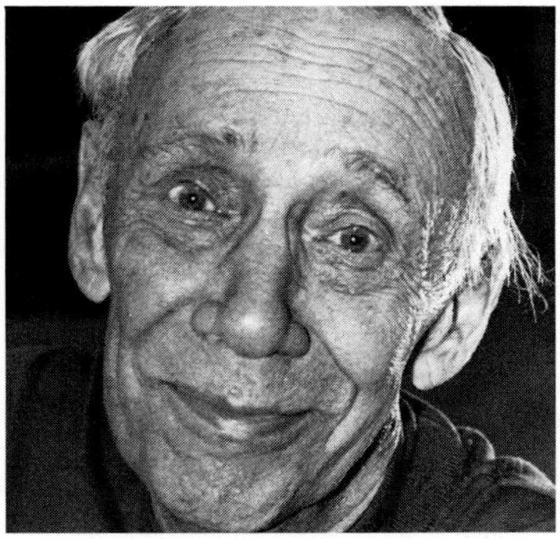

Rudolf Platte

Der Kaufmannssohn spielte mit zwölf den Dorfrichter Adam im „Zerbrochenen Krug", brannte mit 16 von zu Hause durch und verzichtete zugunsten des Theaters aufs Abitur. Nach dem Düsseldorfer Theaterdebüt als Shylock (mit 19!) wurde er in den dreißiger Jahren vor allem als Filmkomiker bekannt und hatte schon den Ruf des kichernden Tolpatsches oder traurigen Clowns, als er 1960 im Fernsehen aus dem „Hauptmann von Köpenick" – eine Glanzleistung – einen rebellischen Außenseiter machte. „Langspielplatte", so genannt wegen seiner vielen en-suite-Rollen, starb am 18. Dezember mit 80 Jahren.

Kumpels gegen die Staatsgewalt

Tausend streikende Bergarbeiter und tausend Polizisten lieferten sich am 18. Juni vor der Kokerei Orgreave eine stundenlange Schlacht. Seitdem verging im britischen Bergarbeiter-Streik kein Tag mehr ohne blutige Zusammenstöße. Im längsten Streik der britischen Geschichte ging es nicht nur um die geplante Schließung von 20 Zechen und den Verlust von 20 000 Arbeitsplätzen. Der Arbeitskampf entwickelte sich zum Machtkampf zwischen der konservativen Regierung und der militanten Bergarbeitergewerkschaft NUM.

Um Haaresbreite

Die Bombe explodierte um 2.54 Uhr in der Nacht zum 12. Oktober und riß eine tiefe Schneise in die Fassade des viktorianischen Grand-Hotels an der Strandpromenade von Brighton im Süden Englands. Ganze Stockwerke stürzten ein und rissen die Schlafenden in die Tiefe. Die Frau, die bei dem brutalen Anschlag getötet werden sollte, saß zum Zeitpunkt der Explosion in der Napoleon-Suite im ersten Stock und schrieb an einer Rede, die sie am nächsten Morgen auf dem Parteitag der Konservativen halten wollte: Englands Premierministerin Margaret Thatcher.

Das Hotel glich einem Schlachtfeld. Zerborstene Mauern, überall Trümmer und Glassplitter, die Schreie der Verwundeten und Hotelgäste, die starr vor Schrecken das Grauen nicht fassen konnten. Margaret Thatcher war dem Tod nur um Haaresbreite entgangen. Wenige Sekunden vor der Explosion hatte sie ihr Badezimmer benutzt, das von der Bombe zerstört wurde. Doch die „Eiserne Lady" blieb wie immer gefaßt. Nur sechs Stunden nach dem Anschlag, der fünf Menschenleben und 34 zum Teil schwer Verletzte forderte, erschien sie im Konferenzzentrum von Brighton, wo ihre Parteifreunde ihr stehend minutenlange Ovationen entgegenbrachten. Nach einer Schweigeminute für die Opfer des Attentats gingen die Tories zur Tagesordnung über und diskutierten über Wirtschaftsfragen, den Streik der Bergarbeiter und Außenpolitik.

Zur gleichen Zeit, als die Debatte über die britische Politik in Nord-Irland begann, meldeten sich die Attentäter, über deren Identität kaum Zweifel bestanden hatten: Es waren Angehörige der Irisch Republikanischen Armee (IRA), die mit einer 20 Pfund schweren Bombe versucht hatten, Premierministerin Margaret Thatcher mit ihrem gesamten Kabinett auszulöschen. „Thatcher wird nun erkennen, daß

„Alle Versuche, die Demokratie mit Terror zu zerstören, werden fehlschlagen", erklärte Englands Premierministerin Margaret Thatcher nach dem Anschlag, der das 122 Jahre alte Grand-Hotel von Brighton teilweise zerstörte. Rechts oben Margaret Thatchers Badezimmer nach dem Attentat. Die „Eiserne Lady" hatte es nur wenige Sekunden vor der Explosion verlassen.

Nach dem Attentat glich das Grand-Hotel in Brighton einem Schlachtfeld. Die meisten der konservativen Parteitagsdelegierten waren von der Bombe im Schlaf überrascht worden. Viele von ihnen wurden durch Glassplitter verletzt wie Sir Walter Clegg, der von seiner Frau aus dem zerstörten Gebäude geführt wird. Vier Menschen starben noch in der gleichen Nacht. Die Frau des Industrie- und Handelsministers Norman Tebbit erlag nach einigen Wochen ihren schweren Verletzungen.

34 Menschen wurden bei der Explosion verwundet. Im Bekennerbrief der Irisch Republikanischen Armee (IRA) drohten die Attentäter mit neuen Schlägen gegen das britische Establishment: „Heute hatten wir kein Glück, aber denkt daran, wir brauchen nur ein einziges Mal Glück zu haben . . .“

England unser Land nicht weiter besetzen, unsere Gefangenen nicht weiter foltern, unsere Leute nicht weiter auf ihren eigenen Straßen erschießen kann“, hieß es in dem Brief, der – wie immer bei IRA-Anschlägen – die Unterschrift P. O'Neill trug. Die Bekenner ließen keinen Zweifel daran, daß sie ihren Untergrund-Kampf mit allen Mitteln fortsetzen wollen. Ihre Drohung am Ende des Briefes jagte den Briten einen Schauer über den Rükken: „Heute hatten wir kein Glück, aber denkt daran, wir brauchen nur ein einziges Mal Glück zu haben. Ihr müßt immer Glück haben. Gebt Irland Frieden, und der Krieg wird vorbei sein.“
Die Bombe von Brighton war der blutige Höhepunkt in einem Kampf, den die IRA seit 1969 gegen die britische Besetzung Nord-Irlands führt und dem schon mehr als 2000 Menschen zum Opfer gefallen sind. Das Attentat gegen Margaret Thatcher hat erschreckend deutlich gemacht, wie weit der Arm der irischen Untergrundarmee reicht. Nach dem Anschlag wurde in Großbritannien der Ruf nach der Todesstrafe wieder laut. Eine neue zentral gesteuerte Geheimdiensteinheit wurde aufgestellt, um den politischen Terrorismus künftig besser bekämpfen zu können. Bisher allerdings ohne Erfolg: Die Attentäter von Brighton konnten bisher nicht gefaßt werden. Und Gerry Adams, Präsident des nichtverbotenen Flügels der IRA, Sinn Fein, erklärte in einem Interview: „Solange die britische Armee in Irland ist, wird die IRA weiterkämpfen. Brighton war nicht der letzte Anschlag.“
Die Erfahrungen der letzten Jahre belegen in der Tat, daß das nächste Attentat nur eine Frage der Zeit sein wird.

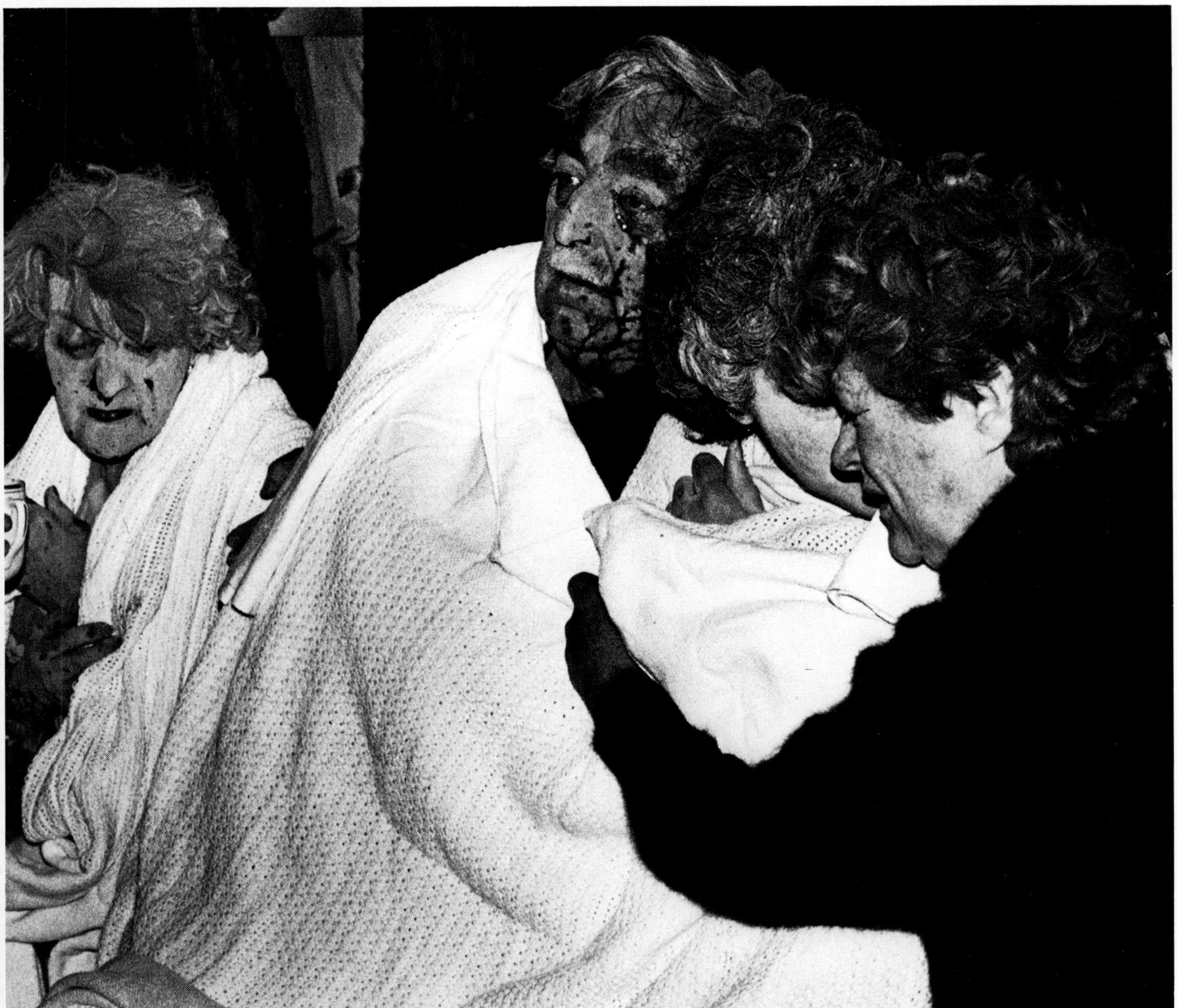

Der Tod eines irischen Märtyrers – live

Polizeieinsatz in West-Belfast, Hochburg der Untergrundbewegung IRA. Mit Hartgummigeschossen geht die vorwiegend protestantische RUC am 12. August gegen Katholiken vor. Aus nächster Nähe über dem Herzen getroffen, bricht Sean Downes tot zusammen. Im Fernsehen verfolgen Millionen sein Sterben – die IRA hat einen neuen Märtyrer. Downes wurde Opfer in einem nordirischen Machtspiel aus Intrige, Haß und Starrköpfigkeit: Der britische Nordirland-Minister James Prior hatte Martin Galvin, dem Sekretär des Hilfsfonds Noraid in den USA, das Betreten der Provinz verboten. Sinn Fein, „offizieller Flügel" der IRA, schmuggelte den Freund und Finanzier dennoch ein. Prior schickte die RUC ins katholische Viertel. Im Tumult entkam Galvin, doch Downes mußte sterben – nur eine Episode in einem endlosen Konflikt in Europa.

Denkmal für einen Cowboy

Wie kein anderer stand er im Kino stellvertretend für ein ganzes Genre: Als John Wayne 1979 im Alter von 72 Jahren starb, da war es auch mit dem Western endgültig vorbei. Um den zu Lebzeiten wohl populärsten Schauspieler Amerikas zu ehren, stiftete eine Bank in Los Angeles zwei Millionen Dollar und bestellte beim Bildhauer Harry Jackson eine sieben Meter hohe Bronzestatue des Cowboys hoch zu Roß. Nach drei Jahren Arbeit lieferte Jackson das — ästhetisch durchaus umstrittene — Monument am 22. Juli 1984 ab. Es ziert jetzt den Vorplatz des „Great Western Savings Center" am Wilshire Boulevard mitten in Beverly Hills.

FRAGILE
FRAGILE
FRAGILE
1094
International Transport, inc.
1094

Kopf ab in Dschidda

An einem Freitag im Juli bahnen Polizisten mit Knüppelhieben einem Mann im langen schwarzen Umhang den Weg durch eine johlende Menge, mitten in der saudiarabischen Hafenstadt Dschidda. Der Mann in Schwarz ist der Scharfrichter. Der Henker schreitet gemessen den Platz ab und bestimmt mit der Spitze seines gezückten Schwertes genau die Stelle, an der die Enthauptung stattfinden soll.
Rund 2000 Schaulustige haben sich auf dem großen Parkplatz eingefunden – Familien mit Kindern, junge Leute, Kellner und Köche aus dem gegenüberliegenden „Middle East Hotel". Dort war auch ein Geschäftsmann aus Europa zu Gast, der das schauerliche Spektakel beschrieben und von seinem Zimmer aus fotografiert hat.
Ein Gefängniswagen fährt mit hoher Geschwindigkeit auf den Platz. Polizisten stoßen einen jungen Mann aus der Hecktür. Die Menge ist still geworden. Der Häftling wird zu einem roten Tuch geführt. Sorgfältig legt man ihn an Händen und Füßen in Fesseln. Der Adjutant des Scharfrichters verbindet dem Delinquenten die Augen.

„Schwerthiebe bis zum Todeseintritt" für den Kindesmörder aus dem Jemen. In Saudi-Arabien werden nach islamischem Recht Ehebrecher gesteinigt, Mörder hingerichtet, Dieben und Räubern Hände oder Füße abgehackt.

Der Todeskandidat kniet auf dem roten Tuch nieder, den Kopf nach vorn gebeugt, und wartet.
Der Scharfrichter stolziert währenddessen wie ein Gockel in der Mitte des Platzes herum. Plötzlich geht alles sehr schnell: Der Adjutant nimmt dem Henker den schwarzen Umhang ab. An dessen schwerem Kreuzgurt blitzt das Schwert. Mit schnellen Schritten geht der Henker auf den Verurteilten zu, zieht im Lauf die Waffe und schlägt aus der Hüfte heraus zu. Blut spritzt, der junge Mann kippt vornüber auf das Pflaster. Der Henker führt einen zweiten Hieb – aber der Kopf ist immer noch nicht vom Rumpf getrennt.
Es folgen weitere Schwertstreiche – der Henker steckt sein Schwert zurück, der Adjutant legt ihm den schwarzen Umhang über die Schultern, und unter tosendem Applaus der Gaffer verschwinden die beiden in einer Seitenstraße des großen Platzes.
In der saudischen Tageszeitung „Al-Yaum" (Der Tag) heißt es am nächsten Morgen unter der Überschrift „Strafvollstreckung an einem Mörder in Dschidda" wörtlich: „Ibrahim Ahmad Salim, jemenitischer Staatsangehöriger, hat ein vierjähriges Mädchen in eine verlassene Werkstatt gelockt und es vergewaltigt, bis es starb. Für den Mord an dem Mädchen, in der Art und Weise wie erwähnt, wurde er zum Tode verurteilt. Das Urteil durch Schwerthiebe bis zum Todeseintritt wurde nach dem Freitagsgebet in der Stadt Dschidda am 13. Juli 1984 vollstreckt."

Albert David getauft, was von den wettfreudigen Briten sehr bedauert wurde. Sie hatten nämlich auf George und Philip getippt. Damit sich der Erstgeborene William Arthur Philip Louis, geboren am 21. Juni 1982, nicht benachteiligt fühlte, hatte ihn sein Vater mit ins Krankenhaus genommen und ihm seinen neuen Bruder präsentiert. Prinz William soll darauf mit einem gelangweilten „Er sieht so rot aus" reagiert haben. Auf dem Foto, daß sein Ex-Onkel Lord Snowdon schoß, sieht er jedoch wieder recht vergnügt aus.

Harry von England

„Jetzt haben wir fast ein Polo-Team beisammen", rief Prinz Charles der jubelnden Menge zu, die tagelang vor dem St. Mary's Hospital ausgeharrt hatte, in dem Prinzessin Diana am 15. September 1984 ihren zweiten Sohn Harry bekam. Auch diesmal hatten sich Königliche Hoheit beeilt. Für die Geburt brauchte sie nur neun Stunden, während Ehemann Charles tapfer das Händchen hielt. Der neue Prinz wurde auf den Namen Henry Charles

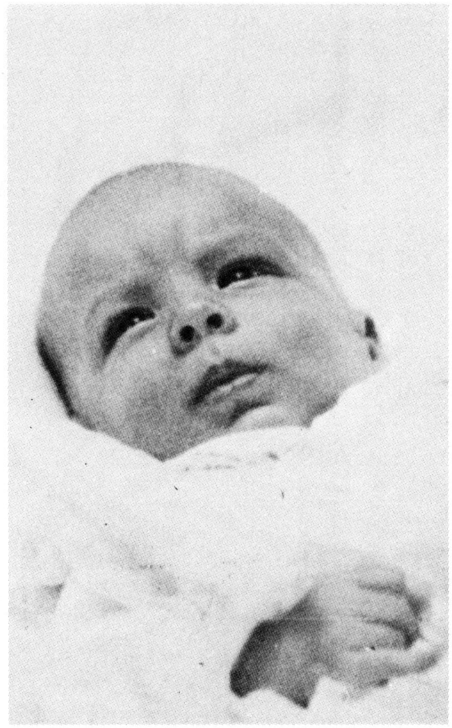

Das Wunschkind von Monaco

Fünf Monate und zehn Tage nach ihrer zweiten Hochzeit mit dem Industriellen Stefano Casiraghi (24) am 8. Juni 1984 wurde Prinzessin Caroline zum ersten Mal glückliche Mutter. Nach einer komplikationslosen Geburt bekam sie einen Sohn, den sie Andrea Albert nannte.
21 Böllerschüsse wurden über dem Zwergstaat Monaco abgefeuert, eine Ehre, die eigentlich nur einem Thronfolger und nicht dem Sohn eines Bürgerlichen zusteht. Doch Opa Rainier hat bereits verlauten lassen, daß er Andrea Albert nach Artikel drei der monegassischen Verfassung zum Herzog oder Prinz ernennen wird. Damit stünde sein Enkel nach Albert, Caroline und Stéphanie an Platz Vier der Thronfolge.
Und aus Mama Caroline, dem wilden Playgirl von einst, ist eine Muttergluckegeworden. Sie stillte drei Monate lang („Mama hätte es so gewollt"), verläßt kaum noch das Haus und trägt ihren Sprößling am liebsten im Tragesitz.

Indien

Ein Hügel von Rupien-Scheinen türmt sich vor den Wächtern im nordindischen „Goldenen Tempel" von Amritsar — Opfergaben von gläubigen Sikhs. Fanatische Anhänger dieser ebenso fleißigen wie kriegerischen Sekte, die nach dem Willen ihres Religionsstifters Guru Nanak als friedliches Bindeglied zwischen dem monotheistischen Islam und der bunten Vielgötterwelt des Hinduismus wirken sollte, haben die größte Demokratie der Welt in ihre größte Krise gestürzt. Sie forderten mehr Autonomie. Die Folge: Bürgerkrieg und Chaos — und Rache ohne Ende.

Blutbad nach dem Sturm auf den Tempel

Dienstag, der 5. Juni 1984. Dieser Tag wird in die Geschichte Indiens eingehen als der schwärzeste Tag, den die junge Republik nach der Ermordung Mahatma Gandhis 1948 erlebt hat. Seit diesem Tag drohen dem Vielvölkerstaat die innere Auflösung und der politische Zerfall.

Am 5. Juni, zwei Stunden vor Sonnenuntergang, stürmt die indische Armee den „Goldenen Tempel" in der Stadt Amritsar – einen weitläufigen Tempelbezirk, der den frommen Sikhs so heilig ist wie den Katholiken der Petersdom in Rom. Ministerpräsidentin Indira Gandhi nimmt die Schändung des Heiligtums bewußt in Kauf: Sie will endlich den 37jährigen militanten Sikh-Priester Sant („Heiliger") Jarnail Singh Bhindranwale unschädlich machen, der sich mit Hunderten von schwerbewaffneten Anhängern im „Goldenen Tempel" verschanzt hat und von dort aus seit Monaten Terroranschläge in Nordindien inszeniert, um seine politischen Ziele durchzusetzen. Bhindranwale fordert, daß die Zentralregierung in Delhi den acht Millionen Sikhs im Bundesstaat Punjab, der Kornkammer Indiens, größere kulturelle, religiöse und politische Autonomie gewährt. Da Delhi die Verhandlungen immer wieder hinauszögert, drohen die Sikhs schließlich mit einem Getreide-Ausfuhrstopp für den Rest des Landes. Bhindranwale propagiert sogar die Ausrufung der unabhängigen Sikh-Republik Khalistan („Land der Reinen").

Um die Rebellion niederzuschlagen, läßt Indira Gandhi die „Operation Blauer Stern" anlaufen: Unterstützt von Mörsern, Kanonen und Schützenpanzern greifen 500 Elite-Soldaten das Heiligtum der Sikhs an, das Bhindranwales fanatische Anhänger unter sachkundiger Anleitung von drei pensionierten Sikh-Generälen zu einer Festung ausgebaut haben. Die Kommando-Aktion, von den Generalstäblern in der Hauptstadt auf zwanzig Minuten geplant, dauert mehr als 24 Stunden: Die Regierungssoldaten haben strikten Befehl, mit Rücksicht auf die religiösen Gefühle der Sikhs den schwerverteidigten, zentral gelegenen Hauptdom – den eigentlichen „Goldenen Tempel" – nicht unter Beschuß zu nehmen. So kommt es zu einem mörderischen Kampf von Mann zu Mann in marmorgefliesten Wandelgängen, Andachtsstätten und Kellergemächern. 492 Sikhs, darunter Bhindranwale, und 93 Soldaten kommen dabei nach offiziellen Angaben ums Leben; nach inoffiziellen Schätzungen ist die Zahl der Opfer dreimal so hoch. Überprüfen lassen sich die Zahlen nicht: Die indische Regierung hat über den Punjab den Ausnahmezustand verhängt; unabhängigen Journalisten wird die Einreise verwehrt.

Die Nachricht vom Blutbad in ihrem höchsten Heiligtum treibt Sikhs im In- und Ausland auf die Barrikaden. Der „Akal Takht" – das Refugium der fünf höchsten Sikh-Priester, Schatzkammer und Bibliothek – ist nach schwerem Beschuß ein Opfer der Flammen geworden. Bhindranwale, der dieses „Kleinod des Glaubens" getreu seinem Kampfschwur „bis zum letzten Blutstropfen" verteidigt hat, wird über

Nacht zum Märtyrer. Das Foto seiner Leiche darf in Indien „wegen Gefährdung nationaler Sicherheitsinteressen" nicht veröffentlicht werden. Erst Monate später wird ein solches Bild, aufgenommen von einem Amateur-Fotografen in Uniform, dem STERN zugespielt. Zu spät, um die unter Bhindranwales Anhängern grassierende Legende zu zerstören, der „Heilige mit dem Silberspeer" sei dem Massaker in letzter Minute entkommen und werde aus seinem Versteck wieder auftauchen, um das Reich Khalistan zu gründen.

Selbst gemäßigte Sikhs, die den Fanatiker Zeit seines Lebens als Phantasten

Der mit vergoldeten Kupferplatten bedeckte Harimandir („Tempel Gottes") in der Stadt Amritsar bedeutet den gläubigen Sikhs so viel wie den Katholiken der Vatikan. Nach diesem „Goldenen Tempel" in der Mitte des künstlichen Sees „Amritsar" („See der Unsterblichkeit") ist der gesamte weitläufige Tempelbezirk benannt. Von hier aus führte der fanatische Sikh-Priester Sant Jarnail Singh Bhindranwale mit Hunderten schwerbewaffneter Anhänger einen Terror-Krieg gegen die indische Zentralregierung. Sein Ziel: Mehr Autonomie für die Sikhs.

Als der „Heilige mit dem Silberspeer" die unabhängige Republik Khalistan forderte, stürmten indische Soldaten das Heiligtum der Sikhs.

Ein verwundeter Sikh-Krieger im heiligen Bezirk, der von Bhindranwales Anhängern in monatelanger Arbeit zur Festung ausgebaut worden war. Statt der vorgesehenen 20 Minuten brauchen die indischen Elite-Soldaten 24 Stunden zur Erstürmung der Anlage. Der Kampf von Mann zu Mann in Kellergängen und Kapellen kostet offiziell 492 Sikhs und 93 Soldaten das Leben. Nach inoffiziellen Schätzungen war die Zahl der Opfer dreimal so hoch.

Von Granaten schwer getroffen, geht der „Akal Takht" im Tempelbezirk in Flammen auf. Der Sitz der fünf Hauptpriester – zentrale Schatzkammer und Bibliothek – ist den Sikhs ebenso heilig wie der Goldene Tempel. Seine Zerstörung treibt die frommen Sikhs zur Raserei.

abgetan hatten, verlangen nach dem Tempel-Frevel die Schaffung einer unabhängigen Sikh-Republik. Denn, so faßt der ehemalige Justizminister im Punjab, Parkar Singh Badal, die Gefühle der aufgebrachten Sekten-Anhänger zusammen: „Indira Gandhi hat uns Sikhs den Krieg erklärt."

In Gottesdiensten und Demonstrationsmärschen fordern Sikhs in Delhi und Bombay, in London und Toronto lauthals Rache. Extremisten unter den Turban-Trägern schwören, Indira Gandhi und ihren Sohn Rajiv, die sie für das Massaker verantwortlich machen, umzubringen. Die „Khalistan-Befreiungsfront" in London, eine terroristische Exil-Organisation, setzt auf den Kopf der 66jährigen Ministerpräsidentin öffentlich eine Prämie aus: 100 000 Pfund – knapp 400 000 Mark. Knapp fünf Monate später, am 31. Oktober, wird Indira Gandhi von zwei Mitgliedern ihrer eigenen Leibwache im Garten ihrer Residenz in der Hauptstadt Neu-Delhi erschossen.

Als bekannt wird, daß die Attentäter Sikhs sind, brechen in ganz Indien blutige Unruhen aus. Fanatiker unter den Hindus, die zwei Drittel der rund 730 Millionen Staatsbürger ausmachen, veranstalten Hetzjagden auf jeden, der durch Tragen des typischen Turbans, durch lange Haare und ungeschorene Barttracht als Sikh zu erkennen ist. Zu Hunderten werden Sikhs auf offener Straße totgeprügelt oder abgestochen, in ihren Autos oder Häusern lebendi-

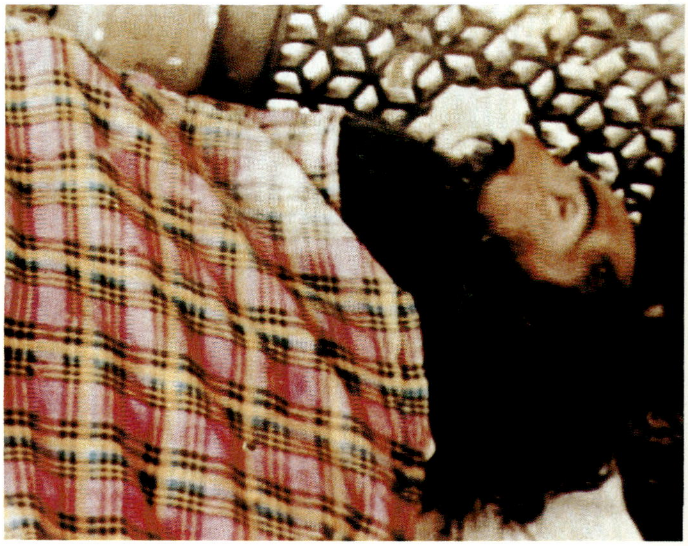

Ein Bild, das in Indien nicht gedruckt werden durfte: die Leiche des Sikh-Führers Bhindranwale. Seine Anhänger feierten ihn als „Märtyrer" und schworen blutige Rache.

Indien

Am 31. Oktober wird die 66jährige Ministerpräsidentin Indira Gandhi, die Indien – mit einer Unterbrechung von 33 Monaten – seit 1966 regiert hatte, im Garten ihrer Residenz in Delhi von zwei Leibwächtern erschossen. Als bekannt wird, daß die Attentäter Sikhs sind, die den Angriff auf den Goldenen Tempel rächen wollten, brechen in ganz Indien schwere Unruhen aus. Aufgebrachte Hindus machen systematisch Jagd auf alle Glaubensgenossen der Attentäter, um wiederum den Tod der „Bharat Mata" – der „Mutter der Nation" – zu rächen. Indien fällt ins Chaos.

Indira Gandhi ist aufgebahrt. Rajiv, ihr ältester Sohn und Amtsnachfolger, bedeckt die Tote mit Blumen.

Assistiert von Brahmanen-Priestern, schichtet Rajiv Sandelholzscheite um den Körper seiner toten Mutter auf.

Nach altem Hindu-Ritus schreitet er, das heilige Feuer in den Händen, siebenmal langsam um den Leichnam.

Dann zündet er den Holzstoß an. Millionen Menschen in aller Welt verfolgen die Einäscherung am Fernseher.

gen Leibes verbrannt. Frauen werden vergewaltigt, Geschäfte und Häuser geplündert und in Brand gesetzt, ganze Siedlungen ausgeräuchert. Drei Tage rast der Mob. Die Polizei sieht tatenlos zu. Erst der Einsatz von Armee-Einheiten, die mit Schießbefehl in mehr als 60 Städte einrücken, setzt dem grausigen Treiben ein Ende. Bilanz des Rache-Terrors, der der Sikh-Rache folgte: mehr als 4000 Tote, Zehntausende von Verletzten und Obdachlosen und ein Sachschaden von 65 Millionen Mark. Es ist das schlimmste Massaker, das Indien seit seiner Unabhängigkeit 1947 erlebt hat, als die ehemalige britische Kronkolonie unter bürgerkriegsähnlichen Umständen in einen Moslem-Staat (Pakistan) und einen Hindu-Staat (Indien) aufgeteilt wurde.

Die psychologischen und politischen Folgen der neuen Tragödie sind heute noch nicht abzusehen. Der unter dem Druck der Kolonialmacht Großbritannien zusammengeschmiedete Vielvölkerstaat, der drei rassisch unterschiedliche Hauptgruppen mit 62 verschiedenen Sprachen und fünf verschiedenen Religionsbekenntnissen vereint, hat einen schweren Riß erhalten. Heute fühlen sich die rund 15 Millionen Sikhs (2 Prozent der Gesamtbevölkerung) dem Rest des Landes entfremdet. Morgen könnten es die Moslems sein (11 Prozent), die Christen (2,5 Prozent) oder die Buddhisten (0,7 Prozent). Nicht überwundene Kastengesetze, wachsende Klassenunterschiede und regionale Autonomie-Bestrebungen bis hinunter zur Stammesebene verschärfen die Gegensätze, die von dem noch recht jungen, unterentwikkelten Nationalgefühl kaum überdeckt werden.

Indiens neuer Ministerpräsident, der erst 40 Jahre alte Berufspilot Rajiv Gandhi, weiß um die Gefahr der Spaltung. Um die aufgebrachten Sikhs zu versöhnen, verspricht er den Opfern der Terrorwelle großzügige Entschädigungen und dem Sikh-Volk eine Wiederaufnahme der Gespräche um größere Autonomie. Es ist ein Teil der indischen Tragik, daß ausgerechnet der gutwillige, unbestechliche und um Gerechtigkeit bemühte Rajiv, der Politik immer als schmutziges Geschäft empfunden hatte und erst 1982 – nach dem Flugzeugabsturz seines jüngeren, ehrgeizigen Bruders Sanjay – von seiner dynastie-bewußten Mutter Indira Gandhi in die regierende Congress-I-Partei gedrängt worden war, auf lange Zeit keinen ernsthaften Gesprächspartner finden wird. Die extremistischen Sikhs haben nicht nur ihre Drohung wiederholt, auch Rajiv bei der nächsten Gelegenheit umzubringen, sondern überdies jeden Glaubensgenossen, der mit dem „Verräter" über die Belange der Sikhs verhandelt.

Aber nicht nur der Punjab bereitet dem neuen Premier Sorgen. Auch in anderen Landesteilen gärt es – ein Teil des politischen Erbes, das Rajiv Gandhi von seiner machthungrigen Mutter übernommen hat. Obwohl der politische Aufsteiger wider Willen bei den Parlamentswahlen Ende Dezember mit seiner Partei 400 von 508 Sitzen im Unterhaus gewinnt und mit über 50 Prozent aller Stimmen den größten Wahlsieg seit der Unabhängigkeit Indiens überhaupt verbuchen kann, steht er vor großen innenpolitischen Problemen. Im dichtbesiedelten südindischen Bundesstaat Andhra Pradesh, dessen „Chief Minister" (Landes-Ministerpräsident) N.T.R. Rao seine Mutter vorübergehend mit illegalen Mitteln aus dem Amt verdrängt hatte, verliert Rajivs Partei mehr Stimmen als je zuvor. In dem an Pakistan angrenzenden, mehrheitlich von Moslems bewohnten Staat Jammu & Kashmir, dessen gewählter Chief Minister Dr. Farooq Ab-

Indien brennt. Geschäfte und Häuser gehen in Flammen auf, Menschen werden auf offener Straße gefoltert, totgeprügelt und abgeschlachtet. Auch nach der Einäscherung der ermordeten Ministerpräsidentin macht der fanatisierte Hindu-Mob noch Jagd auf die Sikhs, die auch wegen ihres Fleißes und Wohlstands vielen ein Dorn im Auge sind. Die Polizei sieht untätig zu. Erst die Armee, die mit Schießbefehl in über 60 Städte einrückt, macht dem grausamen Treiben ein Ende. Doch Blutbad und Terror haben die Nation gespalten — ein Schock, der noch Jahrzehnte andauern wird.

dullah von Indira Gandhi ebenso trickreich ausgebootet worden war, wächst die Tendenz, sich der Moslem-Republik Pakistan anzuschließen. Und in zwei weiteren Grenzstaaten, in Assam und Punjab, hatte Delhi wegen anhaltender Unruhen die vorgeschriebenen Wahlen erst einmal vertagt. Rajiv Gandhi, der neue Saubermann der indischen Politik, muß mehr tun, als der Hindu-Mehrheit, die ihn gewählt hat, zu gefallen. Wenn er die Sikhs und andere rebellierende Minderheiten nicht davon überzeugen kann, daß er auch ihre Interessen vertritt, dann läuft die größte Demokratie der Welt Gefahr, sich in endlosen Bürgerkriegen selbst zu zerfleischen.

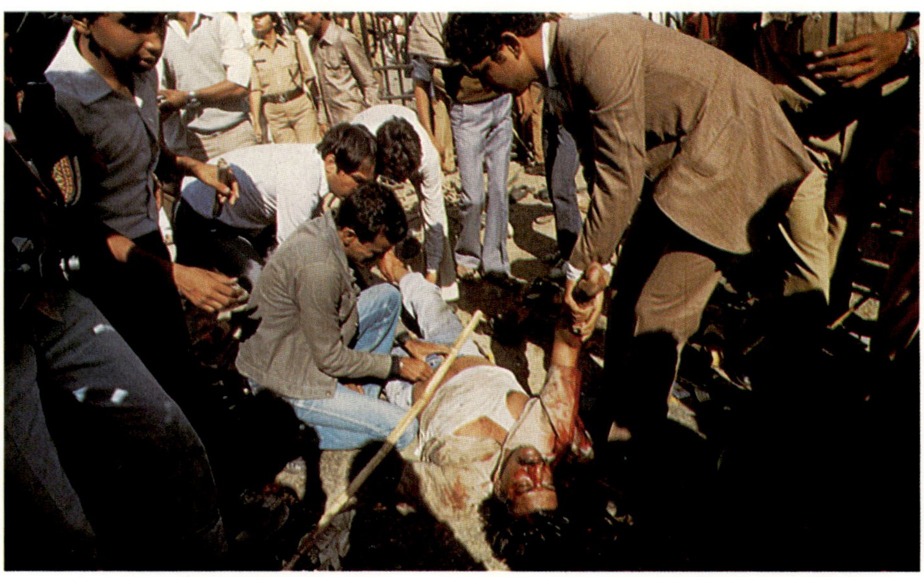

Der Alte von Teheran

Oft totgesagt, zeigt er sich ab und zu doch seinen begeisterten Anhängern: Irans Revolutionsführer Ajatollah Khomeini – inzwischen schon 85 Jahre alt. Wichtige Entscheidungen in der Islamischen Republik laufen nach wie vor über seinen Schreibtisch. In Botschaften an das Volk, die über den Rundfunk und das Fernsehen verlesen werden, nimmt er auch zu tagesaktuellen Fragen Stellung: So verurteilte er eine Flugzeugentführung, die fanatische Fundamentalisten unternahmen, um in Frankreich inhaftierte Freunde freizupressen. Inzwischen scheint auch die Nachfolge geregelt: Als starker Mann und Kopf der iranischen Führung gilt Parlamentspräsident Rafsanjani, ein kluger und gemäßigter Taktiker aus einer Großgrundbesitzerfamilie.

Iran – Irak

Patt am Golf

Die Schlacht zwischen den benachbarten Erzfeinden Iran und Irak kann keine Seite für sich entscheiden.
Die überlegene Luftwaffe der Iraker und eine präzise Artillerie stoppte immer wieder die Wellen der fanatischen iranischen Volkssturmtruppen in der Wüste am Schatt-el-Arab. Die Kämpfe haben in den vergangenen fünf Jahren 500 000 Menschenleben gefordert. Hinter den Kulissen begannen Teheran und Bagdad mit Verhandlungen über ein Waffenstillstandsabkommen. Denn die hohen Kriegskosten haben die Volkswirtschaften beider Staaten ausgezehrt.

Blut und Wasser

Mehr als vier Jahre schwärt der Krieg zwischen den Nachbarn Iran und Irak. Wie viele Menschen ihr Leben verloren haben, läßt sich kaum sagen. Der Friedhof „Beheschte-e Zahra", der eigentlich bis 1995 die Toten der Sieben-Millionen-Stadt Teheran aufnehmen sollte, ist bereits heute überfüllt und muß ausgebaut werden. Mehr als 50 000 Gefallene des Golfkrieges liegen dort. Und weil der Friedhof den Mullahs des Ajatollah Khomeini nicht nur als Begräbnisstätte dient, sondern auch als Propagandaplatz, haben sie 1983 den „Blutbrunnen" errichtet. Das tiefrot gefärbte Wasser symbolisiert das Blut der Märtyrer, die im „Heiligen Krieg" gegen die Ungläubigen gestorben und deshalb ins Paradies eingezogen sind. Mit Losungen wie „das Sterben ist Eure Rettung" lockten die Geistlichen Freiwillige in den „Heldentod". Inzwischen sind die Iraner jedoch kriegsmüde geworden: Es melden sich immer weniger Freiwillige.

Das schaurige Spektakel des „Blutbrunnens" auf dem Teheraner „Beheschte-e Zahra"-Friedhof soll iranische Kriegsfreiwillige aufs freudige Sterben einstimmen. Deshalb sehen es auch die Mullahs nicht gern, wenn Angehörige von Gefallenen – etwa 50 000 Kriegsgräber gibt es dort – sich ihrer Trauer hingeben und weinen. Wer im Golfkrieg gegen die ungläubigen Iraker stirbt, dem ist der Einzug ins Paradies sicher, so sagen die Mullahs.

Mehr als vier Jahre dauert der blutige Krieg zwischen dem Iran und dem Irak. Da Ajatollah Khomeini Friedensverhandlungen kategorisch ablehnt, müssen immer wieder junge Kriegsfreiwillige rekrutiert werden. Die fanatischen Geistlichen, die sie in den Tod schikken, sind nach wie vor ihre Vorbilder.

Patt am Golf – der vergessene Krieg schlummert

Der „Krieg, der nicht enden darf", endete auch 1984 nicht. Zwar bliesen die Iraner im Februar zum fünften Mal zur „entscheidenden Offensive", zum „Sturm auf Bagdad", doch zu einer Entscheidung im Krieg zwischen Irak und Iran kam es nicht. Die Iraner eroberten Ende Februar die Sumpfinseln von „Madschnun", 15 Kilometer tief im südlichen Irak. Die Einnahme dieser 200 Quadratkilometer großen Feuchtgebiete am Zusammenfluß von Euphrat und Tigris war mehr als ein symbolischer Teilerfolg: Unter den Inseln, die dort liegen, wo die biblische Schöpfungsgeschichte spielte, liegt ein Sechstel der irakischen Erdölvorkommen – sieben Milliarden Faß im Wert von 250 Milliarden US-Dollar. Das entspricht ungefähr der Summe, die Khomeini als „Reparationszahlung" für die Verwüstungen fordert, die die Iraker bei ihrem Angriff auf Südiran im September 1980 angerichtet haben. Diplomaten setzten darauf, daß diese „Kriegsbeute" den Weg zu Friedensverhandlungen ebnen könnte. Doch der greise Ayatollah in Teheran wollte nicht. Der „Satan" in Bagdad, Iraks Staatspräsident Saddam Hussein, verkündete er, müsse sterben, die heiligen Stätten des Islam im Irak müßten befreit werden.

Während die Iraker schon lange kriegsmüde sind und ihren Angriff von 1980, mit dem der Golfkrieg begann, längst bitter bereuen, kam 1984 auch in der Islamischen Republik Iran Friedenswille auf. Moderatere Politiker im geistlichen Regime dachten sogar daran, über die Golf-Anrainerstaaten mit dem Feind zu verhandeln. Dazu kam es nicht. Auch weil sich Ayatollah vor den Folgen fürchtet, die ein Abzug seiner Armee von der Front innenpolitisch haben könnte. Im Gegensatz zu seinen Revolutionswächtern kann er nämlich den Streitkräften nicht völlig vertrauen.

Der Schwung der Revolution im Iran ist dahin. 300 000 Soldaten und Kriegsfreiwillige, überwiegend junge Leute, hat der Iran bislang verloren. Heerscharen von Krüppeln und Amputierten wissen nicht, was aus ihnen werden soll. Die Bereitschaft, im „heiligen Krieg" „für Allah" zu sterben, sinkt

immer mehr. Die Zeiten, in denen die persischen Jugendlichen freudig schlecht bewaffnet durch Minenfelder rannten und zu Fuß gegen irakische Panzerkolonnen und Artilleriebatterien anstürmten, scheinen vorbei zu sein. In den Wüstenebenen der Südfront ist der Krieg eingeschlafen. Eine wiederholt angekündigte sechste „entscheidende Offensive" fand nie statt. Es blieb beim Stellungskrieg mit sporadischen Scharmützeln. Die Lage ist militärisch festgefahren; die Verteidigungsstellungen der Iraker, die mit Waffen aus der Sowjetunion, aus Frankreich und anderen europäischen Ländern, aus den USA und mit dem Geld ihrer arabischen Brüder kämpfen, sind für die Heerscharen der Mullahs uneinnehmbar.

Die Iraker verlagern den Krieg auf die See. Mit ihrer modernen Luftwaffe – unter anderem verfügen sie über Exocet-bestückte französische Jäger vom Typ Super Etendard – fliegen sie seit Monaten Angriffe auf den iranischen Ölhafen Kharg und auf Tanker mit iranischem Öl im Golf. Damit wollen die Iraker, die seit Kriegsausbruch durch den Golf kein Öl mehr verschiffen können, auch die Ölexporte der Iraner verhindern. Ein Wirtschaftskrieg. Teheran braucht die Einnahmen aus dem Verkauf des schwarzen Goldes dringend zum Waffenkauf. Denn der Iran – offiziell von Ost und West boykottiert – kauft sein Kriegsgerät auf dem „grauen" und auf dem freien Markt, bekommt – für teures Geld – alles.

Aber auch der Tankerkrieg brachte

Die Arbeit der iranischen Mullahs an der Front wird schwieriger. Immer weniger junge Perser glauben, daß sie tatsächlich direkt ins Paradies fahren, wenn sie im sinnlosen Krieg gegen Bagdad sterben. Iraks Staatspräsident Saddam Hussein eröffnete 1984 im Golf den Krieg gegen Tanker mit iranischem Öl. Er will Teheran wirtschaftlich treffen: Wenn das Geld aus dem Ölexport ausbleibt, haben die Perser keine Mittel für neue Waffen.

keine Lösung. Schiffe und Seeleute aus aller Welt wurden mit in den Krieg hineingezogen, verletzt oder getötet, zu einem Versiegen der iranischen Ölexporte aber kam es nie. Auch weil die Golfstaaten fürchteten, in den Krieg verwickelt zu werden, eine schnelle Einsatztruppe aufbauten und die Kriegsparteien scharf vor jeder Eskalation warnten. Eine verstärkte Präsenz der US-Marine im Golf trug das Ihre dazu bei. Der Krieg, der nicht enden darf, schlummert.

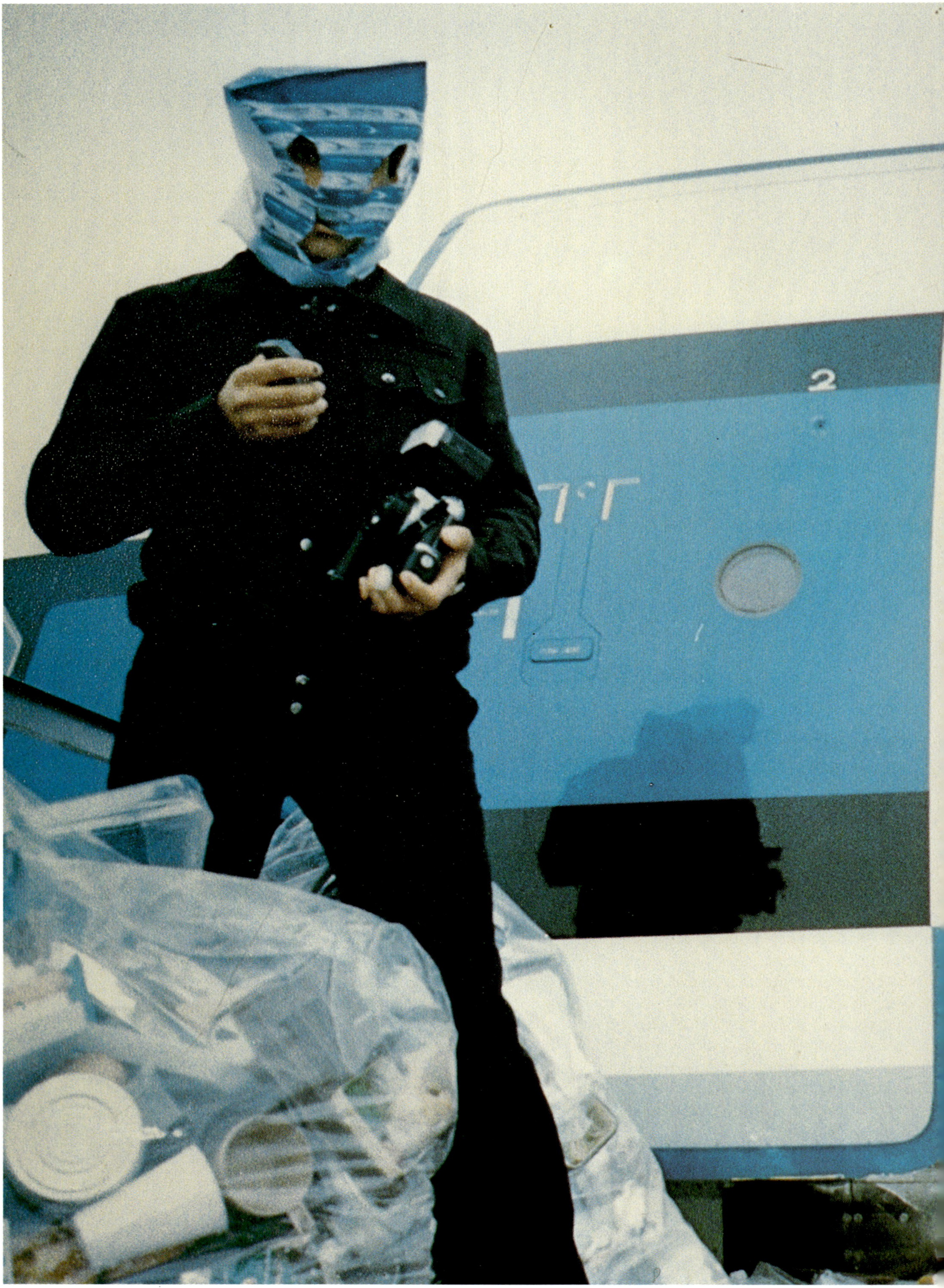
2

Sechs Tage zittern

Die iranische Hauptstadt Teheran wurde 1984 zum Mekka der Flugzeugentführer. Mehrmals zwangen Hijakker Verkehrsflugzeuge zur Landung in Khomeinis Hauptstadt.

Auch die Schiiten, die am 4. Dezember einen Airbus der Kuwait Airways auf dem Flug von Dubai nach Karatschi gekapert hatten, hofften auf die Unterstützung ihrer iranischen Glaubensbrüder. Nach sechs Tagen Nervenkrieg, nachdem die Luftpiraten zwei ihrer Geiseln erschossen hatten, ließ Khomeini die Maschine von Spezialeinheiten stürmen. Die Welt rätselte allerdings, ob diese Befreiung nicht ein abgekartetes Spiel war. Denn obwohl Terroristen wie Sicherheitskräfte bis an die Zähne bewaffnet waren, gab es bei der Aktion keine nennenswerten Schußverletzungen.

Daß solche Spekulationen aufkamen, war nicht zufällig, waren doch die Teheraner Behörden jeden Beweis schuldig geblieben, daß sie Flugzeugentführer überhaupt vor Gericht stellen. Terrorkommandos, die im August 1983 und im Sommer 1984 zwei Air-France-Jets in ihre Gewalt und in den Iran brachten, blieben nach der Freilassung der Passagiere unbehelligt.

Sechs Tage lang hielten schiitische Terroristen einen entführten Airbus in ihrer Gewalt. Zwei amerikanische Passagiere erschossen sie, zwei Kuwaitis richteten sie zum Schein hin und ließen sie – um ihrer Forderung Nachdruck zu verleihen – mit Ketchup besudelt fotografieren.

Zwei Millionen Tonnen Waffen, 1500 Panzer und 154 000 Soldaten landeten am 6. Juni 1944 an der Küste der Normandie. Jeweils rund 10 000 Soldaten kamen auf beiden Seiten ums Leben, dann war der Vormarsch der Alliierten nicht mehr aufzuhalten.

Für das amerikanische Publikum wurde die 40-Jahr-Feier des „D-Day" zu einem mediengerechten Ereignis. US-Präsident Ronald Reagan besichtigte mit Ehefrau Nancy ehemalige deutsche Maschinengewehr-Stellungen an der Pointe du Hoc, die im Juni 1944 hart umkämpft waren. Die Präsidenten-Visite wurde vom amerikanischen Fernsehen direkt übertragen.

Ein Fest der Sieger und Befreiten

Der deutsche Kanzler war nicht geladen. Denn die Sieger von einst wollten unter sich sein, um feierlich den 40. Jahrestag der Landung alliierter Truppen an der Normandie-Küste zu begehen, die im Krieg gegen Hitler-Deutschland die entscheidende Wende gebracht hatte. An jenem 6. Juni 1944 waren 154 000 Amerikaner, Briten, Kanadier und Angehörige verschiedener Hilfstruppen auf einer Breite von 80 Kilometern an Land gegangen. An jener Stelle, die seit der „Operation Overlord" den Namen „Utah Beach" trägt, fand die Jubiläumsfeier statt. Auf See lagen Kriegsschiffe der beteiligten Nationen, auf der Ehrentribüne sah man US-Präsident Ronald Reagan, Kanadas Premier Pierre Trudeau und gekrönte Häupter: Königin Elisabeth aus Großbritannien, Königin Beatrix der Niederlande, König Olav von Norwegen, Belgiens König Baudouin und Luxemburgs Großherzog Jean. Ihr Publikum: Vor allem Veteranen von einst. François Mitterrand entbot in seiner Rede auch „den freien Menschen in Deutschland und Italien, die nie die Stirn gesenkt haben", seinen Gruß. Für Helmut Kohl arrangierte der französische Präsident vier Monate später eine Ersatz-Veranstaltung auf den Schlachtfeldern von Verdun.

Die kleinen Leute von San Juan Ixhuatepec, einem Arbeiterviertel im Norden von Mexiko, begannen indes diesen Tag, wie sie ihren Tag immer beginnen. Die ersten Männer schwangen sich aufs Rad, um in einer der vielen tausend Fabriken dieses riesigen Industriegebiets ihre Arbeit aufzunehmen. Die ersten Frauen stellten sich am Supermarkt an, um nur ja nicht die Mangelware Milch zu verpassen. Alles war so wie immer.
Um 5.40 Uhr an diesem Montag liegt noch die Dunkelheit über der Stadt; als der Himmel plötzlich grellhell wird, als ein ohrenbetäubender Knall die noch Schlafenden aus den Betten wirft, als ein gigantischer Rauch- und Feuerpilz sich über ihren Köpfen erhebt, sind sie

Alle 15 bis 30 Minuten zerreißt eine Explosion die Luft, wie ein unheimlicher Glokkenschlag des Schicksals – sechs Stunden lang, insgesamt 16mal. In dieser Zeit zerstören die fliegenden Funken auf dem Gelände der Staatsfirma „Pemex" sechs riesige Tanks, vier davon mit fast 2,4 Millionen Litern, zwei mit über 1,5 Millionen Litern Flüssiggas. Sie zerreißen 48 längliche, wurstähnliche Gastanks, schleudern die zehn Tonnen schweren Behälter dabei bis zu eineinhalb Kilometer durch die Luft.

Feuersturm im Häusermeer

Es war ein Tag, den ein Mexikaner eigentlich nicht so recht ernst nehmen möchte. Er lag zwischen einem Sonntag und einem Feiertag, an dem die Nation die Helden der Revolution des Jahres 1910 ehrt. Auf der Prachtstraße der Hauptstadt Mexiko, Paseo de la Reforma genannt, hingen schon die Girlanden. Politiker und Honoratioren rüsteten sich für die große Parade, und die reichen Mexikaner, die sich das leisten können, dösten an den Stränden von Acapulco oder Cancún in der Sonne.

unfähig, dieses Grauen einer ihrer Fabriken zuzurechen.
Es ist, als würde dieses Ende in unerbittlichen Etappen besiegelt. Die Erde brennt in San Juan Ixhuatepec, Wohnungen werden in Sekunden zu Ruinen. Die Feuerstürme, die von „Pemex" aus durch das Häusermeer rasen, machen dieses Unglück zur größten Katastrophe, die Mexiko in diesem Jahrhundert erlebt hat.
Ein Mann wird durch die Wucht einer Explosion 500 Meter weit gewirbelt, bleibt noch lebend, aber hilflos, mit zerschmetterten Gliedern und herausgerissenen Eingeweiden liegen. Ein Ehepaar verglüht bei dem Versuch, mit den Leibern die Kinder zu schützen – verschmort hält die Familie sich noch am Boden fest umklammert.
Diejenigen, die noch rennen können, flüchten in Nachthemd oder Unterhose, die Kinder in Decken eingehüllt, zur vier Kilometer entfernten Basilika der Jungfrau von Guadelupe, die schon immer die Zuflucht der Mexikaner war. Innerhalb einer Stunde verwandelt sich die berühmteste Wallfahrtskirche des Landes in ein Hospital. Vor dem Eingang stauen sich Zehntausende, weinend, betend und flehend, öffentlich Sünden bereuend.
Die mexikanische Neigung, auch das schlimmste Desaster noch mit hehren Worten zu kaschieren, findet selbst bei diesem Unglück einen Weg, letztlich doch wieder den Nationalstolz zu stärken. Es sind die vielen kleinen Marktfrauen, die den Flüchtenden und Verletzten gratis Tortillas und braune Bohnen zum Essen geben. Es sind die Kleider- und Blutspender, die Tausende von Freiwilligen, die sich am Katastrophenort zur Hilfe angeboten haben. Sie alle werden vereinnahmt von den Offiziellen, die dafür ihre Namen in die Zeitung bringen können. So ertrinken die Blätter in Selbstbelobigungen der Nation.
In diesem gegenseitigen Schulterklopfen gehen die kritischen Stimmen fast unter. Sie kommen von Umweltschützern und ein paar Oppositions-Abgeordneten. Für sie haben die Stichflammen ein Schlaglicht auf diese Stadt geworfen, die mit 17 Millionen Einwohnern inzwischen die größte der

Verbrannte Menschen, die nackte Haut in Fetzen, rennen durch die engen Straßen, stolpern über verkohlte Leichen, brechen selbst zusammen und sterben. Metallteile und Millionen von Glassplittern fliegen durch die Luft. Überall in den Straßen sieht man apathische und erschöpfte Menschen auf den Bürgersteigen sitzen – sie erfassen noch nicht, was geschehen ist, scheinen sich noch nicht einmal bewußt zu sein, daß sie mit dem Leben davongekommen sind.

Einen Tag lang steigen schwarze Rauchschwaden aus den zwei letzten verbliebenen „Pemex"-Tanks hoch. Sie brennen ab, bis die Flammen den letzten Liter Gas verschlungen haben, und nur kühlende Dauerberieselung mit Wasser verhindert, daß auch diese Behälter in die Luft fliegen. Im Umkreis von zehn Kilometern werden Hunderttausende von Menschen evakuiert, auf Park- und Sportplätzen, in Schulen und auf dem Gelände eines mexikanischen Rodeo-Clubs zusammengepfercht. Das nationale Polytechnische Institut bringt in seinen neun Gebäuden rund 18 000 Menschen unter. Insgesamt 25 000 werden auf Rathäuser in fünf Stadtbezirken verteilt.

Welt ist – und diesen Spitzenplatz mit einem fürchterlichen Preis bezahlt hat, noch ehe es zur Katastrophe kam.

Das „Pemex"-Gaslager wurde vor zwanzig Jahren gebaut, die Gasfirmen in seiner Nachbarschaft ließen sich nach und nach nieder. Damals zählte die Stadt Mexiko ganze fünf Millionen Einwohner, und zwischen den Firmengeländen und den ersten Wohngebieten lagen viele Kilometer. Heute leben im Umkreis dieses hochexplosiven Konglomerats mehr als eine Million Menschen. Die Entwicklung, die diese Firmen überrollte, ist bezeichnend für diese Stadt, deren Wachstum an das Wuchern von Krebszellen erinnert.

Eingekreist von Millionen von Menschen gibt es auf dem Gebiet der Hauptstadt mehr als 50 Gaslager. Sie verfügen über insgesamt eine Million Zylinder, mit denen die Einzelhändler täglich versorgt werden, und diese Zylinder befinden sich – so sagen die Fachleute – in einem miserablen Zustand. Rund 1000 Fabriken im Norden und Osten der Stadt produzieren mit Gas, und viele von ihnen verletzen Tag für Tag die notwendigen Sicherheitsvorschriften.

In dieser Stadt der programmierten Katastrophen, die ganze 700 Feuerwehrleute hat, grenzt es an ein Wunder, daß nicht jede Woche etwas passiert. Mexiko-Stadt hat 40 000 Gebäude mit mehr als fünf Stockwerken, 5000 mit zehn und 1000 mit 18 Stockwerken – doch ganze 96 davon haben Fluchttreppen, über die man im Ernstfall ins Freie gelangen könnte.

Mexiko hat insgesamt 55 000 Fabriken, welche die Stadt wie ein Magnet an sich zu ziehen scheint – und dadurch das Gefälle zur verarmten Provinz Jahr für Jahr weiter vergrößert. Mexiko war schon zu Zeiten der Azteken-Kaiser ein Wasserkopf. Die spanische Kolonial-Bürokratie hat diese Tradition fortgesetzt. Seit der Revolution von 1910 haben die Mexikaner häufig davon gesprochen, wie nötig Dezentralisierung sei – und je öfter davon gesprochen wurde, um so gieriger sog die Hauptstadt die Energien des Landes auf. Die Politiker, die alle nur dort etwas werden können, taten einen Teufel, dies zu ändern.

Den Tag nach der Katastrophe, den 74. Jahrestag der großen Erhebung, ließen sie sich dann auch nicht nehmen. Sie scharten sich um das Denkmal der Revolution, die längst zur leeren Rhetorik versteinert ist. Fahnenschwingen und feierliche Reden. 52 000 Sportler, darunter 12 000 Radfahrer, marschierten auf und defilierten am Staatsoberhaupt vorbei, aber das alles war doch starr, wie gelähmt. Das Ereignis im Norden, wo immer noch Tote geborgen wurden, war zu nah, als daß man es verdrängen konnte.

Mitten im Marschieren hielt die festliche Kolonne für eine Schweigeminute inne. Da hörte man von fern noch immer die Sirenen.

Immer neue Leichen ziehen die Rettungstrupps aus den Trümmern. Die offiziellen Todeszahlen hinken in fast unheimlicher Weise hinter dem Ausmaß der Katastrophe her. 90 heißt es am ersten Tag, 300 am zweiten, 500 am dritten – doch in den Zeitungsredaktionen flüstert man sich inoffizielle Zahlen zu, die bis 2000 gehen.

Das Katastrophenjahr 1984

Die Natur lief Amok auf unserer krisengeschüttelten Erde.

Tornados, Hurrikans, Erdbeben und Sturmfluten sowie andere Katastrophen zu Lande, zu Wasser und in der Luft töteten Tausende und verursachten Sachschäden in Milliardenhöhe.

Am 29. April brach ein schwerer Tornado über die Einwohner von Mannford, Oklahoma herein, einer von insgesamt 49 Tornados, die in Amerika Häuser verwüsteten und Menschen erschlugen. In Mannford (Foto unten) riß der Tornado mit Windstärke 11 in Sekundenschnelle die Dächer von den Häusern, ließ Bäume einstürzen und auf Schulen, Kindergärten und die Kirche prallen. Die Hurrikans waren dagegen dieses Jahr vergleichsweise milde, bis auf „Hurricane Diana", der an der Ostküste der USA, manchmal als tropischer Sturm, dann wieder mit eisigem Wind und Sturmfluten Florida und North Carolina verwüstete.

Die Tornados gelten als die gefährlichsten Winde. Die rasenden Warmluftschläuche, in denen eiskalte Luft zu Boden stürzt, knicken Bäume wie Spargelstangen und lassen Häuser wie mit Dynamit explodieren.

Sie können sich überall auf der Welt bilden, aber nirgendwo sind sie so häufig und so verheerend wie in den Vereinigten Staaten, wo feuchtheiße Luft aus dem Golf von Mexiko ungestört nach Norden in die Ebenen des amerikanischen Südens fließen kann.

Trifft diese heiße Luft mit polarer Kaltluft zusammen, entstehen Gewitter

und in Extremfällen Tornados. Dann wächst aus einer Cumulonimbus-Wolke ein trichterförmiges Gebilde aus Wasserdampf und Luft zur Erde, und zieht, schwarz vom aufgewirbelten Staub, mit oft mehr als 100 Stundenkilometern über Land und zieht eine Spur der Verwüstung hinter sich her, die man „Asgardweg" nennt. Dieser Wirbel hat eine nur nach den Zerstörungen einzuschätzende Rotationsgeschwindigkeit von ungefähr 600 km/h. Er mißt oft nicht mehr als 50, höchstens aber 400 Meter Durchmesser.

Der Hurrikan „Diana" tobt über Florida. Wenn die Windgeschwindigkeit über 117 km/h ansteigt, heißt es offiziell „Tropischer Wirbelsturm" oder Hurrikan. Seine Energie bezieht der Hurrikan aus dem Wasser der aufgeheizten tropischen Ozeane.
540 Kalorien stecken in jedem Gramm Wasser, das als Dampf hochsteigt. Diese Dampfmassen bilden Wolken, die Rotation der Erde setzt sie in Bewegung, sie schwellen an, immer mehr feuchtheiße Luft dringt in die rotierenden Gewitterstürme. Im Umkreis von 50 Kilometern erreicht der Wind bis 400 km/h, und die Wolken transportieren pro Tag bis zu 2,5 Billionen Tonnen Wasser.
Alle Tanker dieser Welt müßten 20 Jahre lang jeden Tag beladen werden, um diese gewaltigen Mengen wegzuschaffen.
August, September und Oktober sind die klassischen Hurrikan-Monate.

Ein vom Tornado „geköpftes" Haus in Mannford/Oklahoma. Die Opfer nahmen es teilweise lakonisch. So sagte Gene Heider, als er die Trümmer sah, die einmal sein Mobile Home, sein Heim gewesen waren: „Zum Glück ist ja der Fernseher heil geblieben. Da kann ich wenigstens Dallas sehen."

Im Tal des Todes

Die Vögel fielen aus den Bäumen. Tausende von heiligen Kühen verendeten. Menschen taumelten mit verätzten, leeren Augen, nach Luft röchelnd, durch die Straßen. Überall lagen Tote. „Die ganze Stadt", so berichtete die Ordensschwester Indira Iyengar, „war eine einzige Gaskammer."
Was in der Nacht vom 3. zum 4. Dezember in der indischen Stadt Bhopal geschah, war keine Naturkatastrophe, kein Krieg. Hochgiftiges Gas war aus der Fabrik einer Tochterfirma des Chemie-Multis Union Carbide ausgeströmt und löste das größte Industrie-Unglück in der Geschichte der Menschheit aus. In Sekundenschnelle hatte sich das tödliche Methylisocyanat – ein Grundstoff für die Herstellung von Pestiziden – wie ein Leichentuch über die schlafende Stadt gelegt: Mehr als 3000 Menschen starben schon nach wenigen Stunden einen qualvollen Tod. Etwa 250 000 Menschen wurden verletzt, viele von ihnen erblindeten. Experten, die aus vielen Ländern angereist kamen, um die Wirkung des chemischen Gifts zu erforschen, prophezeien für viele den Tod erst morgen. Denn über die Spätfolgen des Gifts, über die Wirkung, die das verseuchte Wasser und der vergiftete Boden noch zeigen werden, ist bis heute nicht viel bekannt. Bhopal ist zur chemischen Versuchsanstalt geworden.
Die Katastrophe von Bhopal hat die Welt erschüttert, aber sie hat auch Fragen aufgeworfen. Denn das grauenvolle Unglück ist Folge eines verhängnisvollen Trends: Internationale Kon-

Bhopal wurde nach der Katastrophe zur Stadt der Blinden: Das tödliche Gift Methylisocyanat, das zur Herstellung von Pestiziden verwendet wird, zerstört das Augenlicht. Wenn es von Menschen und Tieren eingeatmet wird, zeigt es verheerende Folgen. Wer nicht sofort an einem Lungenödem stirbt, erkrankt an meist irreparablen Organ-, Gehirn- und Muskelstörungen.

zerne verlegen immer häufiger die Produktion gefährlicher Stoffe in Länder der Dritten Welt, wo die Arbeitskräfte billig und die Sicherheitsbestimmungen nachlässiger gehandhabt werden. Amerikanische Anwälte haben im Namen einzelner Opfer die Union Carbide auf die Zahlung von Entschädigungssummen in Milliardenhöhe verklagt. Der US-Konzern, der seine indische Niederlassung bis auf weiteres schließen mußte, versprach schnelle Hilfe. Doch niemand weiß, ob die Opfer je eine einzige Rupie sehen werden.

Viele der Opfer waren kleine Kinder: Ein Vater verscharrt seinen toten Sohn im Boden. Die Zahl der Toten in Bhopal war so hoch, daß es nicht mehr genug Holz für die für Hindus vorgeschriebene Leichenverbrennung gab.

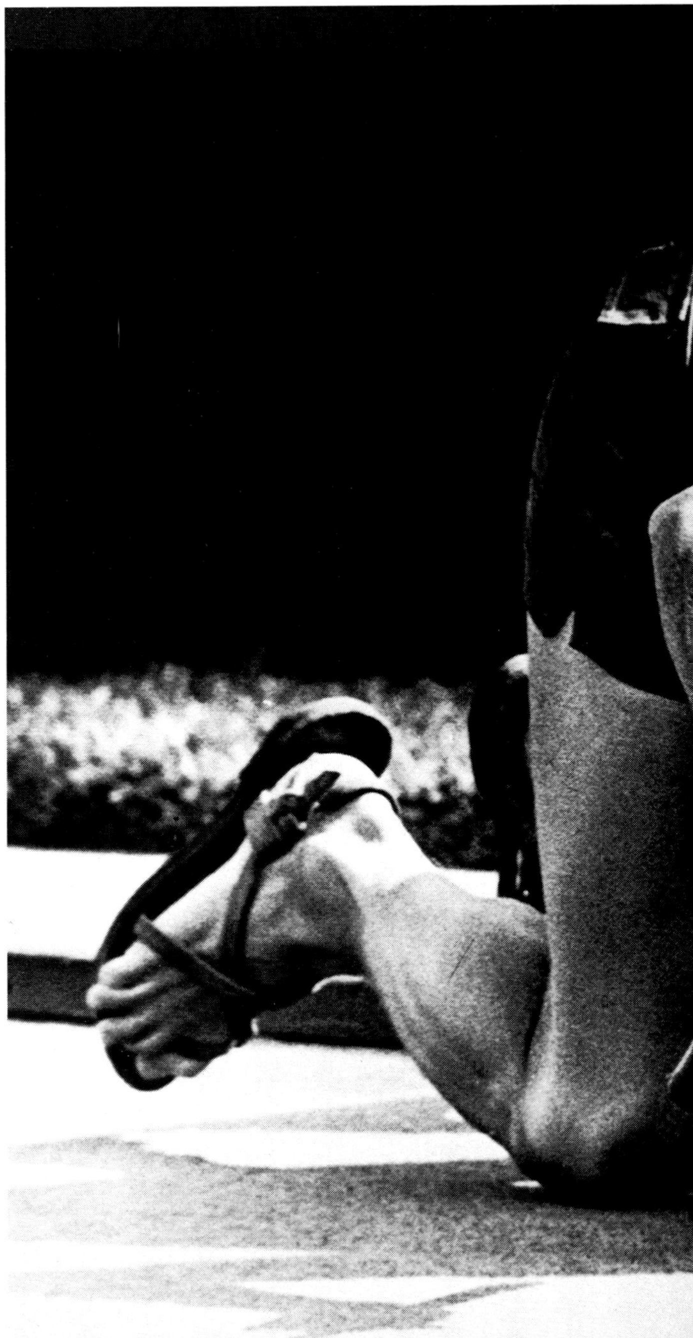

Rugby-Spieler sind schon harte Burschen. Die Waschmittel-Industrie ist jedes Mal ganz aus dem Häuschen, wenn sie die bulligen Jungs mit ihren verdreckten Trikots über den Platz watscheln sieht. Körperlicher Einsatz ist Trumpf in dem teilweise brutalen Männerspiel. Daß man trotz der zahlreichen Raufereien den Überblick bewahren kann, zeigt der Center-Spieler Colin Hopgood von Manchester United.

Hallo, wo ist denn der liebe Ball? Das scheinen sich die beiden Spieler John Mok und Gerry Lawson – ganz links – von den Baltimore Comets (dunkles Trikot) ebenso zu fragen wie die zwei Spieler Jimmy Moser und Paul Durham – ganz rechts – von den St. Louis Stars (helles Trikot).

Aber ist das ein Grund, gleich den eigenen Mannschaftskameraden wegzuschubsen? Bei so wenig Harmonie kann natürlich nicht viel herauskommen. Das Spiel endete 0:0.

Der Mini-Golfer Will Harding aus Florida kann es nicht fassen. Ihm fehlen noch genau drei Zentimeter bis zum Loch. Der 34jährige Bankangestellte versucht es mit beschwörenden Gesten, versucht den Ball zu hypnotisieren, allerdings ohne Erfolg. Harding landete beim Sieben-Städte-Turnier in Washington auf dem siebten Platz.

Auch das kommt vor. Mit ungefähr 90 Stundenkilometern rast der kleine Ball auf den japanischen Baseballspieler Kaneto Shindo von den Tokio Giants zu. Der 29jährige Schlagmann trifft — bei idealer Körperhaltung — den Ball voll. Zu viel für den Schlagstock. Shino hat nur noch den Griff in der Hand. Der sportliche Buchhändler nach seinem Mißgeschick: „Ich glaube, ich brauche einen Schlagstock aus Eisen."

Mit Kurven hat so mancher seine liebe Last. Bei einem internationalen Straßen-Radrennen in Moline (Illinois) kommt der Deutsche Kurt Schabell noch in Ideallage durch die Kurve. Sein Verfolger allerdings, der Amerikaner Walter Jackson, macht eine unliebsame Bekanntschaft mit dem harten Beton.

Der Trabrennfahrer Ronnie Clayton lag beim Internationalen Championat von Glasgow an zweiter Stelle. Der Jockey setzte gerade zum Endspurt an, als ihm plötzlich ein Rad seines Sulkys wegknickte. Der 41jährige Engländer konnte sein Pferd „Arinos" nicht mehr in Balance halten. Sekunden später lagen Reiter und Pferd im Sand. Zum Glück blieben Clayton und Arinos unverletzt.

Ein Wettlauf um Leben und Tod

Als im Februar die 6. Brigade der libanesischen Armee demonstrativ in ihren Kasernen blieb, war die Einheit der Streitkräfte zerbrochen. Die Moslem-Soldaten wollten sich von ihren Offizieren nicht in den Kampf gegen jene Glaubensbrüder schicken lassen, die gerade dabei waren, sich in einem blutigen Bürgerkrieg die Kontrolle über West-Beirut zu erstreiten. Vergeblich versuchte die Rest-Armee mit ihren Panzern, die schiitischen Krieger einzuschüchtern. Die Straßenkatzen flohen in panischer Angst, die Heckenschützen blieben in sicherer Deckung. Jetzt trennt die „grüne Linie" den Machtbereich der Moslems von dem der Christen im Osten.

Zerrütteter denn je – der Libanon

Es begann mit einer Niederlage. Von eigenen Dissidenten und der Militärmacht des Staates Israel geschlagen, mußten Jassir Arafat und seine PLO-Kämpfer den Libanon verlassen. Doch Frieden gab es nicht. Als Ende des Jahres viele der in die weite arabische Welt verstreuten Palästinenser wieder zurückkehrten, bestimmten andere den Kriegsschauplatz, den sie verlassen hatten.

Nach wie vor sterben Unschuldige in Beirut und Umgebung jeden Tag im Granathagel oder im Feuer von Maschinengewehren. Christliche Milizen feuern auf schiitische Kommandos, drusische Kämpfer machen Jagd auf Hizbollahs, radikale Anhänger des iranischen Religionsführers Ajatollah Khomeini. Im Süden des Landes bekriegen sich israelische Besatzer, unterstützt von der von ihnen finanzierten Südlibanesischen Armee (SLA) mit den Partisanen der Nationalen Libanesischen Widerstandsfront. Mehr als 600 Gefallene und fast vier Milliarden Dollar hat das kleine Israel die Invasion in den Libanon gekostet. Sie hat weder Frieden noch Sicherheit gebracht.

Zwar verhandeln die offizielle Regierung des Libanon unter Präsident Amin Gemayel mit dem von Shimon Peres geführten Kabinett in Jerusalem, aber eine Rückzugseinigung ist noch nicht in Sicht. Israel verlangt Sicherheitsgarantien für seine Grenze zum Libanon. Dabei gilt als Rückzugslinie nicht etwa die alte Grenze, sondern der Fluß Litani, 40 Kilometer im Inneren des Libanon. Neben dem Problem der „Westbank" am Jordanufer lädt sich Israel damit auch das einer „Nordbank" auf. Gemayel verlangt volle Souveränität. Soweit er dies verlangen kann. Denn hinter dem Präsidenten stehen die Syrer, die jede Friedenslösung, die ihnen nicht paßt, torpedieren können, mit dem Einsatz von Soldaten oder der Unterstützung der PLO-Rebellen des Abu Mussa.

Daß Damaskus im Libanon eine Schlüsselrolle spielt, hatte auch Washington erkennen müssen. Anfang

Februar rief Präsident Reagan 1500 in Beirut stationierte Marineinfanteristen zurück, die zusammen mit französischen und italienischen „Friedenskontingenten" den Waffenstillstand sichern sollten, aber niemals konnten. Im Gegenteil: Die schiitischen Milizen, politisch und militärisch von Syrien munitioniert, fühlten sich durch die US-Elitesoldaten und das vor der Küste stationierte und ins Gebirge schießende Schlachtschiff „New Jersey" erst recht herausgefordert. Zwar blieb die schwere außenpolitische Niederlage für Präsident Reagan ohne Folge, seine Popularität erlitt keine Einbußen; doch die USA blieben auch ohne anwesende Soldaten der Feind Nr. 1. Eine Autobombe zerstörte im September die Dependance der US-Botschaft in Ost-Beirut. Acht Menschen starben, mehr als 60 Personen wurden verletzt. Ähnlich wie vorher schon Präsident Gemayel reiste im Spätherbst ein US-Sonderbotschafter nach Damaskus, um über eine Friedenslösung für den Libanon zu verhandeln. Doch die Gespräche erwiesen sich als schwierig. Washington verlangt für seine Verbündeten in Beirut und seine christlichen Sympathisanten in Beirut Garantien von Präsident Assad, der wiederum, auf die Stärkung der eigenen Position gegenüber den arabischen Konkurrenten in Teheran und Bagdad bedacht, von Konzessionen und Kompromissen nichts wissen will: „Wir garantieren überhaupt nichts."

„Send in the Marines" galt in Washington lange als unfehlbares Mittel, amerikanische Interessen irgendwo auf der Welt durchzusetzen. Doch die 1500 Elitesoldaten hatten nur bei ihrem Abzug im Februar Grund zum Jubeln. Die Freude über die Heimkehr läßt die Marineinfanteristen vergessen, daß noch im Oktober 1983 in den Trümmern des Hauptquartiers in Beirut 240 Kameraden sterben mußten. Die Militärs konnten nicht nur keinen Frieden in das zerrissene Land bringen, sie waren nicht einmal in der Lage, sich selber zu schützen. Der Mißerfolg der Militäraktion blieb für den Verantwortlichen, US-Präsident Reagan, ohne Folgen.

Ein Präsident – mit Füßen getreten

In den Hauptstädten des Westens wird Amin Gemayel wie ein Staatsoberhaupt empfangen. Das ist er eigentlich auch. Doch der libanesische Präsident gilt nicht viel in seinem eigenen Land. Plakate, die Gemayels politische Freunde aufhängen ließen, werden von radikalen Moslems abgerissen und im Straßenschmutz zertreten. Nicht nur jene Schiiten, die ihr Vorbild in Ajatollah Khomeini sehen und von einem islamischen Weltreich träumen, wollen vom Staatsoberhaupt nichts wissen. Sohn Amin muß für Sünden büßen, die sein Ende des Jahres verstorbener Vater Pierre begangen hat. Das bis zuletzt einflußreiche Oberhaupt der Gemayel-Sippe hatte in den dreißiger Jahren aus Bewunderung für die Diktatoren Hitler, Franco und Mussolini seine „Falange" gegründet, faschistische Kampfverbände, die er für die Erhaltung seines Imperiums einsetzte. In der Hoffnung, die Macht zu behalten, hat Amin Gemayel die Moslems an der Macht beteiligt. Doch es ist nur eine Frage der Zeit, wie lange sich die größte Bevölkerungsgruppe des Libanon mit der Rolle eines Juniorpartners zufriedengeben wird.

Der erste Pate packt aus

Fünf Tage, bevor er in den Alitalia-Jumbo von Rio nach Rom steigen mußte, schluckte er Gift. Lebend wollte er in Italien nicht ankommen, aber er wurde gerettet. Im Flugzeug erlitt er einen Kreislaufkollaps; zitternd und in eine Wolldecke gehüllt, saß er zwischen einem Polizisten in Zivil und einem Arzt. Als er mit weichen Knien und aufgedunsenem Gesicht, die Handschellen von einer Decke verhüllt, die Gangway herunterstieg, mußte er gestützt werden. Tommaso Buscetta, 55, genannt Don Masino, war nicht mehr der eiskalte Mafia-Boß, als er in Rom ankam. Die Untersuchungsrichter müssen es geahnt haben, denn statt ihn ins Gefängnis zu stecken, versteckten sie ihn in einer gesicherten Villa bei Rom, wo sie ihn Tag und Nacht verhörten. Buscetta – vom fetten Leben, von Arzneien und Angst angeschlagen – fing an zu reden, monatelang.

Siebenhundert Seiten füllen seine Erzählungen bisher. Mehr als 160 Morde konnten mit seinen Angaben aufgeklärt werden. Buscetta kennt Mörder, Auftraggeber und Gründe. 366 Haftbefehle wurden ausgestellt. 250 der Gesuchten saßen schon im Gefängnis, 60 Mafiosi konnten verhaftet werden, 56 sind flüchtig – die höchsten Bosse natürlich. Das hat es in der Mafia-Geschichte noch nie gegeben. Bisher haben höchstens Mitläufer ausgepackt, im Mafia-Jargon „Halbstrümpfe" geheißen, die wenig oder nichts wußten. Kleine Schmuggler, Drogenhändler von der Straßenecke oder Ausländer. Ein echter Mafioso aber hat geschwiegen. Über hundert Jahre hat der bis in den Tod verschwiegene sizilianische Gangster dafür gesorgt, daß das organisierte Verbrechertum der Insel in aller Welt als etwas Besonderes galt. Vom Ruch der „Ehrenhaftigkeit" lebten Gangsterfilm und Literatur. Jetzt reden auch Bosse.

Italien ist um einen Mythos ärmer geworden.

Tommaso Buscetta war der Jüngste von 17 Kindern einer armen palermitanischen Familie. Mitte der fünfziger Jahre begann er seine Karriere als kleiner Zigarettenschmuggler, wurde gefaßt und saß seine erste Strafe ab. Ihm wurde, wie in solchen Fällen in Italien üblich, der Paß abgenommen, den er 1963 auf wundersame Weise wiederbe-

kam: Ein christdemokratischer Parlamentsabgeordneter schrieb an den Polizeipräsidenten von Palermo – halb bittend, halb drohend –, man möge dem jungen Mann, „der mir wichtig ist", den Paß doch wiedergeben. Als Beruf stand darin: Glaser.
Mit dem Paß verschwand Buscetta sofort nach New York, wo er erst 1971 in seinem als Pizzeria getarnten Hauptquartier verhaftet wurde. Mehr durch Zufall: Die falschen Papiere, die er bei sich trug, waren auf den Namen eines gesuchten lateinamerikanischen Kommunisten ausgestellt. Er zahlte 75000 Dollar Kaution und verschwand nach Brasilien, wo er schon 1972, wieder zufällig, verhaftet wurde. Bei seinen Drogengeschäften hatte er schnell Bekanntschaft mit den rechtsradikalen Kreisen der brasilianischen High-Society geschlossen, die damals gerade mit Putschplänen beschäftigt war. Buscetta wurde mitverhaftet; bei ihm zu Hause fand man reines Heroin im Wert von 75 Millionen Mark. Er wurde zum ersten Mal nach Italien ausgeliefert, wo er 1973 zu 13 Jahren Gefängnis verurteilt wurde. Eigentlich hätte er bis heute deswegen sitzen müssen, aber Don Masino hatte Macht und Geld. Als seine Tochter Felicia heiratete, tranken die 800 Gefangenen des Gefängnisses von Palermo, wo Buscetta einsaß, auch Hochzeitschampagner. Buscetta war als heimlicher Chef im Knast so mächtig, daß die Behörden ihn nach Turin verlegen mußten.
Dort im Norden fand er bald einen verständnisvollen Richter, der ihn vorzeitig „wegen guter Führung" auf freien Fuß setzte. Buscetta verschwand sofort wieder nach Brasilien, wo er sich in nur drei Jahren wieder ein sagenhaftes Imperium aufgebaut haben soll.
Außerdem verliebte er sich in eine schöne, reiche Brasilianerin. Seine Sentimentalitäten haben ihm die anderen Bosse angeblich nie verziehen. Buscetta war dreimal verheiratet – ein Verhalten, das die familienbewußte Mafia nicht toleriert. Bei seiner Ver-

Mit weichen Knien und aufgedunsenem Gesicht, die Handschellen von einer Wolldecke verhüllt, steigt Don Masino – wie Tommaso Buscetta unter Freunden hieß – die Gangway herunter. Zwei Kriminalbeamte müssen den Mafia-Boß stützen, weil er im Flugzeug einen Kreislaufkollaps erlitt.

Der Flughafen war hermetisch abgeriegelt, als Tommaso Buscetta an Bord eines Alitalia-Jumbo in Rom landete. Der Mafia-Boß war in Brasilien verhaftet worden, wo er den Kokain-Schmuggel beherrschte. Nach seiner Auslieferung erklärte er dem sizilianischen Untersuchungsrichter Falcone in tagelangen Verhören den Aufbau der Mafia.

Tod und Trauer im Reich der Paten

Drei Frauen beweinen ein Opfer der Mafia, das auf offener Straße erschossen wurde. Jahrzehntelang gehörten solche Szenen zum sizilianischen Alltag. Die Mafiosi, von Mussolini inhaftiert und nach dem Zweiten Weltkrieg von dem Amerikanern auf freien Fuß gesetzt — als Gegenleistung für ihre Unterstützung der Alliierten gegen die Deutschen — regierten die Inselbevölkerung mit Terror und Richter und Politiker mit Geld und Erpressung. Fast unbehelligt von Polizei und Justiz errichteten sie ein mächtiges multinationales Wirtschaftsimperium, das neben Rauschgift und Schutzgelderringen auch legale Branchen wie etwa Hotelketten umfaßt. Wer ihr gefährlich zu werden drohte, wurde brutal ermordet — wie 1982 der sizilianische Polizeiprefekt Dalla Chiesa. Doch jetzt scheint der Anfang vom Ende der „ehrenwerten Gesellschaft" gekommen: Erstmals im vergangenen September hat ein hoher Mafia-Boss, Tommaso Buscetta, genannt Don Masino, die Verschwörung des Schweigens, die „Omertà", gebrochen, und ausgepackt.

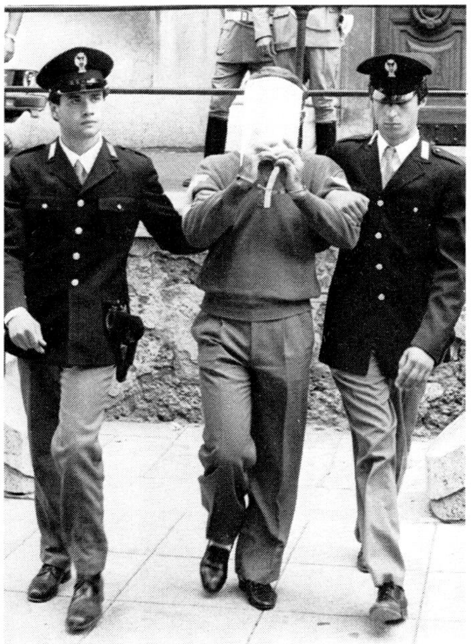

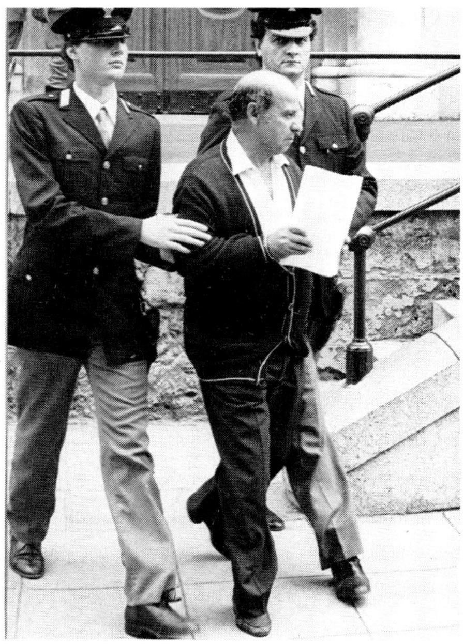

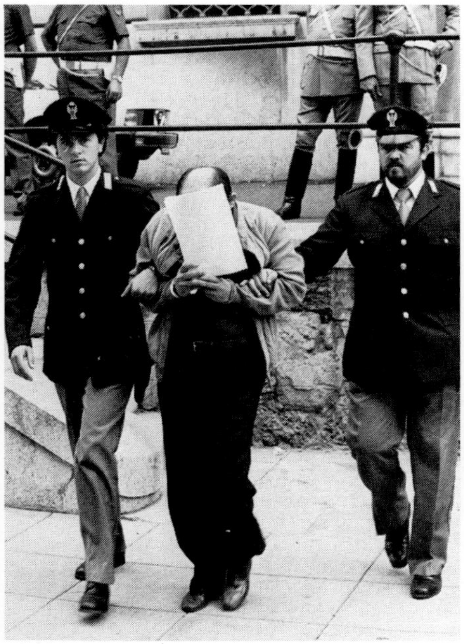

nehmung soll Buscetta gesagt haben: „Man kann Tausende von Geliebten haben, aber man darf nur eine Frau haben."

Buscetta gehörte – nicht nur deswegen – zu den Verlierern in der Mafia. Die einst mächtigen Familien, denen er sich angeschlossen hatte, sind in den letzten vier Jahren, den blutigsten der Mafia-Geschichte überhaupt, fast vollständig ausgerottet worden. Seine eigene Familie liegt zum größten Teil auf dem Friedhof oder ist in irgendwelchen Betonpfeilern eingemauert.

Um Buscetta, der immer schon als Paradiesvogel unter den Mafiosi galt, rankten sich zeitlebens die wildesten Geschichten. 1981 soll er die anderen Bosse zu einem großen Versöhnungsmahl der verfeindeten Clans eingeladen und dabei 15 Rivalen vergiftet haben. Klingt schön, sagen die Untersuchungsrichter, aber ist genauso erfunden wie die Gesichts- und Stimmbandoperation, mit der er sich unkenntlich gemacht haben soll. Tatsächlich, so ein Richter vor der Presse, habe er sich nur ein paar Fältchen wegmachen lassen. Weil er eitel ist.

Trotz Buscettas Enthüllungen: die höchsten Mafia-Bosse sind fast alle in Freiheit, und selbst das Gefängnis kann nicht verhindern, daß der herzkranke Luciano Liggio, legendärer Boß aus Corleone und seit 11 Jahren in Haft, noch heute einer der mächtigsten Männer der Mafia ist. Das soziale Geflecht, in dem die Mafia überhaupt erst möglich ist, besteht weiterhin, wie das Beispiel der Kommune von Palermo zeigt – schlimmer denn je.

Buscettas sensationelle Aussagen haben zum ersten Mal erwiesen, was alle wußten und niemand zu beweisen imstande war: daß die Mafia nur existiert, weil es eine „dritte Ebene" gibt – die mit der Mafia liierten Politiker. Das sind natürlich in erster Linie einige einflußreiche sizilianische Christdemokraten, aber mittlerweile hat die Mafia ihren Einflußbereich ausgedehnt und Leute in fast allen Parteien sitzen.

Mehr als tausend Seiten füllt das Geständnis des Tommaso Buscetta, 366 Haftbefehle wurden danach ausgestellt. 250 der Gesuchten saßen schon im Gefängnis, 60 wurden verhaftet, 56 sind flüchtig – die höchsten Bosse natürlich. So bleibt der Erfolg der spektakulären Aktion ungewiß.

Erschossen liegt der elfjährige Omar Hernandez neben seinem Fahrrad. Zusammen mit zwei Freunden wollte er in seinem Heimatort San Ysidro in Kalifornien ein Eis bei McDonald's kaufen. Doch in dem Schnellrestaurant lauerte ein Massenmörder, der arbeitslose James Huberty (rechts). Er feuerte wahllos auf die heranradelnden Kinder.

Mit Omar starb der gleichaltrige David Flores. Der Dritte, Joshua Coleman, stürzte verwundet zu Boden und blieb so lange regungslos liegen, bis Polizei-Scharfschützen den 20fachen Killer im Restaurant töteten.

75 Minuten Mord bei McDonald's

In keinem Land der Welt gibt es so viele Massenmörder wie in den USA. Dennoch wird der 41 Jahre alte James Oliver Huberty mit einem Blut-Rekord in die amerikanische Kriminalgeschichte eingehen. Er verübte, so meldete eine US-Zeitschrift in ausgeklügelter Präzision, „den schlimmsten Massenmord, den ein einzelner Mordschütze in den USA an einem Tag begangen hat". Es war der 16. Juli, der Schauplatz San Ysidro, Kalifornien, ein Nest nahe der mexikanischen

Grenze. Der Mörder war ein Außenseiter, ein Versager, vor einem Jahr als Schweißer in einer Fabrik in Ohio entlassen, mit der Familie ins warme Kalifornien gezogen, am Tag vor der Tat wieder aus einem Job geflogen, diesmal als Wachmann in einem Wohnkomplex. Zu seiner Frau sagte er: „Die Gesellschaft hat ihre Chance gehabt." Und unmittelbar, bevor er loszog, noch: „Ich gehe jetzt auf Jagd – auf Menschenjagd." Edna Huberty nahm das nicht ernst, denn ihr Mann redete oft „wüstes Zeug". Doch James Huberty, dessen einziges Interesse Waffen galt, scherzte nicht. Mit einer Uzi-Maschinenpistole, einer Schrotflinte und einer automatischen Pistole betrat er gegen 16 Uhr das McDonald's-Schnellrestaurant von San Ysidro und begann seine Blutorgie. 75 Minuten lang feuerte er auf Menschen im Restaurant und draußen auf dem Boulevard. Er traf Säuglinge wie Großmütter. 20 Menschen brachte er um. Erst dann kam ein aus der nahen Großstadt San Diego herbeibestelltes Spezialteam der Polizei zum Einsatz. Ein Scharfschütze tötete Huberty durch einen Schuß in die Brust. Warum wählte Huberty ein McDonald's-Schnellrestaurant zum Schauplatz seiner Abrechnung mit der Gesellschaft? Nachbarn vermuteten, weil er Kinder und Mexikaner, Stammgäste im Hamburger-Lokal, haßte. Die Manager der Restaurantkette zogen sofort Konsequenzen: Sie ließen das Lokal abreißen. Aber niemand konnte erklären, warum James Oliver Huberty plötzlich zum Mörder geworden war. Seine Frau erinnerte sich daran, daß er sich aus Verzweiflung einmal erschießen wollte. Vor wenigen Monaten habe er einmal dazu gesagt: „Du hättest mich Selbstmord begehen lassen sollen." Nach der Bluttat sagte Edna Huberty bitter: „Hätte ich nur."

Ich wollte doch nur, daß sie lebt

Es war keine heile Welt, in die Baby Fae am Morgen des 14. Oktober 1984, zweieinhalb Wochen zu früh, hineingeboren wurde. Ihre Mutter Teresa, 23, war arbeitslos, nicht verheiratet und wegen Scheckbetrugs gesucht. Ihr Vater, Howard, Lastwagenfahrer, lebte von der Mutter getrennt. Fae wog nur 2675 Gramm, ihre linke Herzkammer war lebensbedrohlich verkleinert. Der Zustand des Säuglings hatte sich bereits verschlechtert, als die Ärzte des Medizinischen Zentrums der kalifornischen Loma-Linda-Universität der jungen Mutter anboten, Faes Leben durch die Transplantation eines Pavianherzens zu retten. Am 26. Oktober setzte der Chirurg Dr. Leonard Bailey dem Baby das walnußgroße Herz eines sieben Monate alten Pavians in die Brust. Als Baby Fae 21 Tage später starb, stritten Ärzte, Tierschützer und Theologen noch immer darüber, ob eine solche Operation moralisch gestattet sei.

„Ich hätte für mein Baby jedes Herz genommen, ganz egal welches", reagiert die Mutter Baby Faes, Teresa, auf die Kritik an der Transplantation eines Pavian-Herzens. Nach einer stundenlangen Diskussion hatte sie dem Chirurgen ihr Einverständnis für die Operation gegeben. Denn sie wollte das Kind, das eigentlich gar nicht geplant war, unbedingt retten.

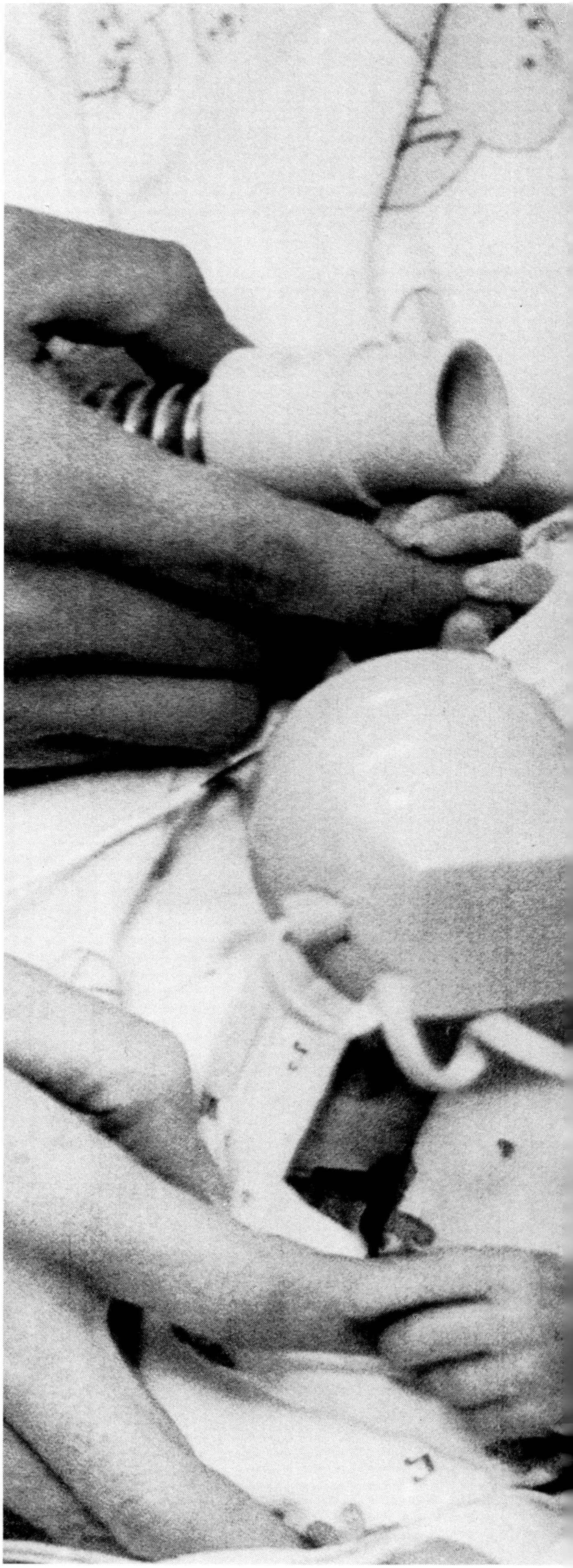

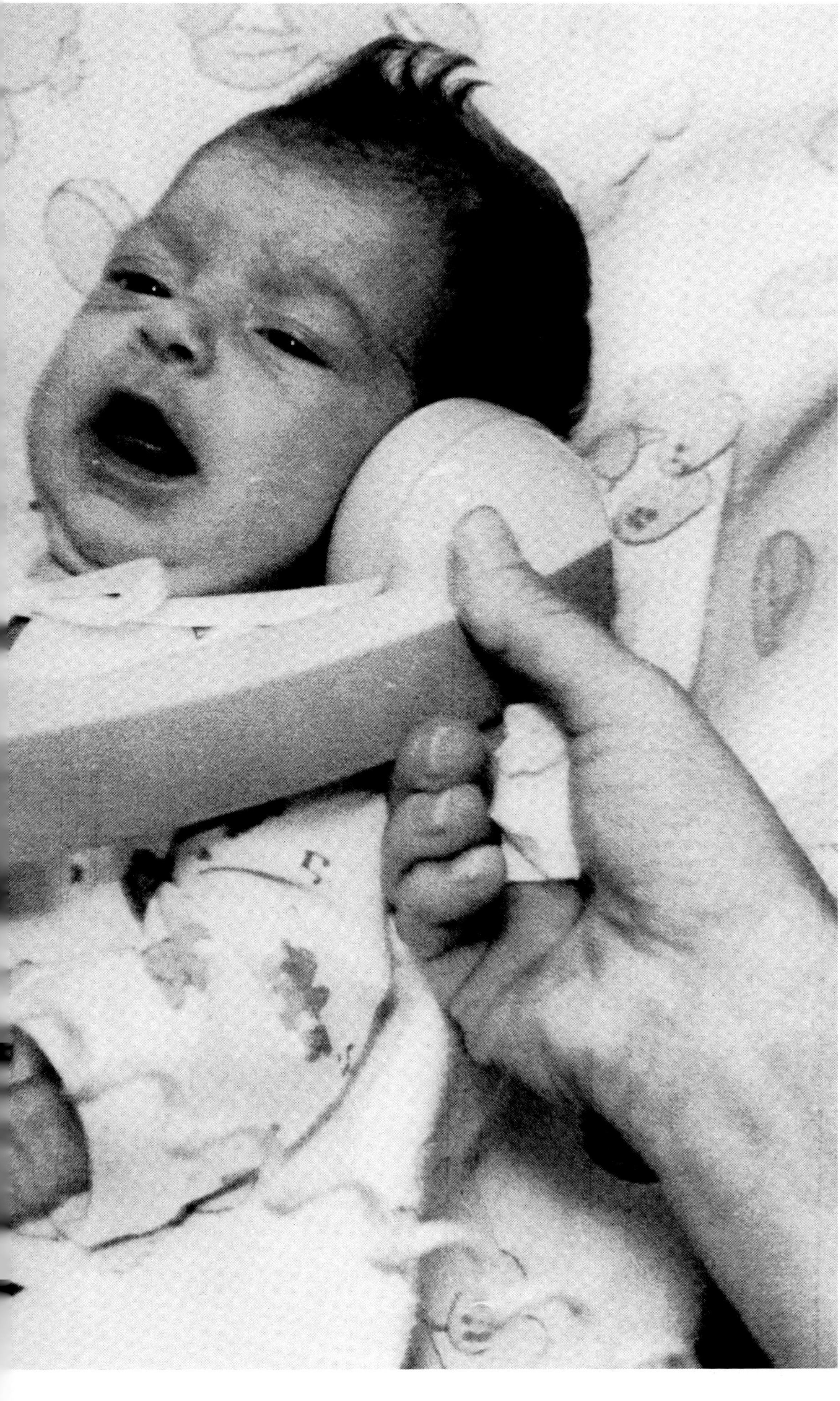

Eine Woche nach der Operation darf Baby Faes Mutter nur noch per Telefon mit ihrem Kind sprechen. Teresa leidet an einer fiebrigen Grippe, die für Fae lebensgefährlich werden könnte. So bekommt die Mutter das Baby nur noch im Fernsehen zu Gesicht, wenn die abendlichen Nachrichten-Shows die Telefongespräche übertragen. Für den Chirurgen Dr. Leonard Bailey steht das Experiment zu diesem Zeitpunkt schon auf der Kippe. Baby Faes Atmung macht ihm Sorgen. Nach den Versuchen an Tieren droht der erste Versuch an einem Menschen zu scheitern.

Das kalte Herz

Wenn es still wird in seinem Krankenzimmer in Louisville, Kentucky, dann hört der 52jährige ehemalige Fluglotse William Schroeder das Klicken der Ventile in seiner Brust, und er spürt die rhythmischen Bewegungen seines Herzens, das nicht mehr aus Fleisch ist, sondern aus Kunststoff. In Gang gehalten wird der Lebensmotor durch Preßluft aus einer Maschine neben dem Bett, die auch die Herzschläge steuert. Zwei Luftschläuche, die aus seinem Bauch ragen, fesseln den zweiten Menschen auf der Welt, der mit einem

Der erste Besuch auf der Intensivstation. Margarete Schroeder küßt ihren schlafenden Mann durch den Mundschutz. In der Brust des 52jährigen Patienten schlägt seit zwei Stunden ein künstliches Herz. Und es hört sich an wie eine „alte Dreschmaschine", sagte Schroeder am nächsten Tag bei der Visite seinen Ärzten und verlangte ein Bier. Für seinen Chirurgen, Dr. DeVries, 40, ist es das zweite Experiment mit dem Kunstherzen. Ein wenig müde, aber zufrieden über den geglückten Eingriff entspannt er sich auf seinem Sofa im Büro. Fünf weitere Kunstherz-Implantationen darf er noch machen. Sein Arbeitgeber will ihm sogar hundert finanzieren.

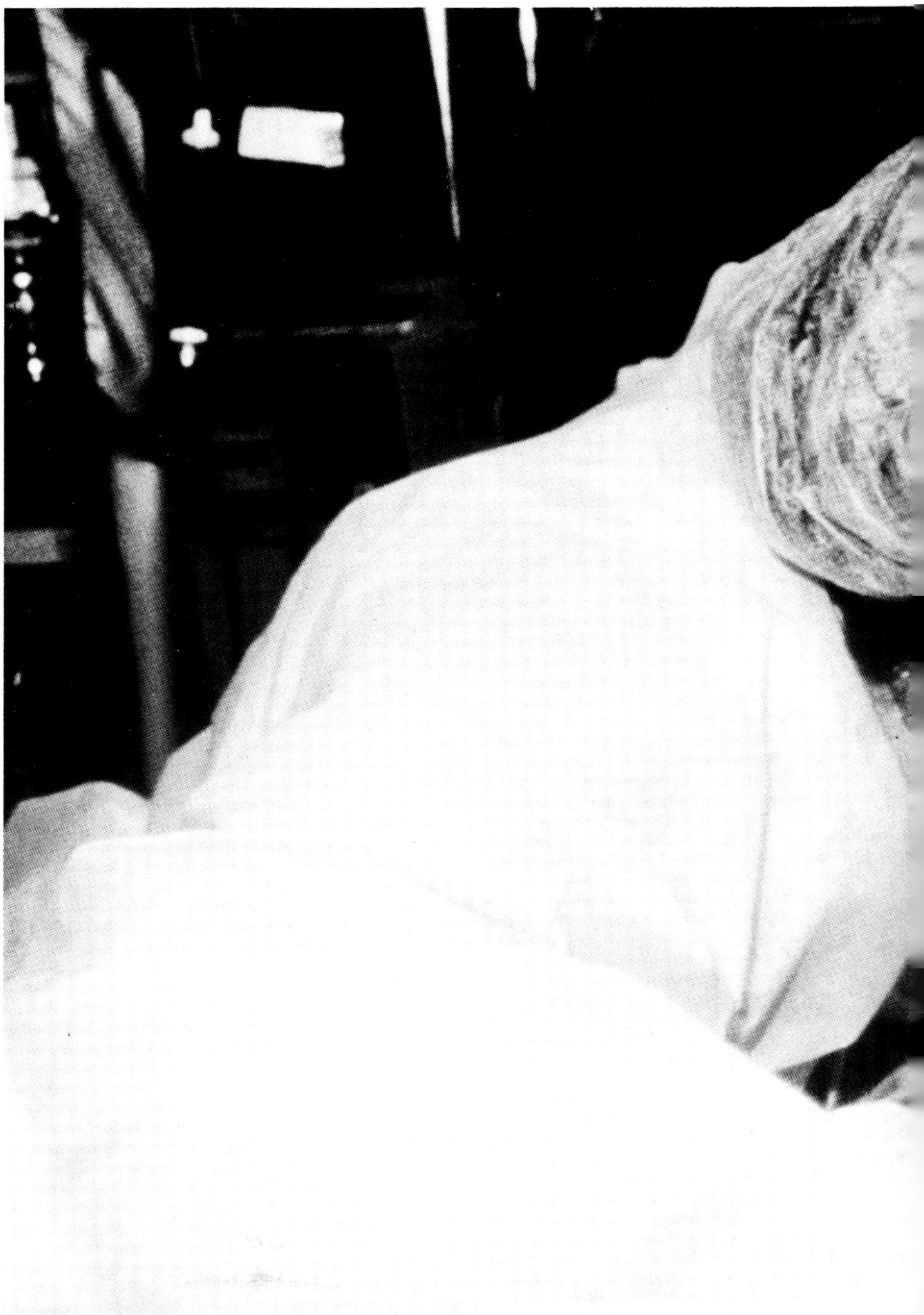

künstlichen Herzen lebt, an seinen Antrieb. William Schroeder wird – solange sein Körper mitspielt – ein Gefangener dieses Herzens bleiben.
Fast zwei Jahre hatte der amerikanische Herzchirurg Dr. William DeVries, 40, nach seinem ersten Experiment an dem Zahnarzt Dr. Barney Clark auf eine neue Genehmigung durch die oberste Arzneimittelbehörde warten müssen. Denn Clarks 112 Tage mit seinem Kunstherzen sind eine einzige Schinderei gewesen. Als Dr. DeVries am 25. November wieder zum Skalpell griff, stand er nicht mehr in seinem Operationssaal in Salt Lake City, sondern im Klinikum des Humana Hospitals Audubon. Es gehört einem mächtigen Krankenhaus-Konzern, der den ehrgeizigen Chirurgen abgeworben hat und sich durch seine spektakulären Eingriffe viel Reklame und Profit verspricht. Humana in Louisville soll eine Art McDonald's für Herzkranke werden, so hoffen die Konzern-Manager. Sie starteten einen gewaltigen Medienrummel mit Pressekonferenzen, die zuerst Stunde um Stunde live im Fernsehen übertragen wurden. Eine Telefonansage gibt von morgens bis abends über den Gesundheitszustand des Patienten Auskunft. Jeder Tag, an dem in Schroeders Brust das Herz schlägt, ist auch ein Tag für Humana.
Ob das zweite Experiment mit dem Kunstherzen wirklich Leben verlängert und nicht nur das Sterben, bleibt ungewiß. Der in Sachen Herzverpflanzung bekannteste Arzt, Prof. Christiaan Barnard, lehnt das künstliche Herz ab: „Transplantation – ja. Ich liebe das Leben, aber für das Bißchen, was mir dann noch übrigbliebe, möchte ich nicht an eine Maschine gebunden sein."
William Schroeder jedoch ist dankbar, noch am Leben zu sein.

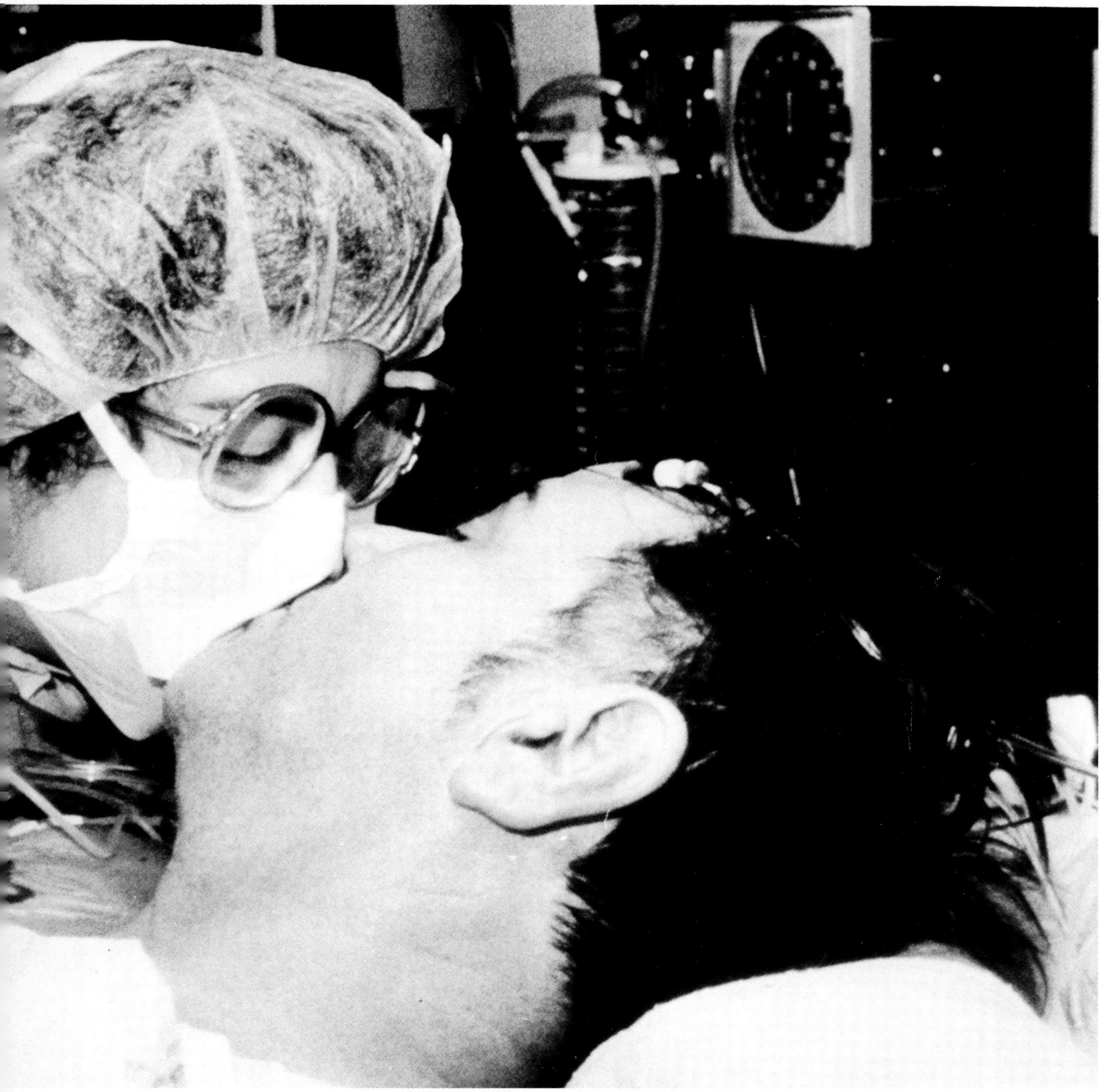

Mitleid braucht er nicht

Er ist so fröhlich und sportlich wie kaum ein anderes Kind – Kenny Easterday, zehn Jahre alt und nur 50 Zentimeter groß. Der kleine Amerikaner wurde ohne Unterleib geboren. Während der Schwangerschaft hatte seine Wirbelsäule irgendwann aufgehört zu wachsen, bei der Geburt waren seine Beine verkrüppelt und sein Unterkörper gelähmt. Als Kenny ein halbes Jahr alt war, amputierten ihm Chirurgen die Unterschenkel und setzten die Knochen als Ersatz für den fehlenden Teil der Wirbelsäule in seinen Rücken ein. So konnte das Kind wenigstens sitzen und mußte nicht sein Leben im Liegen verbringen. Zum Erstaunen seiner Eltern wird Kenny mit seiner Behinderung fabelhaft fertig: Auf Händen läuft er genauso schnell wie gesunde Kinder auf ihren Beinen, längere Wege legt er rasant auf dem Skateboard zurück.

Karriere durch einen Fehltritt

Vanessa Williams war 1983 die erste schwarze Miß Amerika. Die Wahl schien ein großer Erfolg zu sein, weg vom Rassismus früherer Jahre. Im Juli 1984 aber mußte die Schönheitskönigin, die sogar von Präsident Ronald Reagan im Weißen Haus empfangen wurde, zurücktreten. Es war herausgekommen, daß Vanessa, mittlerweile 22, sich im Alter von 19 Jahren für ihren damaligen Chef, den Fotografen Tom Chiapel, ausgezogen und sich dann auch noch vor seiner Kamera zu Liebesspielen mit einer zweiten Nackten hingegeben hatte. Der geschäftstüchtige Fotograf bot diese Aufnahmen dem Herrenmagazin „Penthouse" an. Verleger Bob Guccione veröffentlichte sie auf zehn Seiten. Sieben Wochen vor Ablauf ihres Miß-Jahres trat Vanessa Williams zurück und bekannte sich tränenreich zu ihren Jugendsünden. Einige Zeitungen beschrieben sie als verdorbene Exhibitionistin, amerikanische Frauenverbände sprachen von einer Schande. Die Entrüstung hielt nicht lange. Produzenten und Regisseure reißen sich um den „gefallenen Engel" (Bob Hope). Im Sommer 1985 wird die schwarze Schönheit die Hauptrolle in einer US-Fernsehserie übernehmen, und ein Verleger hat ihr angeboten, ihre Memoiren zu veröffentlichen. Vanessa Williams: „Ich bin beschimpft worden als Lesbierin und als Schlampe. Das lasse ich mir nicht gefallen. In dem Buch werde ich erzählen, wer ich wirklich bin und wie es zu diesen Foto-Aufnahmen kam."

Alarm in Nicaragua

Am 4. November fanden in Nicaragua die ersten freien und geheimen Wahlen in der Geschichte des mittelamerikanischen Landes statt. Junta-Chef Daniel Ortega und die regierenden Sandinisten erhielten dabei eine klare Zwei-Drittel-Mehrheit. Weil die konservativen bürgerlichen Parteien die Abstimmung boykottierten – sie hatten sich vor allem in ihrer Wahlkampagne eingeschränkt gefühlt – sprach die US-Regierung von einer „Farce".

Zwei Tage später – noch am Abend der überwältigenden Wiederwahl von Präsident Reagan – kündigte das Weiße Haus militärische Maßnahmen an, falls Nicaragua aus der UdSSR Kampfflugzeuge vom Typ MIG-21 erhalte. Die Sandinisten dementierten daraufhin energisch, daß zwei Ostblock-Frachter, die in Häfen des Landes entladen wurden, diese Flugzeuge an Bord hätten. Gleichzeitig versetzten sie das Land in Alarmzustand. In der Hauptstadt Managua fuhren Panzer auf. „Präsident Reagan hat mit seiner Drohung zweierlei erreicht", sagte kurz darauf Daniel Ortega bitter, „erstens ist der gute Eindruck in aller Welt, den unsere Wahlen machten, wieder abgelöst durch das Klischee des von den Sowjets unterstützten, waffenstarrenden Nicaragua. Und zweitens nimmt niemand Notiz von dem schmutzigen Kleinkrieg in unseren Nordprovinzen, den vom CIA finanzierte Söldner schon seit Jahren gegen uns führen." Der Krieg mit den Contras, wie die Gegner der sandinistischen Regierung genannt werden, hat bisher über 8000 Tote gefordert und das unterentwickelte Land an den Rand des Ruins gebracht.

Ein überlebensgroßes Bild von General Augusto Sandino, der schon vor dreißig Jahren erfolgreich gegen die Amerikaner gekämpft hatte, sollte die revolutionäre Begeisterung stärken, als Nicaraguas Staatschef Daniel Ortega das Land zur Abwehr einer befürchteten US-Invasion aufrief (rechts). Fotos von Sandino, dem lateinamerikanischen Revolutions-Idol Che Guevara und dem Gründer der Sandinistischen Front, Carlos Fonseca, hängen in den meisten Schulen des Landes (links). Während wegen einer nie nachgewiesenen Lieferung sowjetischer MIG 21-Flugzeuge in Washington laut über militärische Maßnahmen gegen Nicaragua nachgedacht wurde, fuhren in der Hauptstadt Managua Panzer auf (Mitte).

Zum Frieden gibt es keine Wahl

Als Präsident Napoleon Duarte im Oktober erstmals mit den wichtigsten Guerilla-Führern in der Kleinstadt La Palma zusammentraf, hängten die Bewohner des umkämpften Ortes weiße Bettlaken in die Fenster und ließen vom Kirchturm eine weiße Taube steigen: Die Sehnsucht nach Frieden ist übermächtig in El Salvador. Doch der Weg zur Versöhnung ist noch immer weit. Die Gespräche zur Beendigung des mörderischen vierjährigen Bürgerkriegs sind nach dem zweiten Treffen Anfang Dezember auf unbestimmte Zeit vertagt worden. Unerfüllbar sind – so Duarte – die Ansprüche der FMLN, der Befreiungsfront, auf Regierungsbeteiligung und Schaffung eines Volksheers, mit dem das rechtsstehende Offizierskorps neutralisiert werden soll. Ohne diese Zugeständnisse aber, so meinen umgekehrt die Guerilleros, könnte die Macht des Militärs und der herrschenden Oberschicht im Land nicht gebrochen werden, würde das Morden der berüchtigten Todesschwadronen weitergehen und bliebe Präsident Duarte eine Marionette ohne echten Handlungsspielraum.

Dabei sah Christdemokrat Duarte, der 1972 schon einmal zum Staatsoberhaupt gewählt, aber von den Generälen durch Stimmenbetrug um seinen Erfolg gebracht und ins Exil geschickt worden war, nach seinem erneuten Sieg bei der Stichwahl im Mai 1984 für sein Land, in dem in den letzten vier Jahren 50 000 Menschen im Krieg getötet oder durch die Todesschwadronen ermordet worden sind, „Licht nach einer langen Nacht des Schreckens". Hatte er doch den Kandidaten der rechtsextremen Arena-Partei, Major D'Aubuisson, mit 56 Prozent der abgegebenen Stimmen deutlich distanziert und von den Amerikanern die Zusage für Waffenlieferungen im Wert von 100 Millionen Dollar erhalten, mit deren Hilfe er die Bedrohung von links, die Guerilleros, endgültig ausschalten wollte.

Die Opposition war zur Wahl gar nicht erst angetreten, weil sie um die Sicherheit ihrer Kandidaten fürchteten und den Urnengang als Wahl von Militärs Gnaden einstuften.

Doch Duartes Optimismus trog schon

damals. Auch die massive Militärhilfe der USA – unter anderem modernste Kampfhubschrauber – brachten keinen Sieg, sondern nur ein Patt mit den Rebellen, die in den vergangenen Jahren immer größere Teile des Landes kontrolliert hatten. Und die Todesschwadronen, zu denen Präsidentschaftskandidat D'Aubuisson enge Kontakte hat, haben im Herbst ihre schaurige Aktivität wieder verstärkt. So suchte und brauchte Duarte endlich einen handfesten Erfolg. Getragen von der Friedenssehnsucht der fünf Millionen Salvadorianer knüpfte er mit der Vermittlung von Erzbischof Arturo Rivera Damas den Dialog mit der Befreiungsfront. Im ersten Anlauf zumindest scheiterte der ehemalige Bauingenieur mit seinem Bemühen.

Kein Ende der erbitterten Kämpfe zwischen Guerrilleros und Regierungstruppen brachte in Salvador der Wahltag am 23. März. Wenige Tage später überfielen Soldaten der Befreiungsfront eine Elite-Einheit des Heeres in Tejupeteque und töteten mehrere Gegner (links). Trotzdem hat mit der Erkenntnis beider Seiten, daß der Bürgerkrieg militärisch nicht zu gewinnen ist, die Gesprächsbereitschaft zugenommen. Zweimal

trafen Duarte und seine Berater im Herbst die Anführer der Guerrilleros. (Hier beim Betreten der Kirche von La Palma im Norden Salvador, dem ersten Konferenzort, zusammen mit dem Vermittler. Erzbischof Rivera Damas.) Doch bisher war Duarte (auf dem Bild rechts bei seiner Vereidigung als Staatspräsident) nicht bereit, auf die Forderungen der Rebellen und Integration in die Streitkräfte einzugehen.

Ronald Reagans Musterschüler

Honduras war schon immer eine vorbildliche Bananenrepublik. Das nach Haiti zweitärmste Land Lateinamerikas erfüllte über Jahrzehnte treu und pflichtbewußt, was die USA forderten. Honduras züchtete seit der Jahrhundertwende für die legendäre Bostoner United Fruit Company Bananen und erlebte fast jedes Jahr eine neue Regierung. Die Geschichte des Landes verzeichnet in den 146 Jahren seit seiner Unabhängigkeit 126 Regierungswechsel und 16 verschiedene Verfassungen. Seit dem Staat nach Ansicht der Amerikaner als Sperriegel zwischen dem sozialistischen Nicaragua und dem von einem Bürgerkrieg zerrissenen Salvador hohe strategische Bedeutung zu-

Nicht nur bei einem Treffen mit dem Chef der amerikanischen Catcher-Vereinigung im Weißen Haus läßt der US-Präsident seine Muskeln spielen. Mit aller Gewalt will er auch das sandinistische Regime in Nicaragua aus dem Sattel heben, das er für kommunistisch und moskauhörig hält. Dazu hat er die Armee von Nicaraguas Nachbarland Honduras mit modernsten Waffen aufgerüstet und unterstützt massiv die sogenannten Contras, eine bunt zusammengewürfelte Truppe, die gegen gute Bezahlung von Stützpunkten in Honduras aus ihre Angriffe weit nach Nicaragua hineinträgt. Vor Beginn einer Offensive beten Angehörige einer Contra-Einheit in einer Grenzkapelle für einen glücklichen Ausgang ihrer Überfälle.

kommt, läßt es sich auch fast widerstandslos zur US-Militärbasis Nummer Eins in der Region hochrüsten. Um die Waffentransporte zwischen Nicaragua und Salvador zu unterbinden und die Sandinisten von imperialistischen Ausflügen in die Nachbarländer abzuhalten, wie die Reagan-Regierung behauptet. Um die Stunde Null vorzubereiten – eine Invasion Nicaraguas, meinen hingegen die Revolutionäre in Managua.
Tatsache ist, daß Honduras mit dreißig Düsenmaschinen modernster Bauart und sechzig Kampfhubschraubern über die schlagkräftigste Luftwaffe Mittelamerikas verfügt. Acht Militärflughäfen haben Spezialisten aus den Vereinigten Staaten für ihre Freunde im Dschungel angelegt. Tatsache ist auch, daß das ganze Jahr 1984 fast ununterbrochen Manöver von honduranischen und US-Truppen die Zahl der amerikanischen Militärs im Lande weit über die offizielle Stammbesatzung von 2000 Mann anhob. Außerdem bilden auf honduranischem Boden Instruktoren aus den Staaten Spezialeinheiten aus Salvador für den Kampf gegen die Guerilleros aus. Vor allem aber – von Trainingslagern entlang der Ostgrenze starten konterrevolutionäre Einheiten, von Präsident Reagan „Freiheitskämpfer", von den Sandinisten „Contra-Söldner" genannt, ihre Angriffe gegen die Nordprovinzen Nicagarugas. Sie setzen sich zusammen aus Anhängern des vor fünf Jahren von den Sandinisten gestürzten Diktators Somoza, aus enttäuschten ehemaligen Sandinisten und armen Bauern aus Honduras, die der Monatssold von 100 Dollar lockt. Da die Contras weit besser ausgerüstet sind als die Milizen Nicaraguas, gelingt es ihnen immer wieder, mit Terrorangriffen große Schäden anzurichten. Bevor sie von der regulären Armee gestellt werden können, ziehen sie sich dann wieder auf honduranisches Gebiet zurück.
Im Herbst des vergangenen Jahres hat die Regierung von Honduras versucht, sich aus der Rolle „Flugzeugträger der USA in Lateinamerika" zu lösen. Der bis dahin starke Mann des Landes und Amerikafreund Nummer Eins, General Alvarez Martinez, wurde wegen angeblicher Putschpläne ins Exil geschickt. Den Contras soll der Betrieb ihrer Trainingscamps und Nachschubbasen untersagt worden sein. Auch die Dauer und Häufigkeit der gemeinsamen Manöver mit den Amerikanern will die Regierung „überprüfen". Doch die Opposition im Land ist skeptisch, ob dieser Kurs Erfolg haben wird: „Honduras ist immer das dumme Kind der Region gewesen. Warum sollte sich das auf einmal ändern?"

Zu den Urnen geladen

Auf der Ladefläche eines Lastwagens zusammengepfercht werden Bauern in El Salvador zu den Abstimmungslokalen in der Provinzhauptstadt gebracht. In dem mittelamerikanischen Land, das seit vier Jahren von einem Bürgerkrieg heimgesucht wird und in dem zum ersten Mal seit 1972 wieder über einen Präsidenten frei abgestimmt wurde, herrscht Wahlpflicht. Erst in einer Stichwahl konnte sich der von den Amerikanern favorisierte Kandidat der bürgerlichen Mitte, der ehemalige Bauingenieur Napoleon Duarte, gegen seinen schärfsten Konkurrenten, den Rechtsradikalen D'Aubuisson, durchsetzen. D'Aubuisson werden Verbindungen zu den Todesschwadronen nachgesagt, deren Morden schon Tausende von Salvadorianern zum Opfer fielen. Die Parteien links von der Mitte, die mit den Guerilleros im Land sympathisieren, nahmen an den Wahlen nicht teil. Sie fürchteten um das Leben ihrer Kandidaten.

International

Carmen reizt die Sinne

Seit in der Novelle des französischen Schriftstellers Prosper Mérimée 1845 Carmen zum erstenmal Männerphantasien auslöste, seit 1875 Komponist Georges Bizet die Carmen in Paris auf offener Bühne erdolchen ließ, seit 1954 Filmregisseur Otto Preminger „Carmen Jones" ins Kino brachte und seit 1983 die Filmemacher Saura, Brook und Godard das Vollweib für jedermann und jederfrau zur Femme fatale hochstilisierten, ist der Mythos Carmen ungebrochen. Die Klamottenschneider schnitten sich 1984 ihren gewinnbringenden Anteil davon ab. Sie erfanden den Body-Look mit viel Figur und heftigen Farben.

Poetische Hüllen

Issey Miyake aus Tokio ist der Dichter der Mode. Was er macht, wurzelt in der Tradition seines Landes. Tradition ist für den Japaner kein Gegensatz zur Moderne, sondern deren Quelle, aus der er ein „Gebrauchs-Design" schöpft, das nie aus der Mode kommt, da es nie in Mode war. Miyake verarbeitet das Bewußtsein, das hinter dem Kimono steckt, ist fasziniert vom „Raum, der zwischen Kleid und Körper versteckt ist", entwirft, indem er ein Stück Stoff drapiert. Seine Kleider enthüllen alles über den, der sie trägt, Bewußtsein, Charakter, Vergangenheit und Gedanken.

Scharf auf Shorts

Europaweit rüsten die Männer untenrum modisch auf. Statt enger weißer Trikot-Buxen tragen sie jetzt Boxershorts. Adams neues Feigenblatt bekam Muster, die bislang für Männer tabu waren: englische Rosen, schottische Karos, Paisleys, Konfettitupfen, selbst Tiger, Panther + Co. schleichen jetzt über Männer-Hintern. Die Schlapperhöschen gibt's in Batist und Seide, und für den Abend auch in Gold-Lamé.

In seinem Theaterstück „Amadeus" portraitierte Peter Shaffer das Genie Mozart aus der Perspektive des Wiener Hofkomponisten Salieri, der durch Mozarts Aufstieg mehr und mehr in Vergessenheit gerät. Die einzige Leistung, mit der Salieri sich für die Nachwelt empfehlen kann, ist seine Behauptung, Mozart ermordet zu haben. Stück und Film nehmen diese apokryphe Legende wörtlich. Nach Shaffer ist es eine dramatische Erfindung, die nicht auf die Wirklichkeit zurückgeht, sondern auf Wahrheit beruht.
Der junge Amerikaner Tom Hulce übte monatelang besessen Klavier, um das Wunderkind spielen zu können. Er portraitiert Mozart als ungebärdiges, launisches, in Verbalerotik vernarrtes und notorisch kicherndes Kind mit dem Dämon des Genies.

Die Oper geht ins Kino

Im Kino war wieder Musik. Nachdem der Spanier Carlos Saura mit Hilfe des Choreographen Antonio Gades und des Gitarristen Paco de Lucia Bizets „Carmen" zu einem furiosen Tanz-Drama gemacht hatte, ließ der Italiener Francesco Rosi eine opulente Filmoper folgen. Klar, daß der Film auch als Werbestreifen für die Plattenaufnahme unter Lorin Maazel diente. Die Auferstehung einer 130 Jahre alten Love-Story verdankten wir des Italieners Franco Zeffirelli Leidenschaft für „Endlose Liebe". Für 15 Millionen Mark brachte er die sinnbetörende Liebes- und Leidensgeschichte der „La Traviata" ins Kino. Der prachtvoll ausgestattete Gefühlsreißer präsentierte die suggestiv spielende und rauh singende Teresa Stratas in der Titelpartie und Placido Domingo als Liebhaber.
Für den schönsten, unterhaltsamsten und gescheitesten Musik-Film des Jahres aber sorgte der in den USA lebende Exil-Tscheche Milos Forman, der Peter Shaffers Theaterstück „Amadeus" als wilden Thriller über einen Außenseiter ins Kino brachte. Mozart wird gezeigt als Genie mit den Zügen und dem Gebaren eines Kretins, und der einzige, der ihn versteht, ist Hofkomponist Antonio Salieri. Aber der kann nicht ertragen, daß „die Stimme Gottes" aus dem Munde eines „infantilen Kindes" spricht. Er bringt Mozart um – die einzige Tat, die ihm eine erbärmliche Ewigkeit sichert. (Oder tut er nur so, als habe er Mozart getötet, damit man ihn nicht vergißt). Salieris Beichte – es ist die Erzählerperspektive des mit Rückblenden arbeitenden Films – ist eine betörend schöne sinnliche Phantasmagorie über Mozarts Leben und Werk mit Tom Hulce (Mozart) und Murray F. Abraham (Salieri) als superben Hauptdarstellern.

Michael Jackson mit seinen Bodyguards, ohne die er keinen Schritt mehr gehen kann. Auch sein Tudor-Anwesen in Tudor/Kalifornien wird schwer bewacht. Der Besucher passiert zunächst ein Eisengitter, woraufhin ihn eine TV-Kamera abtastet. Danach kommt eine Wachstation, auf der acht Polizisten rund um die Uhr Dienst tun. Michael Jackson wohnt mit seinen Eltern, zwei jüngeren Schwestern, einem Lama, einem Schaf und einer Boa Constrictor namens „Muscles" zusammen. Einzige Ruhestörer sind die Fans, die im 24-Stunden-Einsatz vor den Eisengittern lagern und darauf warten, ihr Idol hinter der getönten Panzerscheibe seines chauffeurgesteuerten Rolls-Royce zu erahnen.

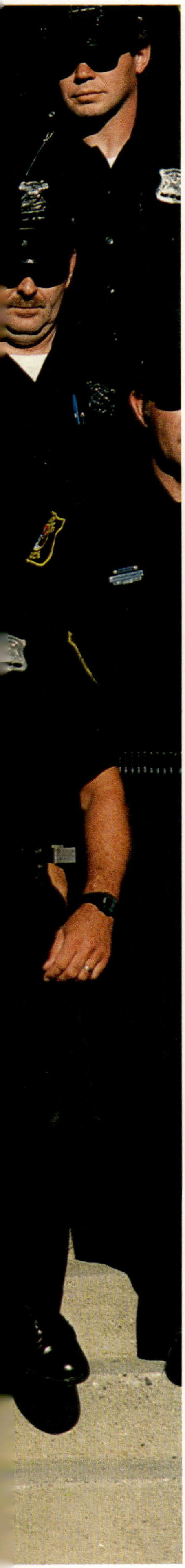

Michael Jackson – der keusche Prinz

In Oregon wurden 10jährige Schulkinder gefragt, wen sie von den drei Bewerbern um die Präsidentschaftskandidatur am liebsten mögen würden: Mondale, Hart oder Jackson. Ohne zu zögern antworteten 95 Prozent der Kinder: „Den Jackson natürlich." Warum? „Na, weil der so toll singt." So populär ist Michael Jackson. Von seiner letzten LP „Thriller" hat er über 30 Millionen Stück verkauft. Die Herausgeber des „Guinness Buch der Rekorde" haben den Druck der jüngsten Ausgabe gestoppt, um diese Leistung aufzunehmen. Jeden Tag des Jahres 1984 wurden weitere 250000 Schallplatten verkauft, an deren Gewinn Michael Jackson zu zwei Fünfteln beteiligt ist – ein bisher nie erreichter Tantiemenanteil der Pop-Geschichte. So erfolgreich ist Michael Jackson.

Als er kürzlich Ronald Reagan einen Besuch im Weißen Haus abstattete, weil er seinen Hit „Beat It" in den Dienst einer Anti-Drogen-Kampagne gestellt hatte, verkroch er sich verschreckt in der Bibliothekstoilette. Grund: Im Oval Office standen 75 Erwachsene mit ihren Kindern, die dem Star die Hand geben wollten. So ängstlich ist Michael Jackson.

Für über eine Million Dollar produzierte Michael Jackson einen 13minütigen Video-Clip zu seinem Hit „Thriller". Hollywood-Regisseur John Landis inszenierte das Gruselstück. Die Dokumentation zu diesem Clip, „The Making Of Thriller" – in den USA 500000 mal verkauft –, zeigt werbewirksam, wie der scheue Michael mit Grusel-Make-up und gelben Kontaktlinsen zum Monster geschminkt wird.

Michael in Wonderland

Sie kamen zu Hunderttausenden – Mütter und Babys, Kinder, Teenies. Sie kamen in Bussen, Flugzeugen, per Anhalter. Sie kamen zur großen Show ihres Superstars: Michael Jackson.
135 000 waren an drei Abenden ins Arrowhead Stadion von Kansas City gepilgert. Für diese Konzerte allein gab es 200 000 Kartenwünsche. Veranstalter aller Städte buchten im voraus Hallen in der vagen Hoffnung, ein Stück vom großen Kuchen abschneiden zu können.
Bei 300 000 Dollar Einnahmen in einem mittelgroßen Stadion und 100 000 Dollar Kosten bleiben 200 000 Dollar. Davon bekam der Veranstalter 10 Prozent, also 20 000 Dollar, die Jacksons zogen mit 180 000 Dollar weiter. Amerika im Jackson-Rausch.
Die Tour-Ausrüstung wog 375 Tonnen, 1200 Helfer waren ständig beschäftigt; 500 Sicherheitskräfte kontrollierten die Besucher.
Für die Eintrittskarte zum Preis von etwa 50 Mark gab's viel Krach fürs Geld.

YAMAHA

Götterdämmerung

„Wie mancher gute Wein ist der Klarinettenklang kein guter Exportartikel", sagte der britische Weltklasse-Klarinettist Jack Brymer und behielt recht. Der gute Ton, der die junge Sabine Meyer von der Lehrstelle in Hannover übers zweite Pult beim Symphonieorchester des Bayerischen Rundfunks zum Berliner Philharmonischen Orchester gebracht hatte, sorgte für die heftigsten Dissonanzen in Deutschlands Elite-Orchester und führte zu einem tiefgreifenden Zerwürfnis mit Chefdirigent Herbert von Karajan. Der wollte die junge Solistin um jeden Preis – selbst gegen das erbitterte Votum seiner Musiker – durchsetzen. Nach dem Verzicht der jungen Solistin, die mutig ein Probejahr bei den Philharmonikern absolviert hatte, sperrte der Dirigent sein Orchester von den Salzburger Pfingstkonzerten aus und ließ statt der Berliner die Wiener Philharmoniker spielen. Wenig später zankten sich Dirigent und Orchester über die Tantiemen von Schallplattenaufnahmen, um das Recht zusätzlicher Konzertauftritte einzelner Musiker, um Urlaubszeiten und, nicht zuletzt, um die Position des Intendanten Peter Girth, der Karajans Partei ergriffen hatte und schließlich vom Berliner Senat suspendiert wurde. Das Orchester kündigte seinem Chef den Medien-Vertrag für alle Video-Filme und gab eine digitale Neuaufnahme aller Beethoven-Symphonien nicht frei. Statt dessen verhandelte es mit dem amerikanischen Medien-Riesen CBS und schloß einen neuen Schallplatten-Vertrag ab. Zwar hat das Orchester inzwischen mit dem alten Chef eine Japan-Tournee absolviert, aber es steht dahin, ob das Moratorium zwischen den Parteien haltbar ist.

Das in Jahrzehnten gewachsene frühere Vertrauensverhältnis zwischen Dirigent und Musikern dürfte nur schwer wiederherzustellen sein, wie Kenner des Orchesters meinen. Dazu seien auf beiden Seiten zu viele böse Worte gefallen.

Kurz nach ihrer Berufung ans erste Klarinettenpult des Berliner Philharmonischen Orchesters entstand das Bild von Sabine Meyer und dem Meister. Doch die Musiker des Orchesters vertraten die Ansicht, daß die junge Solistin klanglich nicht zu ihnen passe. Nach einem Probejahr, gefüllt mit Querelen und Sensationsberichten, gab Sabine Meyer auf.

Comeback für die Soul-Löwin

Die Pop-Welt hatte sie schon fast vergessen. Tina Turner, in den sechziger Jahren ein Superstar der Rock- und Soul-Szene, umjubelter Mittelpunkt sexknisternder Bühnenshows, war nach der Trennung von ihrem Partner Ike aus allen Hit-Himmeln gestürzt. Lange Jahre schuftete sie zäh an einer Solo-Karriere, tingelte durch drittklassige Clubs, sang für eine Handvoll Dollar. 1984 gelang der inzwischen 46jährigen Amerikanerin ein unglaubliches Comeback. Ihre mit jungen britischen Musikern produzierte LP „Private Dancer" stürmte – auch in der Bundesrepublik – an die Spitze der Charts. Tinas rauhe Röhre und ihr erdiger Sex-Appeal begeisterten alte und neue Fans. Jetzt rennen ihr Film- und Plattenproduzenten die Tür ein. „Wen kümmert mein Alter", sagt die Mutter von zwei erwachsenen Söhnen, „mein Leben fängt jetzt erst richtig an."

Fröhliche Musikanten

Hohe, begeisterte Sprünge macht das Heeresmusikkorps 9 der 1. Luftlandedivision der Bundeswehr in Stuttgart/Bad Cannstatt. Die Soldaten haben Grund zur Freude. Gelten sie doch als mit Abstand beste europäische Militärmusikkapelle. Doch ohne Fleiß kein Preis. Acht Stunden täglich wird geübt. Ihr Repertoire ist vielseitig. Wenn die Blaskapelle loslegt, ertönen traditionelle Militärmusik, aber auch der Sound à la James Last.

Ein Meer auf der Kippe

Für den 31. Oktober und den 1. November hatte Bundesinnenminister Friedrich Zimmermann nach Bremen zur „Internationalen Nordsee-Schutz-Konferenz" geladen. Dort sollten die für die Umwelt zuständigen Minister der acht Anrainer-Staaten einen „Internationalen Konsens über Grundsätze zur Umweltpolitik für die Nordsee erzielen" (Zimmermann). Vor der Konferenz noch spuckte der federführende CSU-Politiker große Töne: „Ich will insbesondere die Verringerung von Schadstofftransporten über Binnen- und Küstengewässer, die Einstellung der Verklappung und Verbrennung auf See erreichen und die Ölverschmutzung verhindern."

Nötig wäre das dringend. Denn das Meer zwischen Großbritannien, Norwegen, Schweden, Dänemark, der Bundesrepublik, Holland, Belgien und Frankreich muß nicht nur den Abfall von Schiffen, sondern auch gigantische Mengen Abwässer und Gifte aus einem der am dichtesten besiedelten und am stärksten industrialisierten Gebiete der Welt schlucken. Eine Belastung, mit dem das Gewässer nicht fertig wird. Denn selbst bei aufgewühlter Sturmsee kann Frischwasser aus dem Atlantik, das durch den Englischen Kanal und bei den Shetland-Inseln in die Nordsee fließt, die Dreckbrühe nicht schnell genug verdünnen.

Am Müll, den Frachter, Fähren, Fischkutter und Yachten über Bord werfen, gehen Fische, Vögel und Seehunde zugrunde. Sie verfangen sich in Plastiktüten, Eimern und Netzresten oder verwechseln den zerbröselten Abfall mit Nahrung. Die Phosphat- und Nitratfrachten, die die Flüsse mit den kommunalen und landwirtschaftlichen Abwässern ins Meer schieben, lassen üppig Algen wachsen. Deren Fäulnis im Spätsommer aber verbraucht lebensnotwendigen Sauerstoff aus dem Wasser; es entstehen Todeszonen, die den Bodentieren den Garaus machen. Längst finden sich auch die vielen Gifte, die in die Nordsee gekippt werden, in den Tieren des Meeres wieder. Gifte aus Klärschlämmen und Industrieabfällen, die von Spezialschiffen auf See verklappt werden, giftige Schwermetalle und chlorierte Kohlenwasserstoffe, die mit der Kanalisation in den Flüssen und dann im Meer landen. Die Folgen: Veränderungen in der Gebärmutter der Seehundweibchen machen die Tiere steril und reduzieren ihre Population. Immer häufiger leiden Fische unter Rückratverkrümmungen, Flossenfäule und Geschwüren. Schließlich wird die Nordsee noch chronisch mit Öl verpestet.

Denn bei Nacht und Nebel kippen viele Kapitäne ihre schmierigen Treibstoffrückstände über Bord – viele hunderttausend Tonnen jedes Jahr. Das wird in jedem Winter Zehntausenden von Vögeln zum Verhängnis. Ihr Gefieder verklebt, die isolierende Luftschicht zwischen den Federn schwindet, die Tiere müssen erfrieren.

Zwar versuchte Zimmermann, die „Nordsee-Schutz-Konferenz" als Etappensieg im Kampf um die Sauberkeit des Meeres zu verkaufen, doch auf ein dringend notwendiges Sanierungskonzept wollte sich die Ministerrunde nicht einigen. Es blieb bei schönen Reden. Den „politischen Konsens – selbst um den Preis der Erfolglosigkeit" hatten Umweltschützer prophezeit. Denn ihnen war schon zuvor bei Anhörungsterminen unmißverständlich klargemacht worden, daß man zwar Vorschläge, aber keine Forderungen hören wolle und daß sie dem Ministertreffen fernzubleiben hätten. Daraufhin tagten die Ausgeschlossenen zusammen mit renommierten Meereskundlern und Ökologen auf einer eigenen Bremer „Aktionskonferenz Nordsee".

Die Phosphat- und Nitratfrachten der Flüsse sorgen für üppigen Algenwuchs in der Nordsee. Wenn die Blüte der Pflanzen plötzlich durch Wind und Wellen zerschlagen wird, bildet sich klebriger Schaum aus Algen-Eiweiß. Im Sommer 1983 war die Küste von St. Peter-Ording bis Sylt tagelang mit einem bis zu 100 Meter breiten Schaumteppich bedeckt. Und auch im November 1984 bescherte die Überdüngung der Nordsee graugelbschimmernde Schaum-Strände. Was für Urlauber nur eine Belästigung ist, bringt einigen Unterwassergebieten den Tod. Wenn die Algen absterben, sinken sie in die Tiefe und werden zersetzt. Fäulnisbakterien verbrauchen dafür Sauerstoff aus dem Wasser. In schlecht durchmischten Gewässerzonen wie beispielsweise der Deutschen Bucht bildet sich dann am Meeresboden nach faulen Eiern stinkender hochgiftiger Schwefelwasserstoff. Der macht allem, was nicht flüchten kann, den Garaus. Wissenschaftler der Biologischen Anstalt Helgoland entdeckten in den letzten Jahren mit einer Unterwasser-Fernsehkamera immer wieder tote Fische auf dem Boden der Deutschen Bucht.

Müll-schlucker Nordsee

Jämmerlich erstickt ist dieser Seehund, der beim Jagen mit dem Kopf in einen leeren Farbeimer geraten ist. Der Müll, der auf den Schiffen anfällt, und den die Seeleute noch immer ins Meer kippen, wird auch anderen Tieren gefährlich. Wasservögel verfangen sich in den Resten von Fischernetzen oder strangulieren sich in den Folien von Sechser-Pack-Bierdosen und ertrinken. Fische sterben, weil sie fein zerbröselten Kunststoffmüll mit Nahrung verwechseln – das verstopft ihren Magen.

Olympia made in USA

Unbeeindruckt vom Boykott durch die meisten Ostblockländer jubelten die Amerikaner die Olympischen Spiele von Los Angeles zu einem Wettkampf USA gegen den Rest der Welt hoch. Ihren unbändigen Nationalstolz dokumentierten Bilder wie das von Sprint-Star Carl Lewis vor dem überdimensionalen Sternenbanner. Präsident Ronald Reagan verkündete gar „einen neuen Patriotismus, der unser Land durchströmt". Am Ende hatten die US-Athleten mit 83 Gold-, 61 Silber- und 30 Bronzemedaillen ihre beste Bilanz aller Zeiten erzielt.

Als Los Angeles die Jugend der Welt mit einer Eröffnungsfeier aus Hollywoods Traumfabrik zur XXIII. Olympiade im Coliseum willkommen hieß, marschierten trotz des Ostblock-Boykotts Mannschaften aus 140 Nationen ein – so viele wie nie zuvor.

Monatelang trainierte eine amerikanische Elite-Einheit in den Bergen hinter Los Angeles den Kampf gegen Olympia-Terroristen. 40 000 Polizisten, Geheimdienstler, FBI-Agenten, staatliche und private Leibwächter waren zum Schutz der Sportler, Funktionäre und Zuschauer aufgeboten worden. 177 Hubschrauber kreisten ständig über den Sportstätten.

Goldrausch in L.A.

In Los Angeles begann ein neues olympisches Zeitalter. Zum estenmal wurden die Spiele von profitorientierten Unternehmern veranstaltet. Der ehemalige Tourismusmanager Peter Ueberroth und sein Organisationskomitee verkauften die hehre Idee des Baron de Coubertin als weltweites Werbespektakel an 34 meist multinationale Konzerne, die jeder zwischen 12 und 42 Millionen Mark für den Titel eines offiziellen Sponsors der Olympischen Spiele zahlten. Die amerikanische Fernsehgesellschaft ABC kaufte sich für 225 Millionen US-Dollar das TV-Monopol. Und selbst der olympische Fackellauf über 15 000 Kilometer durch 33 Bundesstaaten wurde zu Geld gemacht. Für 3000 Dollar pro Kilometer durfte, wer zahlte, die olympische Flamme nach Los Angeles tragen. In der totalen Kommerzialisierung sehen die greisen Olympier noch immer die größte Gefahr für die Spiele. Denn der von Politikern befohlene Boykott hat sich in Los Angeles wie schon 1980 in Moskau als Bumerang erwiesen. Mit der in Amerika nicht garantierten Sicherheit für ihre Athleten hatten die Sowjetunion und 15 weitere Nationen ihre Absage begründet. Dabei waren Besucherkontrollen und Polizei-Einsatz bei noch keiner Olympiade größer. Allein ein Drittel des 500-Millionen-Dollar Budgets gab das Organisationskomitee für die Sicherheit aus. Trotzdem konnten die Zuschauer ihrer Begeisterung freien Lauf lassen. Sie feierten vor allem die amerikanischen Erfolge und gaben sich mit oft hemmungslosem Patriotismus einem wahren Goldrausch hin. Der Jubel in der Bundesrepublik hielt sich in Grenzen, weil Überraschungserfolgen wie dem Judoka-Sieg von Frank Wieneke und dem zweiten Platz der Handballer ebenso viele geplatzte Medaillenträume wie etwa bei der 4×400-Meter-Staffel der Männer gegenüberstanden.

Mit zwei Gold- und zwei Silbermedaillen bewies der zwanzigjährige Michael Groß vom Schwimmclub Offenbach erneut, daß er der international herausragende Schwimmer der letzten Jahre ist. Er ist mehrfacher Weltrekordler, Weltmeister und Europameister im Delfin- und Kraulstil über die 100- und 200-Meter-Distanz. 1982, 1983 und 1984 wurde er zum bundesdeutschen „Sportler des Jahres" gewählt. Zweimal blieb er der Ehrung fern: Groß zog jeweils den Start für die am selben Wochenende stattfindenden Deutschen Mannschaftsmeisterschaften im Schwimmen vor

Blanker Hohn

Bei allen großen Wettkämpfen war in der Vergangenheit Zehnkampfweltrekordler Jürgen Hingsen aus Krefeld von seinem schärfsten Rivalen, dem farbigen Briten Daly Thompson, besiegt worden. In Los Angeles wollte der deutsche Modellathlet den Spieß umdrehen. Doch bei der zweitägigen Hitzeschlacht im Coliseum gab sich der nervenstarke Thompson nur in den Pausen zwischen den Einzeldisziplinen eine Blöße, während Hingsen mit einer katastrophalen Vorstellung im Stabhochsprung trotz einem geglückten Kugelstoß alle Chancen auf die Goldmedaille verspielte. So blieb ihm erneut „nur" der zweite Rang hinter seinem Erzfeind und der kleine Trost, daß Thompson am Ende mit 8797 Punkten um einen winzigen Punkt unter Hingsens Weltrekord blieb.

Ballett unter Wasser

Die olympische Premiere des Synchron-Schwimmens wurde zu einem triumphalen Erfolg der 21jähren US-Nixen Candy Costie und Tracie Ruiz. Sie gewannen als Duo und durch die Solistin Tracie beide Goldmedaillen. Der sportlich umstrittene Wettbewerb war mit 34 000 Zuschauern als erste Veranstaltung von Los Angeles ausverkauft. Das Trainingspensum der beiden Amerikanerinnen: 35 Stunden pro Woche.

Medaillensegen für Maos Enkel

Zum erstenmal nach 32 Jahren starteten in Los Angeles wieder Sportler aus dem Reich der Mitte bei Olympischen Spielen. Mit aufsehenerregenden Leistungen wie der akrobatischen Fluggrätsche von Qiurui Zhou am Stufenbarren bekräftigten die chinesischen Athleten den Anspruch ihrer politischen Führung, China bis zum Jahr 2000 zu einer sportlichen Großmacht zu entwickeln. 1984 belegte die Volksrepublik mit 15 Gold-, acht Silber- und neun Bronzemedaillen bereits Rang vier in der Nationenwertung.

Gegen die sowjetischen Eishockey-Sputniks Tore zu schießen, blieb auch in Sarajevo eine nahezu unlösbare Aufgabe. Nur fünf Treffer ließ der überragende Torwart Wladislaw Tretjak zu, und die UdSSR wurde zum sechstenmal Olympiasieger.

Triumph und Tragik in Sarajevo

Bei den ersten olympischen Winterspielen in einem Ostblockland widerlegten die Veranstalter im jugoslawischen Sarajevo nahezu alle Vorurteile. Es gab trotz tagelanger Schneestürme weder das prophezeite organisatorische Chaos, noch mußte die von Inflation gebeutelte Bevölkerung der Republik Bosnien und Herzegowina wegen der sportlichen Prestige-Show darben. Die Spiele warfen bei der Endabrechnung sogar noch einen Gewinn ab. In der sportlichen Bilanz setzten die britischen Eistänzer Torvill/Dean den glanzvollen Höhepunkt. Noch nie waren Kunst und Können perfekter und menschlich ergreifender dazu dargeboten worden als von dem im bundesdeutschen Leistungszentrum Oberstdorf trainierten Paar aus Nottingham. Die erfolgreichste Mannschaft der Spiele, die Eishockey-Crew aus der UdSSR, konnte auch nicht verhindern, daß in der Nationenwertung erstmals das Team der DDR den großen Bruder überflügelte. Dabei wurde nicht einmal Karin Enke, die hochfavorisierte Eisschnell-Läuferin aus Dresden, mit ihren zwei Gold- und zwei Silbermedaillen zur ungekrönten Königin von Sarajevo, sondern Marja-Liisa Hämälainen. Die finnische Langläuferin ließ über 5, 10 und 20 Kilometer in der Loipe alle anderen hinter sich und gewann auch noch Bronze mit der Staffel. Der Neid der Konkurrenz entfachte zwar sofort das Gerücht, die Finnen hätten sich mit Blutdoping unmoralische Vorteile verschafft. Doch die Statistiker fanden schnell heraus, daß die Serien-Siegerin die entscheidenden Sekunden Vorsprung auf den halsbrecherischen Abfahrten erkämpft hatte. Später forderten dann doch noch die Mediziner ihren Anteil am Ruhm. Die Finnen hätten in der Vorbereitungszeit große Dosen an Vitamin B_{15} geschluckt und so die Fähigkeit ihres Körpers, Sauerstoff aufzunehmen, erhöht, behauptete ein finnischer Sport-Physiologe. Aber noch gewinnt der Athlet die Medaillen, nicht der Wissenschaftler. Sonst hätten die sowjetischen Bobfahrer mit der revolutionären „Russen-Zigarre" mehr als nur einen dritten Platz erreicht. Das Gerangel um Material und Konstruktion nahm letztlich so groteske Formen an, daß der Weltverband bei den nächsten Spielen im kanadischen Calgary nur noch einen Einheits-Bob zulassen will. Die Schlacht ums Material ist dann vielleicht gewonnen, die gegen den Kommerz hat gerade erst begonnen. Das Fernsehen hat die Spiele von 1988 schon jetzt für 309 Millionen US-Dollar gekauft.

Als die Briten Jayne Torvill und Christopher Dean am Ende ihrer Tanzkür auf das Eis niedersanken, tobte das Publikum in der Zetra-Halle vor Begeisterung, und die Punktrichter zogen die Traumnote. Zwölfmal gab es die 6,0 für die Interpretation von Maurice Ravels „Boléro", der tragischen Geschichte zweier Liebender, die erst im Tod vereint sein dürfen.

Der Ski-Zirkus stand kopf

Bei den alpinen Olympia-Wettbewerben ging es drunter und drüber. Erst brach nach wochenlangem Tauwetter der Winter mit Schneestürmen über Sarajevo herein und verschüttete die mühsam präparierten Pisten. Dann mußten die großen Stars ihre Medaillenträume frühzeitig begraben. Prominentester Pechvogel war der Schweizer Pirmin Zurbriggen. Beim Riesenslalom stürzte er gleich nach dem Start kopfüber von der Strecke. Und beim Slalom schied er schon im ersten Durchgang aus. So triumphierten Außenseiter wie der Amerikaner Bill Johnson und die Schweizerin Michaela Figini im Abfahrtslauf oder Paoletta Magoni aus Italien beim Slalom.

Sarajevo

Der Weiberheld ist eine Frau

Sieben Schauspielerinnen aus Mexiko haben eine eigene Version der Mozart-Oper „Don Giovanni" auf die Bühne gebracht und sind damit in Mexico City, Paris, Barcelona und München aufgetreten. Dahinter stand die Idee, die Frauengestalten dieser Oper einmal nicht aus dem männlichen Blickwinkel zu betrachten, also nicht als Sexobjekte eines Verführers auftreten zu lassen, sondern sie in all ihrer Sinnlichkeit und in all ihrem Verlangen nach dem vollkommenen Liebhaber darzustellen. Der ist allerdings auch eine Frau: Donna Giovanni. Die Rolle der Titelgestalt fehlt im Programmheft, denn sie wird abwechselnd von allen Frauen gespielt. Auf offener Bühne tauschen sie in rasendem Tempo die Kostüme, denn sie alle begreifen sich als Donna Giovanni, die ein Produkt ihrer Phantasie ist, eine Erfindung ihrer Leidenschaft. Sie habe, sagt Jesusa Rodriguez, die Regisseurin, mit vielen guten Regisseuren zusammengearbeitet, aber „es kam immer der Augenblick, in dem uns Welten trennten". Besonders, wenn es um Frauengestalten ging, seien die Männer artifiziell geworden, während die Frauen sich voller Intuition, mit allen Sinnen in die Rolle eingefühlt hätten. „Das wollten wir endlich auf die Bühne bringen." Ganz zu Beginn der Oper gibt die Inszenierung der Frauen auch Antwort auf die Frage: Was geschah in Donna Annas Schlafgemach nun wirklich? Weder hat Don(na) Giovanni das adelige Fräulein vergewaltigt, noch war ihm die schöne Donna seufzend zu Willen – sie wollten es beide.

Erster Akt, neunte Szene: Mit weiblichem Fingerspitzengefühl nähert sich Donna Giovanni dem Bauernmädchen Zerlina. Immer wieder werden in dieser Inszenierung Gemälde nachgestellt und als Zitat auf die Bühne gebracht, so wie hier das berühmte Bild aus der Schule von Fontainebleau. Manets „Olympia" und Botticellis „Venus" sind ebenfalls mit von der Partie, doch die Motive bleiben nicht starr; sie entwickeln ein Eigenleben und lösen sich dann in der Spielhandlung wieder auf. Eine Opernstimme hat keine der Schauspielerinnen. In skandierendem Sprechgesang ertönt die große Arie aus dieser Szene: „Reich mir die Hand, mein Leben." Einziges Begleitinstrument ist ein Klavier.

Auf Reisen sind die Bonner Querelen und Sorgen rasch vergessen. Wenn Helmut Kohl wieder einmal einen Skandal beenden, eine Panne bewältigen mußte, schöpfte er neue Kraft am liebsten im Ausland. Es schmeichelt ihm, wenn ihn fremde Potentaten – wie etwa Pakistans Staatschef Zia – umschwärmen und mit Lobeshymnen überhäufen. Dann weiß er, daß er – allen heimischen Unkenrufen zum trotz – ein großer Staatsmann ist. Zurück am Rhein hat ihn der Alltag bald wieder

eingeholt. Da häufen sich Pannen und Affären, die des Kanzlers Entscheidungsschwäche bloßlegen. Da nutzen clevere Ministerpräsidenten wie Franz Josef Strauß aus Bayern oder Lothar Späth aus Baden-Württemberg die Gunst der Stunde, um sich zu Lasten des Kanzlers zu profilieren. Ob beim Fasching oder bei der Diskussion um das Katalysator-Auto: Späth hat stets gut lachen, denn die Zeit arbeitet für den populären und ideenreichen Mann aus dem Südwesten.

Ein Kanzler in schwerem Wetter

Die Konservativen hatte Katzenjammer gepackt. Im Herbst 1982 von der Wende in Bonn begeistert, mußten sie im vergangenen Jahr manche Enttäuschung einstecken. Die Folge: Die Anhänger der christlich-liberalen Koalition gingen vorsichtig auf Distanz – vor allem zu Bundeskanzler Helmut Kohl. „Die Koalition der Mitte . . . ist auf eine abschüssige Bahn geraten . . ." Oder: „Sand steckt im Getriebe." Die kritischen Zitate fanden sich bei den publizistischen Wegbereitern der Kohl-Regierung, im „Handelsblatt" und in der „Frankfurter Allgemeinen Zeitung".

Hohn und Spott mußte der Kanzler von seinen Freunden einstecken – als Quittung für eine unrühmliche Serie von unnötigen Affären und hausgemachten Pannen, die jeden Erfolg, etwa im Bereich der (niedrigen) Preise oder beim Kampf gegen die Arbeitslosigkeit, überdeckten. Für die Springer-Zeitung „Hamburger Abendblatt" war Kohl ein „Doktor Theophrastus Bombastus Honigmilch", als er seinen politisch gescheiterten Verteidigungsminister Manfred Wörner trotz der peinlichen Affäre um General Kießling im Amt beließ. „Ein Mann des schlichten Denkens" urteilte die „Bunte" in einer Bilanz der bisherigen Arbeit Kohls.

Die Kritiker im eigenen Lager mochte nicht trösten, daß die bürgerlich-liberale Regierung immerhin einiges getan hat, um die Staatsfinanzen wieder zu ordnen und die Inflation abzubauen, was freilich mehr auf dem Haben-Konto von Finanzminister Gerhard Stoltenberg als auf dem des Kanzlers zu verbuchen war. Sie drückte vielmehr die Sorge, Helmut Kohl sei dabei, die solide Mehrheit aus der Bundestagswahl von März 1983 leichtfertig zu verspielen.

Den Anfang in dem Negativ-Katalog machte der Wörner-Kießling-Skandal. Dann ließ der Regierungschef jedes Gespür für öffentliche Stimmungen vermissen, als er eine Amnestie für jene Steuersünder durchpauken wollte, die den Parteien mit Spenden zu Diensten waren. Das atemberaubende Hin und Her um das Kohlekraftwerk Buschhaus und die Einführung des Katalysator-Autos waren bezeichnend für die unzulängliche Führungskunst des Helmut Kohl, der lieber alle Probleme aussitzt, als sie rechtzeitig und unmißverständlich zu lösen. Und so war es auch kein Wunder, daß eine wählerwirksame Steuerreform ebenso zerredet wurde wie das Ausländerprogramm oder die Zukunftsplanung der Bundeswehr. Herbe Stimmenverluste für die Unionsparteien wie für die FDP

Einander herzlich abgeneigt – das sind Bundeskanzler und CDU-Chef Helmut Kohl und sein Dauerrivale aus München, der CSU-Vorsitzende Franz Josef Strauß, auch wenn nach außen hin der Schein gewahrt wird – zum Beispiel bei den alljährlichen gemeinsamen Wanderungen im bayerischen Voralpenland. Tatsächlich läßt keiner von beiden eine Chance vorbeigehen, dem anderen eins auszuwischen. So beantwortete Kohl einmal die Frage eines Journalisten, welches Verhältnis er zu dem 15 Jahre älteren Ministerpräsidenten aus München habe, bündig: „Ein biologisches." Und Strauß stellte sich bei der Frage eines Reporters, wie oft er den Kanzler sehe, unwissend: „Sinowatz?" fragte er zurück, als denke er beim Stichwort Kanzler zuerst an den Regierungschef Fred Sinowatz im Nachbarland Österreich.

Das gestörte verhältnis der beiden hat einen tiefen Grund: Strauß, der sich für den besseren Kanzler hält, fühlt sich von Kohl, den er für unfähig hält, von der Regierungsmacht in Bonn ausgesperrt. Und der Kanzler ist mit dem Mann aus Bayern wegen dessen dauernder Querschüsse über Kreuz.

bei den Europa- und Kommunalwahlen im späten Frühjahr waren die Folge.
Nach der Sommerpause hatten sich die Bonner Laiendarsteller keineswegs von ihrem Formtief erholt. Als erstes wurde in der heiklen Deutschlandpolitik tatkräftig Porzellan zerschlagen. Statt den lange geplanten, dann für Ende September zugesagten Besuch des DDR-Staatsratsvorsitzenden Erich Honecker in Ruhe abzuwarten, wurde er von führenden Christdemokraten, vor allem von Fraktionschef Alfred Dregger, mit immer neuen Bedingungen befrachtet, ohne daß Kohl ein Machtwort sprach. Die DDR-Führung fühlte sich in ihrem Selbstwertgefühl verletzt und sagte die Visite ab. Übrig blieb ein ostpolitischer Scherbenhaufen; nach dem Besuchsrückzieher des bulgarischen KP-Chefs Todor Schiwkoff lief nichts mehr.
Gewiß hatte die Kohl-Truppe nicht allein Schuld an dieser Entwicklung. Der Kreml hatte seine Hände mit im Spiel. Da Moskau jeden Kontakt mit dem Westen, insbesondere mit den USA, abgebrochen hatte, wollte es auch keine Gesprächsfäden zwischen seinen Vasallen und westlichen Staaten dulden. Dabei hatte die Bonner Koalition den Kremlherren aber einen billigen Triumph zugespielt. Mit unbedachten, allzu unkritischen Worten an die Adresse der Heimatvertriebenen hatte Kohl im Osten den Eindruck erweckt, seine Regierung wolle von den Ostverträgen der sozialliberalen Ära abrükken. CDU und CSU erschienen im Ostblock wieder als die Parteien, die schon immer die Ergebnisse des Zweiten Weltkrieges und ganz besonders die Grenzfragen neu regeln wollten.
Seine bisher schwerste Niederlage mußte Helmut Kohl im Streit um einen Ersatz für die beim Bundesverfassungsgericht gescheiterte Zwangsanleihe einstecken. Die Mehrheit unter den CDU-Abgeordneten, angeführt von Sozialminister Norbert Blüm und Familienminister Heiner Geißler, wollte nach dem Richterspruch aus Karlsruhe eine andere zusätzliche Belastung der Besserverdienenden durchsetzen – notfalls auch gegen die Opponenten in CSU und FDP. Doch der Regierungschef ließ die Wortführer des Arbeitnehmerflügels im Stich. Er zog es vor, Krach in der Koalition zu vermeiden. Der Preis der Harmonie war hoch: Kohl hatte vor aller Öffentlichkeit zugelassen, daß sich die Vorsitzenden von FDP und CSU, Hans Dietrich Genscher und Franz Josef Strauß, auf Kosten des Kanzlers profilieren konnten und daß die CDU, obwohl stärkste Partei im Parlament, nach der Pfeife von FDP und CSU tanzen muß.
Vor allem in dem gespannten Verhältnis zu Strauß mußte die offen eingestandene Führungsschwäche des Kanzlers die CDU-Spitze wurmen. Denn schon in einer anderen Sachfrage hatte die CSU rücksichtslos eigene Interessen verfolgt. Als die Bundesregierung in der EG agrarpolitische Belastungen akzeptierte, die vor allem die Kleinbauern in Bayern treffen mußten, setzte sich Strauß von dieser Maßnahme ab. Kohl habe den CSU-Politiker Kiechle zum Landwirtschaftsminister machen wollen, nicht die CSU. Damit reagierte Strauß auf die Empörung seiner Bauern, die sich über die CSU entlud, weniger über die Bundesregierung in Bonn.

Strauß' Breitseite gegen die in seinen Augen unfähige Koalition am Rhein war wohl bedacht: 1986 wird in Bayern gewählt, da wollte die CSU nicht ihre treuesten Anhänger, die Bauern, verprellen. Das gleiche Interesse bestimmte Strauß' Widerstand gegen neue Belastungen für die Besserverdienenden. Der CSU-Chef möchte um keinen Preis bei der nächsten Landtagswahl zum Leidtragenden der Bonner Misere werden und so noch mehr an Gewicht in der deutschen Politik verlieren. Kohls Dilemma ist damit klar: Wenn er der bayerischen Strategie des begrenzten Konflikts wirksam begegnen will, muß er Strauß ins Kabinett holen. Tut er das aber, wird am Rhein nicht länger der Kanzler, sondern der CSU-Chef regieren. Für Helmut Kohl war 1984 kein gutes Jahr.

Hart waren die Parteifreunde Ignaz Kiechle, CSU-Agrarminister in Bonn, und Franz Josef Strauß, Ministerpräsident in Bayern und CSU-Chef, im September aneinandergeraten. Neue finanzielle Belastungen für die Bauern, vor allem für die Kleinbauern in Bayern, hatten den Zorn des Landesvaters provoziert. Er fürchtete bei der nächsten Landtagswahl 1986 Stimmenverluste bei seinen treuen Anhängern und ging deshalb unüberhörbar auf Distanz zu Kiechle.

Die Arbeit mag ermüdend sein, doch amtsmüde ist Willy Brandt noch lange nicht. Der 70jährige, seit 1964 Vorsitzender der SPD, ließ sich im Mai 1984 für weitere zwei Jahre zum Oberhaupt der größten bundesdeutschen Partei wählen. Wann er Schluß macht, will er selbst bestimmen. Einer der Gründe dafür, daß Brandt das Zepter noch nicht abgeben will: Nicht in der Zwischengeneration der 50jährigen sieht er die künftige Führungsriege der Sozialdemokratie, sondern bei den 40jährigen und noch Jüngeren. Sie will er fördern, solange es seine Kräfte erlauben. Dabei geht es ihm nicht um den personellen Wechsel allein — auch die programmatische Erneuerung der SPD muß nach seiner Ansicht von den Jüngeren ausgehen, die noch nicht vom alltäglichen Umgang mit der Macht (oder Ohnmacht) verschlissen sind. Brandt nimmt nicht nur die Bürde des SPD-Vorsitzes weiter auf sich, auch als Präsident der Sozialistischen Internationale macht er von sich reden. 1984 kümmerte er sich vor allem um die Entwicklung in Lateinamerika.

Suche nach neuen Zielen

Anderthalb Jahre nach dem Rückmarsch in die Opposition war große Heerschau angesagt: Auf ihrem Bundesparteitag im Mai in Essen wollte die SPD im Mai 1984 zeigen, wie sie die Vergangenheit bewältigt hat und wie sie die Zukunft bewältigen will. Der Wandel zeigte sich auch bei den Personen: Helmut Schmidt kandidierte nicht wieder für das Amt des stellvertretenden Parteivorsitzenden. Mit einer letzten Philippika an die Adresse seiner Genossen verabschiedete er sich. An seine Stelle trat Hans-Jochen Vogel. Als weiterer stellvertretender Parteichef wurde Johannes Rau und als Vorsitzender Willy Brandt bestätigt. Ein deutliches Signal wurde auch bei den Wahlen zum weiteren Vorstand gesetzt: Fast ein Drittel der Mitglieder wurde ausgetauscht. Jüngere wie Björn Engholm, Heidemarie Wieczorek-Zeul und Hans-Ulrich Klose kamen zum Zuge. Ins Präsidium, das engere Führungsgremium, wurde nun auch Erhard Eppler aufgenommen. Der linke Vordenker, Vorsitzender der Grundwertekommission der Partei, hatte dem Parteitag erste Überlegungen für eine Programmreform der SPD vorgetragen.

Denn dafür wurde in Essen grünes Licht gegeben: Das 1959 beschlossene Godesberger Programm soll bis 1988 durch ein neues Grundsatzprogramm ersetzt werden, das neue Antworten auf alte Fragen, vor allem aber auf neue Problemstellungen geben soll. Die ökologische Herausforderung wird dabei eine wichtige Rolle spielen,

Oskar Lafontaine – der neue Stern der SPD? Noch geben neben Brandt dessen Stellvertreter Johannes Rau und Hans-Jochen Vogel den Takt an – der eine mit Frohsinn, der andere vorwiegend griesgrämig.

Während Erhard Eppler sich über ein neues Parteiprogramm den Kopf zerbricht, will Gerhard Schröder in Niedersachsen zeigen, wie man siegen kann. Kaum war er im Juli 1984 als Spitzenkandidat nominiert, wurde sein Konterfei auf Plakaten landesweit bekannt gemacht. Gewählt wird aber erst 1986. Auch in Niedersachsen wird sich für die SPD die Frage stellen, ob eine Zusammenarbeit mit den Grünen – nach dem Scheitern des „hessischen Experiments" – überhaupt möglich ist.

will die SPD nicht noch mehr Terrain an die Grünen verlieren. Eine grundlegende Neuorientierung ist angesagt: Weg vom überkommenen Wachstumsdenken der Arbeiterpartei in der Industriegesellschaft hin zu einer Politik des qualitativen Wachstums und des schonenden Umgangs mit den Ressourcen. Erste Konflikte mit dem Gewerkschaftsflügel zeichnen sich in dieser Fragestellung bereits ab.

Die programmatische Erneuerung erscheint für die SPD auch deshalb immer dringlicher, weil der Nachwuchs ausbleibt und die Mitgliederzahl, die schon einmal über einer Million lag, auch 1984 ständig zurückging. Dies lag zweifellos auch daran, daß die SPD als Oppositionspartei in Bonn wenig Glanzlichter aufsetzen konnte. Die Fraktion unter Hans-Jochen Vogel war zwar fleißig, nimmermüde beim Präsentieren von Vorschlägen, Initiativen und Papieren. Die Formulierung einer politischen Alternative zur Regierungspolitik, mit der sie sich selbst als regierungsfähig hätte darstellen können, ist aber nicht gelungen. In den Umfragen lag die SPD meist bei 38 Prozent, gelegentlich auch bei 40. Nach dem Abgang von Helmut Schmidt und seiner Regierung blieben auch keine Persönlichkeiten mehr übrig, die zusätzliche Wähler-Prozente hätten holen können.

So setzt die SPD auf die nächste Generation. Zum Beispiel auf Oskar Lafontaine, Oberbürgermeister von Saarbrücken und Herausforderer der CDU im saarländischen Landtagswahlkampf 1985. Oder auf den ehemaligen Juso-Bundesvorsitzenden Gerhard Schröder, der sich bereits für die niedersächsische Landtagswahl 1986 als Spitzenkandidat aufstellen ließ. In Rheinland-Pfalz sitzt ein 37jähriger namens Rudolf Scharping in den Startlöchern für Landes- und Fraktionsvorsitz sowie Spitzenkandidatur.

Zum anderen beschwor die SPD die Erneuerung von den Kommunen her. Zwei ehemalige Minister der Ära Schmidt verdingten sich als Bürgermeister-Kandidaten: Hans Apel für Berlin und Volker Hauff für Frankfurt. Man hat Blut geleckt in der SPD, seit im März 1984 der Genosse Georg Kronawitter der CSU den Oberbürgermeister-Sessel in München abgenommen hat. Aber noch lebt die Partei nur von der Hoffnung auf bessere Zeiten.

Ein schweres Erbe wartet auf Martin Bangemann. Der einstige Europa-Politiker und heutige Wirtschaftsminister soll als Nachfolger von Hans Dietrich Genscher im Parteivorsitz der von Richtungskämpfen zermürbten und von den Wählern in Scharen verlassenen FDP neuen Mut einflößen. Er muß eine Partei attraktiv machen, von der niemand mehr weiß, wofür sie steht und was sie will. Zur reinen Mehrheitsbeschafferin denaturiert, muß die FDP ihren Standort neu bestimmen, wenn sie überleben will. Auf Bangemann wartet Schwerstarbeit.

Vor dem Abgrund

Schon oft ist den Liberalen der Tod vorausgesagt worden, noch immer konnten sie ihm jedoch im letzten Augenblick von der Schippe springen. Doch noch nie war die Lage so ernst wie vor den drei Landtagswahlen im Frühjahr 1985. Zwar ist die Wende inzwischen in der Partei akzeptiert, aber Zweifel am eigenen Standort, am Profil und am Stellenwert in der Koalition mit der CDU/CSU lähmen die Freidemokraten. Ist es noch das richtige Überlebensrezept, sich dem Wähler als Garant des Rechtsstaats und als Anwalt von Minderheiten anzubieten? Ist es nicht erfolgversprechender, sich in aller Konsequenz als Interessenpartei, als Lobby der Besserverdienenden darzustellen?

Der in der FDP übliche Richtungsstreit brach erneut aus, als der Vorsitzende Hans Dietrich Genscher seine Gesinnungsfreunde im letzten Frühjahr zwingen wollte, ihm auf seinen Abwegen zu folgen und steuerhinterziehende Parteispender zu amnestieren. Noch einmal gab sich die FDP einen Ruck, erinnerte sich ihrer rechtsstaatlichen Überzeugungen und ließ Genscher im Regen stehen. Von diesem Mißtrauensbeweis tief getroffen, kündigte der Parteichef seinen Rücktritt an – eine voreilige Entscheidung, wie Freunde meinten. Tatsächlich verfiel Genschers Autorität in den nächsten Monaten. Alle Augen waren auf seinen von ihm selbst vorgeschlagenen designierten Nachfolger Martin Bangemann gerichtet, der einst als Landesvorsitzender von Baden-Württemberg wenig Fortune bewiesen, sich dann ins Europa-Parlament abgesetzt und im Sommer als Nachfolger von Graf Lambsdorff das Wirtschaftsministerium übernommen hatte.

Genschers Angst, in der Bedeutungslosigkeit zu versinken, setzte neue Kräfte frei: Er äußerte sich alsbald zu fast jeder politischen Streitfrage und stellte so Bangemann ins Abseits. Genscher bestimmte die Diskussion über die Ergänzungsabgabe und prägte den Begriff „Neidsteuer". Er entfachte Debatten über das Seerecht und das Umwelt-Auto – oft im Konflikt mit Bangemann. Während sich der neue Mann unsicher auf dem Bonner Parkett vorantastete – er muß sich gegenüber Genscher durchsetzen, ohne den Außenminister zu desavouieren –, ließ dieser die Routine spielen. Bald glaubte jeder, er wolle den Wirtschaftsminister beizeiten demontieren, um doch wieder sein eigener Nachfolger im Parteivorsitz zu werden. Den Schaden dieser Eifersüchteleien hatte die FDP. Am Jahresende mochte kaum noch jemand auf das Überleben der Freidemokraten wetten.

Immer nur lächeln hieß Hans Dietrich Genschers Devise, als er nach seiner Rücktrittsankündigung feststellen mußte, daß damit nicht nur seine Reputation als Parteichef, sondern auch das Ansehen als Außenminister schwand. Der FDP-Vorsitzende auf Abruf hatte plötzlich Mühe, sich in der Regierung als „Garant der Berechenbarkeit" Bonner Außenpolitik zu behaupten. Ungeniert verlangten die Rechtsaußen in der CDU/CSU-Fraktion eine Kurskorrektur vor allem in der Ostpolitik und machten so den Machtverfall des Außenministers deutlich. Auch in der eigenen Partei mußte er Nackenschläge hinnehmen. Die Schatzmeisterin Irmgard Adam-Schwaetzer widersetzte sich seiner Bitte, als Spitzenkandidatin bei der Landtagswahl in Nordrhein-Westfalen anzutreten. Und sein heimlicher Nachfolge-Favorit Jürgen Morlok, Landesvorsitzender im Südwesten, ging von der Fahne, um sein Geld an der Spitze einer staatlichen Entwicklungsgesellschaft zu verdienen.

Mit dem Reisebus zur Demo. Mitglieder der grünen Bundestagsfraktion fahren zum Protest gegen die Stationierung von US-Raketen ins hessische Wildflecken. Auf dem Schoß der Abgeordneten Gaby Gottwald sitzt der vierjährige Sohn Florian von Fraktionssprecherin Antje Vollmer. Fraktions- und Parteiführung sind zerstritten, ob eine Zusammenarbeit mit den Sozialdemokraten angesteuert werden soll.

Parteidenker Rudolf Bahro

MdB Joschka Fischer

„Wir sind eine alternative Volkspartei"

Auf den Einband des Rechenschaftsberichts der Grünen im Bundestag für 1984 ist eine gelbe Banane gemalt. In Anspielung auf die Verquickung von großem Geld und Politik, die ein von den Grünen beantragter Flick-Ausschuß durchleuchtet, überschrieben sie die Bilanz ihrer Parlamentsarbeit mit dem Satz: „Die Früchtchen reifen."

Das trifft auch auf die Grünen zu. Im zweiten Jahr ihrer Bonner Präsenz haben sich die 26 Abgeordneten – MdB Gert Bastian verließ die Fraktion – ihre Fleißkärtchen verdient. Mit 116 Gesetzesinitiativen und 419 großen und kleinen Anfragen haben sie die Regierenden aufgescheucht – von der Umgehungsstraße in Husum, der steuerlichen Erfassung von Gewinnen aus Termingeschäften, die Pershing II, dem Opus Dei oder der Kinderprostitution. Getreu ihrem Wahlversprechen, das Parlament nach sozialistischer Tradition in eine Tribüne zu verwandeln, hat die große Oppositionspartei SPD einen ernstzunehmenden Konkurrenten bekommen. Die Prophezeiung, die ungeliebten Grünen hätten höchstens fünf Jahre Bestand, korrigierte SPD-Bundesgeschäftsführer Peter Glotz nach einer Serie überraschender Wahlerfolge der Grünen. In der baden-württembergischen Landtagswahl (8 Prozent), den nordrhein-westfälischen Kommunalwahlen (8,6 Prozent) und den Europawahlen (8,2 Prozent) zeigte sich ein stabiles Wählerpotential der jungen Partei.

Doch die Grünen drohen sich zu Tode zu siegen. In einzelnen Kreisverbänden sind mehr Mandate zu vergeben,

Parteivorstand Rainer Trampert

MdB Otto Schily

Vorstand Jutta von Ditfurth

als die Partei Mitglieder hat. Nach dem Einzug der ersten Garde in den Bundestag, der Übernahme von Parlamentssitzen in sechs Bundesländern und zahlreichen Kommunen ist die Partei mit nur 32 000 Mitgliedern ausgeblutet. Zudem verbietet die Satzung jede Ämterhäufung: Das umstrittene Rotationsprinzip, von dem die Begründer einer neuen politischen Kultur in der nächsten Legislaturperiode wieder Abschied nehmen werden, kommt mangels personeller Masse teilweise erst gar nicht zur Anwendung.

Gescheitert ist vorerst auch das rotgrüne Bündnis in Hessen. Als denkbares Vorbild für eine „Koalition links von der Mitte" (SPD-Vorsitzender Willy Brandt) sollte in Wiesbaden ein Probelauf für die Zusammenarbeit mit den Sozialdemokraten nach der Bundestagswahl 1987 absolviert werden. Das Tolerierungsabkommen wurde jedoch Anfang November von den hessischen Grünen aufgekündigt, da sie den Weiterbetrieb der Nuklearfabriken Nukem und Alkem in Hanau nicht mitverantworten wollten.

Verantwortung oder Verweigerung? Diese Frage wird auch das Schicksal der Grünen im Parteiengefüge der Bundesrepublik bestimmen. Sind die Ökologen eine „Alternative, die das bestehende System verändern will" (Grünen-Sprecher Rainer Trampert), oder eine „Opposition im Wartestand für die Übernahme der Regierung" (MdB Otto Schily). Die Hamburger Bundesdelegiertenversammlung hat diese Spaltung in „Realos" (Realpolitiker), die sich eine Zusammenarbeit mit anderen Parteien vorstellen können, und in die radikaleren „Fundis" (Fundamentalisten), die fürchten, in der Umarmung der Sozialdemokraten erdrückt zu werden, deutlich gezeigt. Der historische Parteitag überdeckte die Zerreißprobe mit einer Kompromißformel, nach der die Länder und Kommunen in der Bündnisfrage weiterhin autonom sind und auf Bundesebene kein Entscheidungsbedarf bestehe.

Eine schwache Formel, denn schon in den kommenden Landtagswahlen in Nordrhein-Westfalen, Berlin und im Saarland müssen die Grünen Farbe bekennen. Mit taktischem Geschick forderte der saarländische SPD-Spitzenkandidat Oskar Lafontaine die Grünen

Historisches Bündnis für 167 Tage. Das Tolerierungsabkommen mit dem hessischen Ministerpräsidenten Holger Börner (SPD), das der bärtige Landtagsabgeordnete Karl Kerschgens für die Grünen aushandelte, wurde Anfang Dezember aufgekündigt. Die Ökologen lehnten den Weiterbetrieb der Atomanlagen in Hanau ab. In Niedersachsen läßt sich ein grüner Landtagsabgeordneter aus Protest aus dem Plenum heraustragen. Die CDU/FDP-Mehrheit verweigerte den Grünen zur Halbzeit der Parlamentsperiode die Rotation.

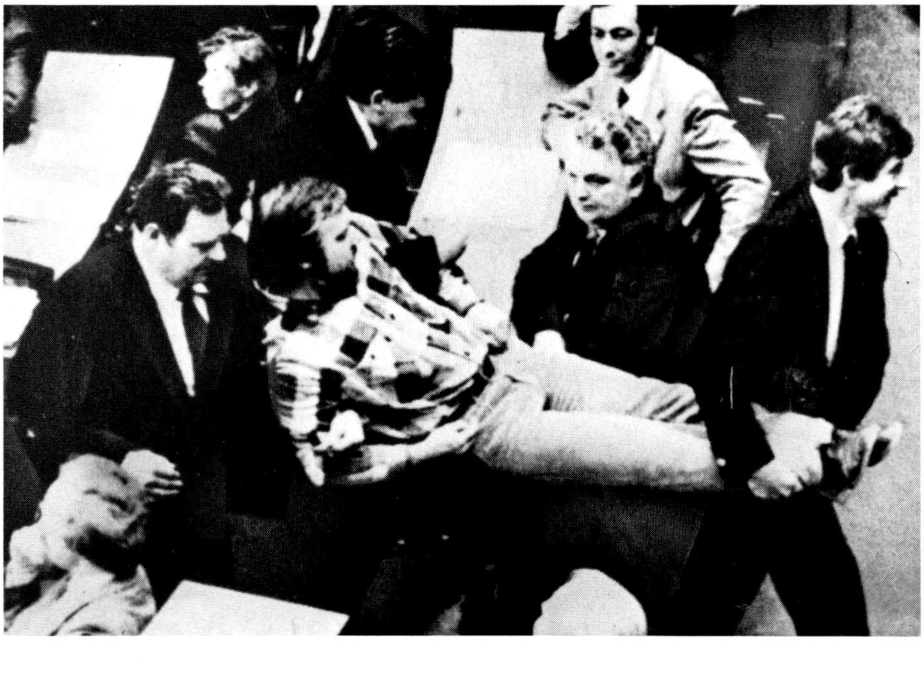

zum Eintritt in eine Koalition auf. Dann müssen aber auch Ämter übernommen werden, und die Entzauberung der bisher unbefleckten Grünen im harten politischen Alltagsgeschäft soll für die SPD verlorene Wähler wieder zurückholen.
Ob das sozialdemokratische Kalkül aufgeht, ist ungewiß. Denn selbst die CDU-nahe Konrad-Adenauer-Stiftung ermittelte in einer umfassenden Untersuchung, daß die Grünen sich als „linke Systemopposition" etabliert haben. Die Angriffe von CDU-Generalsekretär Heiner Geißler, die Grünen seien „antiparlamentarisch und kommunistisch unterwandert", werden inzwischen gelassen aufgenommen. Grünen-Fraktionssprecher Heinz Suhr sagte selbstbewußt: „Wir sind eine alternative Volkspartei."
Während die etablierten Parteien die ungeliebten Newcomer noch als „Modeerscheinung" (Bundeskanzler Helmut Kohl, CDU) abqualifizierten, haben sich die Grünen eine Stammwählerschaft erarbeitet. Die sozialwissenschaftliche Untersuchung der Konrad-Adenauer-Stiftung bestätigt den Ökologen, daß aus der „Bewegung eine Partei" geworden ist.
Eine Partei mit einem Doppelgesicht. Einmal gelingt es ihr, als „Sammelbekken" des vielfältigen Protestes von Unzufriedenen und Parteiverdrossenen politische „Ventilfunktionen" zu übernehmen. Die Stimme für die Grünen ist dann ein Denkzettel für die Etablierten. Andererseits seien die Ökologen zur „loyalen Oppositionspartei" geworden. „Schon die Ausbildung dieser Stammwählerschaft stützt die Vermutung, daß die Grünen sich längerfristig im Parteiensystem zu etablieren begonnen haben."
Und der Zulauf bei den ganz jungen Wählern hält an. In den vergangenen Landtagswahlen entschieden sich fast 20 Prozent der Jungwähler bis 24 Jahre für die Grünen. Insgesamt 70 Prozent der Grünen-Wähler sind jünger als 35 Jahre. Und auch im Bildungsniveau sind sie mit keiner anderen Partei zu vergleichen, denn fast jeder zweite Grünen-Wähler besitzt das Abitur oder absolviert ein Studium. Wenn auch nur weniger als die Hälfte der grünen Klientel berufstätig ist, so ermittelten die Parteienforscher einen erstaunlichen Trend: Der Anteil von Arbeitern ist deutlich gewachsen. Fazit: „Die Bundesrepublik wird lernen müssen, mit einer natürlichen Quote von Andersdenkenden aus Prinzip auf die Dauer zu leben."
Die sachliche Analyse aus dem eigenen Haus verwandelte der CDU-Generalsekretär in einen politischen Knüppel Die Grünen „zerstörten die Grundlagen von Wirtschaft und sozialer Sicherheit" und seien eine „öko-marxistische Radikalopposition". Geißler: „Die Grünen sind eine Melonenpartei: außen grün – innen rot." Grünen-MdB Otto Schily konterte: „Melone schmeckt besser als Kohlsuppe."
Grenzen ohne Wachstum für die Grünen? Im wahlreichen Jahr 1984 haben sie die Stimmen vieler Bürger bekommen, die allerdings auch eine praktische Umsetzung grüner Politik erwarten. Über das „Wie" sind sich die Grünen selbst noch nicht einig. Parteidenker Rudolf Bahro mahnt: „Wenn eine Pflanze zu schnell wächst, fällt sie eines Tages um." Das gilt auch für das Symbol der jungen Partei, die Sonnenblume.

Ein Denkmal für die Geschichte: Ein überlebensgroßer Marcos-Kopf, aus Stein gehauen, grüßt die Autofahrer an der Schnellstraße nahe Baguio.

Der lange Abschied von der Diktatur

Es war eine seltsame „Große Koalition", die sich 1984 zum gemeinsamen Kampf gegen den Diktator Ferdinand Marcos zusammenfand: Die kommunistische Untergrundarmee, aktiv in fast allen Provinzen, rächte Übergriffe der Regierungssoldaten gegen die Zivilbevölkerung und verschaffte sich so den Ruf einer „Robin Hood"-Truppe; die katholische Kirche mit dem mutigen Kardinal Jaime Sin an der Spitze prangerte das Regime als „unmenschlich" an und erklärte es für „moralisch bankrott"; kleine und große Geschäftsleute schlossen sich fast ausnahmslos dem „Parlament der Straße" an und trugen bei zahlreichen Demonstrationen gegen den schwerkranken Alleinherrscher Schilder wie dieses: „Du brauchst nicht zurückzutreten, Marcos. Es genügt, wenn Du abkratzt!" Ende der politischen Lethargie in dem südostasiatischen Inselstaat: Die Filipinos, lange Zeit ein Volk so lammfromm wie aus einem Diktatoren-Traum, sind aufgewacht. Wie ein Katalysator hatte im Vorjahr der Mord an dem populären Oppositionspolitiker „Ninoy" Aquino gewirkt, der bei

seiner Rückkehr aus dem amerikanischen Exil auf dem Flughafen Manila erschossen worden war. Daß eine Untersuchungskommission höchste Militärkreise – und damit einige der besten Marcos-Freunde – an dem Attentat für schuldig befand, hielt das politische Feuer am Lodern.
Doch mit dem Rücken zur Wand war Ferdinand Marcos noch immer am besten. Er kämpfte, taktierte, finassierte. Er öffnete dem Volkszorn Ventile, indem er eine fast freie Presse und wieder Opposition im Parlament zuließ, er klammerte sich andererseits eisern an seine in Notstandsgesetzen festgeschriebenen Sonderrechte – einmal Zuckerbrot, einmal Peitsche. Viel spricht trotzdem dafür, daß das 19. Regierungsjahr des großen Taktikers sein letztes war: Der wirtschaftliche Niedergang der Philippinen – 75 Milliarden DM Auslandsschulden, 65 Prozent Inflation – beschleunigte sich 1984 dramatisch. Und selbst die nach außen hin lautstarke Unterstützung durch Ronald Reagan wirkte bei näherem Zusehen nur mehr lauwarm: Die USA unterhalten zwei wichtige Militärbasen auf den Philippinen und haben in Geheimgesprächen mit Oppositionspolitikern schon damit begonnen, sich auf die Zeit nach Marcos einzustellen.

Ein Mahnmal für einen Mord: Zum Jahrestag seiner Hinrichtung durch ein Militär-Komplott ließen Regimegegner eine Bronze-Figur Aquinos anfertigen.

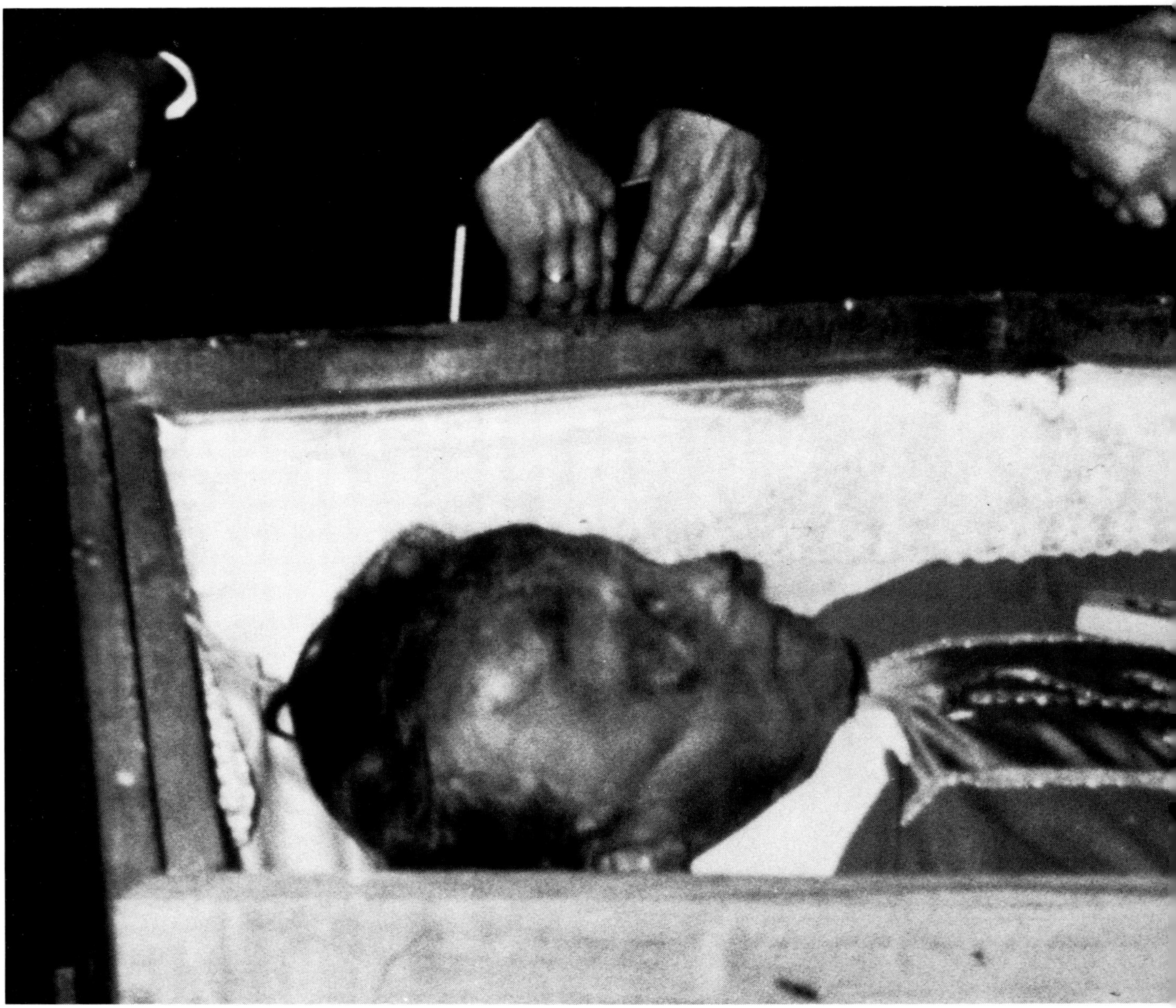

Priester, Patrioten und Betonköpfe

Der Meuchelmord von drei Geheimdienstoffizieren an Polens populärstem katholischen Priester, Jerzy Popieluszko, hat die latenten Spannungen wieder verschärft. Der Geistliche, der aus seiner Unterstützung für die verbotene Gewerkschaft Solidarnosc in keiner seiner „Messen für das Vaterland" einen Hehl machte, war am 19. Oktober gekidnappt, von den drei Sicherheitsagenten brutal mißhandelt und in der Nähe der Stadt Thorn in einen Stausee der Weichsel geworfen worden. Daß die drei – ein Hauptmann und zwei Oberleutnants vom Sicherheitsdienst SB – auf eigene Faust handelten, gilt als unwahrscheinlich. Hinter dem Anschlag vermuten Polen-Kenner Mitglieder der sogenannten polnischen Betonköpfe, der Stalinisten und Hardliner, denen der liberale Kurs von Partei- und Regierungschef Wojciech Jaruzelski ein Dorn im Auge ist. Erste Konsequenz des Priester-Mordes an der Weichsel: Jaruzelski persönlich übernahm die Aufsicht über den Sicherheitsdienst des Innenministeriums, dem die drei geständigen Mörder des Gottesmannes angehören. Ihnen droht in einem Prozeß die Todesstrafe. Hauptmann Piotrowski gab beim Verhör zu Protokoll: „Ich habe die politischen Äußerungen des Priesters für gefährlich gehalten, Popieluszko ist ein Aufwiegler gewesen."

Die Situation hatte sich Mitte des Jahres weitgehend entspannt, als nach formeller Aufhebung des Kriegsrechts durch eine Amnestie alle politischen Gefangenen – darunter die Führer der Solidarnosc und des KOR – freigelassen wurden. Zwischen der Regierung und der mächtigen katholischen Kirche begann ein Dialog über die Zukunft des Landes, die Zensur lockerte ihre Haltung gegenüber den Künstlern, und auch die Versorgung der Bevölkerung klappte besser als zuvor.

Die behutsame Annäherung zwischen den Bischöfen und der regierenden kommunistischen Partei Polens ist durch den Priestermord schwer belastet worden. Polens tragische Geschichte nimmt ihren Lauf: In der Partei schwelt ein Machtkampf zwischen der sogenannten patriotischen Fraktion, die einen eigenen, einen polnischen Weg innerhalb des Warschauer Pakts gehen möchte, und den orthodoxen Betonköpfen. Die politische Opposition im Land hat jetzt einen Heiligen, einen Märtyrer: Auf dem Friedhof der Stanislaw-Kostka-Kirche im

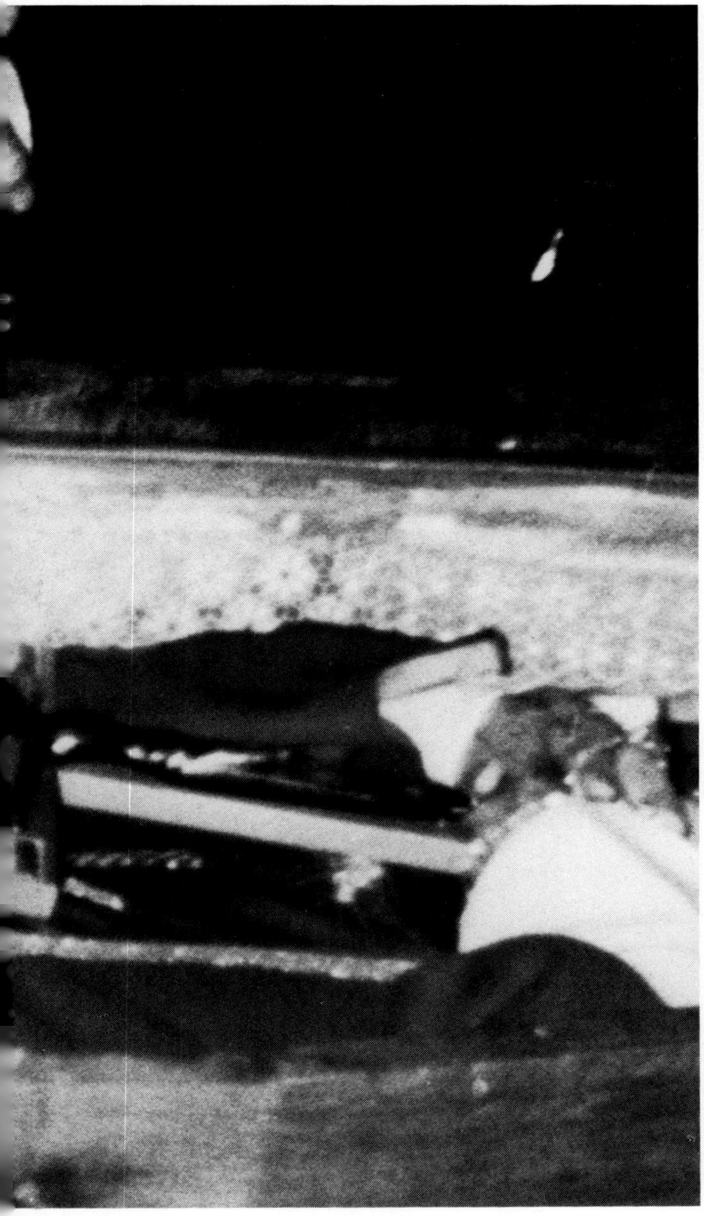

Aufgebahrt in der Kapelle des Gerichtsmedizinischen Instituts von Bialystok: die Leiche des 37jährigen katholischen Priesters Jerzy Popieluszko. Der Kopf und die um einen Rosenkranz gefalteten Hände des Geistlichen weisen die Spuren der Mißhandlungen auf, die ihm seine Mörder zufügten.

Die Warschauer Kirche Stanislaw Kostka, in der Popieluszko seine populären „Messen für das Vaterland" hielt, ist inzwischen zum Wallfahrtsort der Solidarnosc-Anhänger geworden. Tausende ziehen täglich an seinem Grab vorbei und schmücken es mit Blumen und Kerzen. Im Prozeß gegen die Priestermörder bestritt der ranghöchste der vier Angeklagten, Oberst Adam Pietruszka (dritter von rechts) jede Beteiligung oder Mitwisserschaft. Der Oberst lenkte dagegen den Verdacht auf eine Verstrikkung in die Mordaffäre auf einen General des Innenministeriums, der Ende des Jahres beurlaubt wurde.

Warschauer Stadtteil Zoliborz (Schönes Ufer) legen Solidarnosc-Anhänger zu Tausenden Blumen und Kränze zum Gedenken an Jerzy Popieluszko nieder. Nachts wird zum Zeichen des Widerstands ein Meer von Kerzen an seinem Grab entzündet.

Angesichts der brisanten Lage tat die polnische Führung alles, um den Prozeß gegen die Priestermörder sauber zu führen: Auslandskorrespondenten durften aus dem Gerichtssaal in Thorn berichten, die polnische Presse schrieb ausführlich über den Verlauf. Oberst Pietruszka, Mitangeklagter und Chef der drei Mörder, bestritt, etwas von der Aktion gegen Popieluszko gewußt zu haben. Erste Berichte, der Priester liege tot in der Weichsel, habe er für „absurd" gehalten. Er habe lange geglaubt, daß so etwas „in Polen nicht geschehen kann".

„Hitler-Tagebücher"

Am 21. August hat vor der 11. Großen Strafkammer des Landgerichts Hamburg der Prozeß um die gefälschten „Hitler-Tagebücher" begonnen. Die Entdeckung dieser „Tagebücher" hatte der STERN am 25. April 1983 als den „größten journalistischen Scoop seit Watergate" gefeiert. Knapp zwei Wochen später stellte sich dann heraus, daß es sich nicht um den „größten journalistischen Scoop seit Watergate", sondern um den größten journalistischen Reinfall aller Zeiten handelte. Der Stuttgarter Militaria-Händler

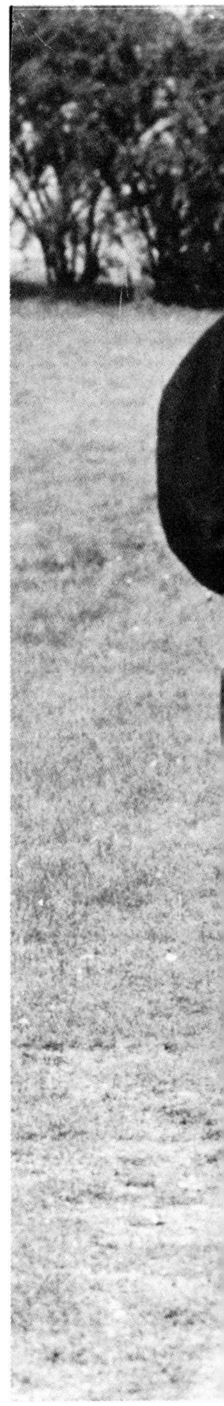

**Die dritte Angeklagte im Prozeß um die „Hitler-Tagebücher" ist Edith Lieblang (rechts), die Lebensgefährtin von Konrad Kujau. Edith Lieblang, die sich auf freiem Fuß befindet, ist wegen Hehlerei angeklagt. Auf ihren Namen sind die Immobilien eingetragen, die Kujau sich dank des Geldsegens aus dem Haus Gruner + Jahr anschaffen konnte.
In einer Prozeßpause begegnet Edith Lieblang zwei Justizbeamten, die gerade die „Hitler-Kladden" ins Gerichtsgebäude schaffen.**

Strahlend verläßt Fälscher Konrad Kujau nach einer vom Gericht beschlossenen Haftverschonung das Untersuchungsgefängnis am Holstenglacis in Hamburg. Auf dem Rücken trägt er einen Plastiksack mit seiner persönlichen Habe. Knapp eine Woche später wurde er auf Grund einer Beschwerde der Staatsanwaltschaft wieder verhaftet. Rechts sein mutmaßlicher Betrugspartner Gerd Heidemann, der auch schon zweimal das Wechselbad zwischen Haftverschonung und Wiederverhaftung erlebte.

Konrad Kujau gestand, die 61 „Tagebuch-Kladden" mit eigener Hand vollgeschrieben zu haben. Er wanderte ebenso in Untersuchungshaft wie Ex-STERN-Reporter Gerd Heidemann, der die Machwerke „beschafft" hatte.

Der Prozeß wird sich noch weit in das Jahr 1985 hineinziehen. Von den mehr als 60 Zeugen, die in diesem Mammutverfahren gehört werden sollen, war bis zum Jahresende nicht einmal ein Drittel an der Reihe. Immerhin ist in den ersten vier Prozeßmonaten deutlich geworden, mit welcher Leichtfertigkeit die Verantwortlichen von Gruner + Jahr in dieses Malheur hineingeschlittert sind: Dr. Thomas Walde, damals Leiter des Ressorts Zeitgeschichte, und Wilfried Sorge, damals stellvertretender Verlagsleiter des STERN, haben als Zeugen vor Gericht zugegeben, nicht einmal die Gutachten der Schriftsachverständigen gründlich gelesen zu haben; sie hätten sich mit dem jeweils letzten Absatz begnügt, in dem die Echtheit der geprüften „Hitler-Schriften" bescheinigt wurde. Sie haben ferner zugegeben, den Gutachtern Material zum Schriftvergleich übergeben zu haben, von dem sie nicht sicher sein konnten, daß es auch wirklich von Hitler stammte.

Völlig unklar ist dagegen noch immer, wo die sechs Millionen Mark von den insgesamt 9,34 Millionen geblieben sind, die der Verlag Gruner + Jahr für die „Tagebücher" gezahlt hat. Dem Fälscher Kujau und dem „Beschaffer" Heidemann werden von der Staatsanwaltschaft nur je 1,5 Millionen Mark zur Last gelegt. Wie die beiden den Rest unter sich aufgeteilt haben, darüber herrscht so viel Unklarheit, daß es nicht einmal zu einer Anklage reicht.

Die bis zum Jahresende vernommenen Zeugen brachten auch in den tatsächlichen Anklagepunkten keine Klärung des Sachverhalts.

Das Rad der Weisen

Monatelang hatten Biomechaniker am Institut für Sportmedizin in Rom und Mechaniker in Mailand an einer 100 000 Mark teuren Rennmaschine getüftelt, ehe der italienische Radprofi Francesco Moser in der Höhenluft von Mexiko einen neuen Weltrekord aufstellen konnte. Mit 51,151 Kilometern fuhr der Ex-Weltmeister als erster Mensch mehr als 50 Kilometer in einer Stunde. Statt der herkömmlichen Speichen hatte Mosers Rad linsenförmige Scheiben aus Kunststoff – eine technische Revolution, die ein paar Monate später amerikanischen Bahnradfahrern die Goldmedaille einbrachte. Noch nie zuvor wurde eine menschliche Höchstleistung von Wissenschaftlern so exakt vorprogrammiert wie Mosers Rekordfahrt auf dem nur 7,7 Kilo leichten Rad der Weisen.

Moser
ENERVIT

Island Express

Rekord-Flut

Die Sucht nach immer neuen Bestleistungen schlug auch 1984 wieder hohe Wellen. Wer es als Solist nicht schaffte, dem verhalf die Masse zum Einzug ins Buch der Rekorde, wie diesen 80 Wasserskiläufern im australischen Queensland. In drei Reihen ließen sie sich hinter einem Katamaran einen Kilometer weit den Trinity-Fluß hinaufziehen.

84 Stunden brauchte der Amerikaner Joe Kittinger für die erste Solo-Atlantik-Überquerung in einem Ballon. Mit einer Durchschnittsgeschwindigkeit von 60 km/h schaffte er die 5600 Kilometer lange Strecke von Maine im Nordosten der USA bis nach Italien. Eigentlich wollte er noch weiter fliegen, doch ungünstige Winde zwangen ihn schon kurz hinter der italienischen Westküste zur Landung. Eine plötzliche Gewitterbö bescherte ihm ein unsanftes Ende seiner langen Reise. In einem Waldstück bei Savona wurde Kittinger in eine Baumkrone gedrückt, plumpste aus der Gondel und brach sich einen Fußknöchel. Der Held mußte weggetragen werden.

Höhenflug mit harter Landung

Joe Kittinger hob sein Glas, prostete der tausendköpfigen Zuschauermenge zu und verkündete: „Den nächsten Champagner trinke ich in Europa." Dann stieg der Helium-Ballon auf, und Kittinger entschwebte mit seiner Gondel in den Nachthimmel über Caribou im amerikanischen Bundesstaat Maine. Der Startplatz war gut gewählt;

von hier aus ist die Entfernung zwischen den USA und Europa am geringsten. Und diese Strecke wollte Kittinger als erster Mensch allein mit einem Höhenballon schaffen. Das hatten schon viele vor ihm versucht, und nicht wenige der Abenteurer waren dabei ums Leben gekommen. Doch Joe Kittinger mit seinem Gefährt „Rosie O'Cradey Balloon of Peace" war ein erfahrener und harter Mann. Der 56jährige aus Orlando in Florida hat als Testpilot der US-Luftwaffe gearbeitet und bereits 1955 mit dem Ballonfahren begonnen. 1960 machte er Schlagzeilen, als er aus 30 Kilometer Höhe mit dem Fallschirm absprang, viereinhalb Minuten lang im freien Fall in die Tiefe stürzte und erst 5000 Meter über dem Erdboden den Schirm öffnete. Ein Rekordsprung – bis heute.

Seine Atlantiküberquerung hatte der Ex-Oberst seit 1977 vorbereitet. Nach dem Start stieg er mit seinem Ballon auf 5000 Meter Höhe und ließ sich nach Osten treiben. Kein reines Vergnügen bei Temperaturen um minus 20 Grad. Außerdem mußte er, um die Richtung zu halten, ständig den Kurs korrigieren. An Schlaf war nicht zu denken. Mit Country- und Western-Musik aus dem Cassettenrecorder hielt er sich wach und stärkte sich mit Dosensuppen. Nach 84 Stunden hatte Kittinger es geschafft: Unweit der italienischen Stadt Savona setzte er zur Landung an.

Kritik an der Pershing 2

Bundesverfassungsgericht und Bundesregierung sind in diesem Punkt einer Meinung: Die „Nachrüstung" auf dem Boden der Bundesrepublik ist nicht illegal zustande gekommen, die Regierung brauchte dafür kein durch den Bundestag erlassenes Gesetz. Mit ihrem Gang nach Karlsruhe zum obersten Gericht hatte die Bundestagsfraktion der Grünen versucht, der Regierung das Recht abzusprechen, Entscheidungen von solcher Tragweite aus eigener Machtvollkommenheit zu treffen – sie unterlag im Dezember 1984.

Am Ergebnis hätte allerdings auch ein Sieg nichts geändert: Die ersten 54 Raketen „Pershing 2" standen zum Jahresende 1984 auf bundesdeutschem Boden, weitere werden folgen. Die ersten Geschosse wurden im süddeutschen Mutlangen aufgestellt, einem Ort, der seine bundesweite Bekanntheit ausschließlich seiner Eigenschaft als Raketenstandort verdankt. Stationierungsort wurde auch die US-Basis Waldheide bei Heilbronn.

Der Heilbronner Gemeinderat durfte über dieses Thema erst diskutieren, nachdem der Mannheimer Verwaltungsgerichtshof einen „Maulkorberlaß" des Heilbronner Oberbürgermeisters Manfred Weinmann (CDU) verworfen hatte. Der hatte zwei Jahre lang verhindert, daß das Thema Raketen in der Waldheide auf die Tagesordnung des Gemeinderats kam: Es handele sich dabei um Nato-Geheimnisse, und die gehörten nicht vor ein kommunales Parlament.

Der einzige Grüne im Stadtrat klagte bis in die zweite Instanz gegen den „Maulkorb" und bekam recht. Und als dann im Sommer 1984 tatsächlich über die Raketen debattiert wurde, faßte die Kommunalvertretung mit den 19 Stimmen von SPD, FDP, Grünen und Freien Wählern gegen die 18 CDU-Stimmen den Beschluß: „Die auf der Heilbronner Waldheide gelagerten oder stationierten Atomwaffen sind aus kommunaler Sicht unerwünscht."

Auch diese Entscheidung änderte an der Nachrüstung so wenig, wie es ein anders ausgefallenes Urteil des Bundesverfassungsgerichts im Dezember

Geheimer als geheim: Die ersten neuen „Pershing 2"-Raketen der amerikanischen Streitkräfte in der Bundesrepublik, fotografiert in der US-Basis Waldheide bei Heilbronn. Ein bewaffneter Posten bewacht das Projektil (großes Bild), auf dem abschußfertig auch die oberste Stufe aufmontiert ist – Attrappe oder Atomsprengkopf? Diese neuen amerikanischen Mittelstreckenraketen haben eine Reichweite bis zu 1700 Kilometern. Sie können damit – anders als das Vorläufermodell „Pershing 1" – auch weite Teile der Sowjetunion erreichen und verwüsten. Kritiker halten diese Nachrüstungs-Geschosse für technisch unausgereift und politisch gefährlich.
Bis zum Jahresende 1984 waren die ersten 54 „Pershing 2" auf bundesdeutschem Boden stationiert. Weitere 54 sollen folgen, dazu noch eine ganze Reihe von Ersatzraketen.

1984 hätte bewirken können. Denn die amerikanischen Streitkräfte könnten auch gegen den Willen aller Bundesdeutschen nachrüsten oder vorrüsten, wie immer sie es für nötig halten.
Während die ersten „Pershing 2" in ihren süddeutschen Standorten aufgestellt wurden, bekam die Kritik an der Nachrüstung eine neue Qualität: Europäische Nachrüstungsgegner hatten bisher vor allem mit der Gefährdung des politischen und militärischen Gleichgewichts zwischen Ost und West argumentiert – 1984 kam dazu die Kritik aus Amerika, die neuen Raketen seien auch technisch gefährlich, weil unausgereift. So sei höchst ungewiß, wo eine „Pershing 2" – einmal abgefeuert – tatsächlich einschlage.
Ende 1984 war die Bundesregierung unter dem Druck der Öffentlichkeit gezwungen, beim zweiten Teil der Nachrüstung Farbe zu bekennen. Sie bestätigte, was der STERN schon zwei Jahre zuvor berichtet hatte: Die Marschflugkörper, die ebenfalls in der Bundesrepublik stationiert werden, sollen in Wüschheim/Hunsrück ihre Basis erhalten. Als die Regierung dies eingestand, waren die Vorbereitungsarbeiten im Hunsrück-Wald bereits unübersehbar geworden.
Diese Marschflugkörper sind automatische Kleinflugzeuge mit Düsenantrieb, die sich selbst in ein zuvor festgelegtes Ziel steuern. In ihrer Spitze tragen sie einen Atomsprengkopf. Jeweils vier von ihnen werden auf einem Sattelschlepper transportiert, von dem aus sie auch abgeschossen werden.

Sternschnuppen mit tödlicher Fracht

Es ist ein Weg von Rekord zu Rekord: die weltweite Entwicklung der Rüstung – als würden nicht Millionen um Millionen Menschen alljährlich verhungern, als würde nicht alle Kraft gebraucht, die globale Umweltkatastrophe zu lindern oder abzuwenden. 1984 erreichte die Rüstung eine neue Dimension: den Weltraum.

US-Präsident Ronald Reagan gab bekannt, daß die Vereinigten Staaten von Amerika einen Verteidigungsschirm im All aufbauen wollen – die Kosten werden vom Pentagon, dem US-Verteidigungsministerium, auf 500 Milliarden Dollar geschätzt; es wäre das größte Rüstungsprojekt der Weltgeschichte. 1984 machten die USA zwei Schritte in Richtung „Krieg der Sterne": Im Sommer gelang es bei einem Test, den anfliegenden Sprengkopf einer Interkontinentalrakete in 160 Kilometer Höhe mit einer anderen Rakete abzuschießen, und kurz vor Jahresende konnte die Besatzung der Raumfähre zwei defekte Erdsatelliten

Tödliche Sternschnuppen: Sieben Atomsprengköpfe der neuen amerikanischen Interkontinentalrakete MX auf ihrem Weg ins Ziel. Von einem Flugzeug in 3000 Meter Höhe wurde diese Endphase eines Raketentests fotografiert. Die MX – „Peacekeeper" (Friedensbewahrer) genannt – kann bis zu zwölf Sprengköpfe tragen.

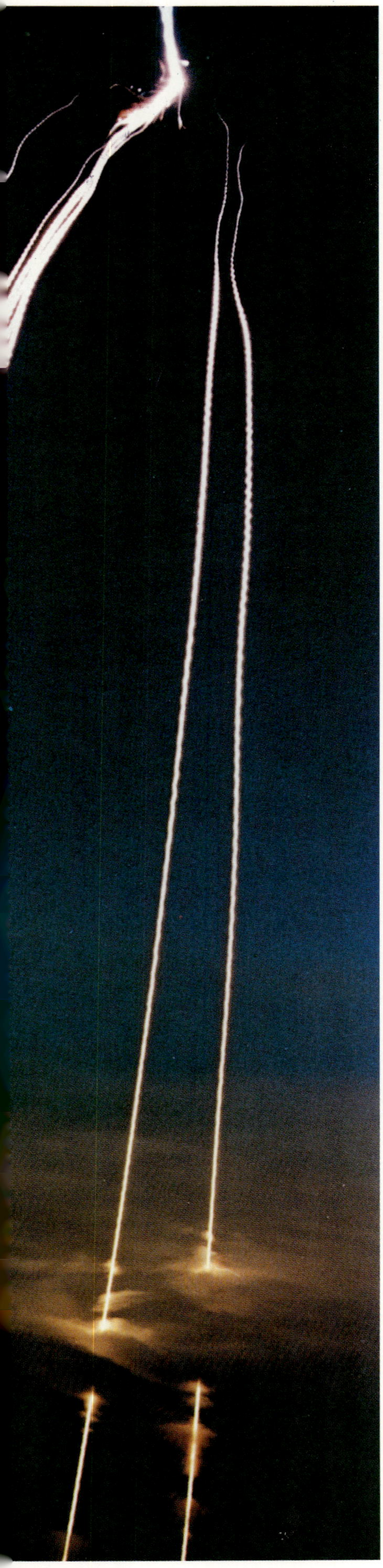

bergen und zurück zur Erde bringen. Damit bewiesen die Amerikaner, daß sie technisch in der Lage sind, auch militärische Satelliten der Sowjetunion aus ihrer Umlaufbahn zu pflücken oder bei Bedarf auch zu zerstören.
Für die Satellitenjagd rüstet sich auch die Sowjetunion – schon seit Jahren erprobt sie „Killer-Satelliten". Doch mit der Raumfähre haben die USA einen technischen Vorsprung von fast einem Jahrzehnt. Für den „Krieg der Sterne" sind die Raumfähren und – später – eine bemannte Raumstation unerläßlich.
Denn Reagans Vision sieht vor, im erdnahen Weltraum Strahlenkanonen kreisen zu lassen, die jede gegnerische Rakete noch während deren Flug zerstören – lange bevor sie die Lufthülle über den Vereinigten Staaten erreicht. Kritiker sehen darin die große Gefahr: Sobald abzusehen ist, daß es einer der beiden Supermächte gelingt, sich unangreifbar zu machen, ist die andere Supermacht versucht anzugreifen, ehe dieser Schutz besteht, denn anschließend bliebe ihr nur noch die Unterwerfung.
Kurz vor Ende des Jahres 1984 vereinbarten die beiden Supermächte, ihre Verhandlungen über Rüstungskontrolle und Abrüstung sofort nach Neujahr 1985 in Genf wieder aufzunehmen. Die vorbereitenden Gespräche sollen auf Außenminister-Ebene geführt werden. Doch die zunehmende Militarisierung des Weltraums wird – aller Voraussicht nach – fortgesetzt. Denn noch nie in der fast hundertjährigen Geschichte der Abrüstungsverhandlungen wurde jemals die Einführung neuer Waffen verhindert.

Probestart einer MX-Interkontinentalrakete auf dem geheimen amerikanischen Luftwaffenstützpunkt Vandenberg in Kalifornien. Mit Gasdruck wird das 21 Meter hohe Projektil aus dem Startrohr herausgeschleudert; dann zündet das Triebwerk.

Heimliche Jagd

Mögen manche Stromerzeuger die Lust an der Atomkraft verloren haben – in der Marine hat sich die Kernspaltung einen festen Platz gesichert. Amerika baut seit 20 Jahren nur noch U-Boote mit Atomantrieb. Im Jahr 1984 stellte die US Navy das fünfte Boot der neuen „Ohio-Klasse" in Dienst, ein 171 Meter langes Monstrum mit 19000 Tonnen Wasserverdrängung. Mit seinen 24 Atomraketen kann es 192 Ziele gleichzeitig in Schutt und Asche legen. Daneben unterhält die Navy eine Unterwasser-Flotte, die nur die Aufgabe hat, den potentiellen Gegner am Einsatz der gleichen Waffe zu hindern: etwa 70 „Angriffs-U-Boote", die sowjetische Raketen-U-Boote aufspüren und torpedieren sollen. Mit automatischen Horchbojen in allen Weltmeeren und zentralen Computern, die per Satellit übermittelte Standortmeldungen in Sekundenschnelle analysieren, halten die USA ihre Widersacher schon in Friedenszeiten unter lückenloser Kontrolle. Für den Ernstfall prophezeite ein US-Admiral den 370 sowjetischen U-Booten ein „kurzes, aber aufregendes Leben".

Angriffs-U-Boot „Bremerton" bei Höchstgeschwindigkeit. Der 6000 Tonnen schwere Koloß hinterläßt bei Tempo 70 eine 100 Meter breite brodelnde Hecksee.

Der Blechtopf enthält Antennen und sitzt auf dem Turm, von dem das Foto geschossen wurde.

Die „Georgia", neuestes Boot der Ohio-Klasse, vor dem Auslaufen zur ersten Fahrt. Zwei Bordingenieure des 19 000-Tonnen-Schiffs kontrollieren die noch leeren Startschächte der insgesamt 24 Trident-Raketen auf dem Achterschiff. Jede Rakete befördert acht Atomsprengköpfe mit je 100 Kilotonnen Sprengkraft.

Tödlicher Tomahawk

Die düsengetriebene Zigarre war schon eine Stunde unterwegs, als sie die Insel San Clemente überflog. Weit draußen auf dem Pazifik war sie aus dem Torpedorohr eines U-Boots abgefeuert worden und huschte seither mit der Geschwindigkeit einer Lufthansa-Boeing übers Wasser — in unauffälligem Tiefflug und unsichtbar für jedes Radar. Nur an den auffälligen Geleitflugzeugen hätten Zuschauer bemerkt, daß hier Besonderes im Gange war: der erste scharfe Test eines Marschflugkörpers „Tomahawk" der US-Marine. Im Zielgebiet, 100 Kilometer westlich von Los Angeles, hatte die Navy einen soliden Betonbunker von der Größe eines Einfamilienhauses errichtet. Der Tomahawk traf den Betonkasten genau in der Mitte und drang durch die Außenwand tief ein, bevor sein Verzögerungszünder ansprach. Die Explosion von 400 Kilogramm Trinitrotoluol (TNT) riß das Bauwerk in Stücke.

Damit bewies die Navy allen Zweiflern, daß Cruise Missiles auch ohne Atomsprengköpfe tödliche Waffen sind, da sie dank einer vorher gespeicherten Landkarte ihr Ziel präzise finden und treffen. Die US-Marine warf mit diesem Test allerdings auch alle Bemühungen um nukleare Abrüstung zurück. Denn äußerlich kann man einem Marschflugkörper nicht ansehen, ob er mit Plutonium oder mit TNT geladen ist. Ohnehin sind Marschflugkörper von Satelliten schwer auszumachen, da sie viel kleiner sind als Raketen, von Kriegsschiffen unauffällig befördert werden können und beim Abschuß keinen Flammenschweif hinterlassen. Die Navy macht sich diese Vorteile konsequent zunutze, ohne auf die Probleme der Rüstungskontrolle viele Gedanken zu verwenden: Sie stationiert über 4000 Marschflugkörper auf ihren Schiffen — in bunter Mischung mit konventionellen und atomaren Sprengköpfen.

Es war am Erntedankfest, da riß sich ein rostiges Schiff vom Anker und ließ sich vom Sturm vor Palm Beach in Florida in einen schönen Garten knallen. Da liegt es nun und versperrt der Millionärin Mollie Wilmont die schöne Aussicht aufs offene Meer. Vielleicht wird sie den Pott, der schwer zu bergen ist, zu Weihnachten festlich schmücken müssen.

Ein Schiff am Pool

Drei Tage tobte der Novembersturm vor Palm Beach in Florida, dann riß sich der 60 Meter lange venezolanische Frachter „Mercedes I" aus seiner Verankerung los und knallte der Millionärin Mollie Wilmont direkt vors Schwimmbad auf der Terrasse. Das war am Tag des Erntedankfestes. Alle fünfzehn Mann hoch, also die ganze Mannschaft, die zur Zeit an Bord des Frachters war, kletterten samt ihrer Katze herunter und ließen sich von ihrer Gastgeberin wider Willen ein Frühstück am Pool servieren. Die Millionärin war zum letzten Mal vor rund zwanzig Jahren in ihrer Paradiesesruhe gestört worden. Das war, als hinter jedem Busch irgendwelche Beamten und Geheimagenten lauerten und lungerten, wenn John F. Kennedy, der damalige Präsident der Vereinigten Staaten, die Urlaubsvilla bezog. Die nämlich lag direkt neben Mollie Wilmonts Anwesen. Nun also liegt das rostige Ungetüm in Madams Garten und versperrt ihr den Blick aufs weite Meer. Die Bergung kann dauern. Der erste Anlauf mißlang nämlich. Die Trossen des Schleppers rissen schon beim ersten Versuch, den venezolanischen Frach-

Die Millionärin Mollie Wilmont aus Palm Beach kann ihren Gästen auf der Terrasse ihres Hauses etwas Besonderes bieten: Nicht nur kühle Drinks wie Cuba Libre und Planter's Punch, sondern auch die Aussicht auf den bei einem Novembersturm vor ihrer Haustür gestrandeten venezolanischen Frachter „Mercedes I".

ter freizubekommen. Vielleicht liegt das Schiff zu Weihnachten noch immer im Garten. Für diesen Fall hat man ihr empfohlen, den Rost-Pott mit Kerzen zu schmücken. Er zieht aber auch so genug Schaulustige an, die von Motorbooten aus dicht an den Strand heranfahren: Palm Beach ist um eine Attraktion reicher. Inzwischen sind einige Witzbolde am Werk gewesen. Sie sind mit Booten angekommen und haben im Schutz der Dunkelheit Sprüche auf den Rumpf gesprayt. „Sonntagsfahrer" steht auf der einen Seite. Und auf der anderen: „Mütter protestieren gegen Trunkenheit am Ruder."

Nur noch schwerbewacht verläßt der 57jährige Bhagwan Shree Rajneesh seinen Rolls-Royce. 150 Männer und Frauen sind Tag und Nacht im Einsatz, um den „geliebten Meister zu beschützen". Denn von der feindlichen Welt draußen droht ihm Unheil. Ihm wird vorgeworfen, den Ashram illegal erbaut und Steuerhinterziehungen in Millionenhöhe begangen zu haben.

Verzückte Jünger feiern bei den täglichen Rundfahrten ihren Guru. Im Fond des Wagens hängt eine MP, denn Bhagwan fühlt sich in seinem Tal in Oregon bedroht. Die Sekte rüstet auf – mit halbautomatischen Maschinengewehren – und mit Menschen. Im Ashram leben zur Zeit 2000 Jünger aus aller Welt.

Bhagwan-Sekte in Oregon: die rote Heilsarmee

Jeden Nachmittag um zwei Uhr legen die Einwohner von Rajneeshpuram/ Oregon ihre Spitzhacken in den Feldern nieder, verlassen die Registrierkassen im Bhagwan Shopping Center, legen das Handtuch beiseite, mit dem sie das Geschirr im Restaurant getrocknet haben.
Gekleidet in den Farben des Sonnenauf- und -untergangs stellen sie sich in einer Reihe im Nirwana Drive auf, um einen Blick auf den graubärtigen, rehäugigen Meister zu erhaschen, der den Boulevard in einem seiner 68 Rolls-Royce entlangfährt.
Über ihm kreist ein Hubschrauber, er ist umgeben von Leibwächtern mit halbautomatischen Waffen.
Die Jünger jubeln: „Wir singen es von den Dächern, wir rufen es von den Bergen – Bhagwan ist unser Meister, wir lieben das Lachen des Lebens."
Der Rolls-Royce fährt an den verzückten Gläubigen vorbei, und sie kehren wieder zu ihrem Dienst zurück. Zu ihrem 7-Tage-in-der-Woche-Job, den sie für den Bhagwan Shree Rajneesh leisten, den umstrittensten Guru der westlichen Welt. Unter den Jüngern, die sich Sannyasin nennen, ist auch Jo, die Tochter von Leo Ryan, des Kongreßabgeordneten aus Kalifornien, der vor sechs Jahren ermordet wurde, weil er den Jonestown-Kult in Guyana recherchierte. Seine Tochter, die sich jetzt Ma Amrita Pritam nennt: „Hier beim Bhagwan zu leben ist, als wäre man immerzu verliebt."

Den Meister selbst plagen konkretere Probleme. Er muß die Vertreter weltlicher Gerichte abschütteln, die wegen mehrerer Sündenfälle gegen ihn ermitteln – darunter die drei Bezirksrichter von Wasco County und der Generalstaatsanwalt von Oregon. Haben sie Erfolg, sieht es schlimm aus für die Bhagwan-Jünger.
Rajneeshpuram, illegal gebaut und mittlerweile 2000 Bhagwan-Bürger beherbergend, könnte den Bulldozern zum Fraß vorgeworfen werden. Die Hälfte des erleuchteten Zirkels, die Elite des Mala-Ordens, muß mit Anklagen wegen Vergehens gegen das US-Einwanderungsgesetz rechnen – und der Meister mit seiner Ausweisung aus dem gelobten Land Amerika.
Deshalb rüsten die Sannyasin auf – zum Schutz gegen eine ihnen feindlich gesinnte Umwelt, wie sie sagen. Ihr Waffenarsenal besteht aus halbautomatischen Maschinengewehren vom Typ CAR 15 und Uzi B, die sich problemlos zu vollautomatischen umrüsten lassen, aus Polizeigewehren vom Typ Ruger Mini 14 und 44 Magnum.
150 Jünger sind rund um die Uhr im Einsatz, um den Meister und seine Kommune zu bewachen.
Jedes fremde Fahrzeug, jedes Flugobjekt wird per Walkie-Talkie in Codesprache von vier Außenposten an die sieben in der Stadt stationierten Wachen gemeldet. Alle Ashram-Besucher bekommen einen Tagespaß, wer länger bleibt, ein gelbes Bändchen ums Handgelenk.
Das Überwachungssystem ist inzwischen so perfekt, daß von einem „Rajneesh-Polizeistaat" gesprochen wird. Don Smith, demokratischer Senatskandidat von Oregon, befürchtet: „Wenn die Paranoia jetzt noch mit Waffen zusammenkommt, ist Schlimmstes zu erwarten."

Nichts läuft mehr für die alten Männer im Kreml

In der Nachmittagsnachrichtensendung des sowjetischen Fernsehens erschien Ansager Igor Kirillow am 10. Februar im schwarzen Anzug. Was er zu sagen hatte, jagte einen Schauer des Entsetzens durch das Land: Am Vortag um 16.50 Uhr war der Generalsekretär der KPdSU und Vorsitzende des Obersten Sowjet, Jurij Wladimirowitsch Andropow, „nach langer und schwerer Krankheit" gestorben. Nur 15 Monate hatte Andropow seinen Vorgänger Leonid Breschnjew überlebt. Schon bei seiner Wahl hatten viele Beobachter den ehemaligen Chef des Geheimdienstes KGB als „Mann des Übergangs" bewertet, der einem Vertreter der jüngeren Generation in der Führungselite der UdSSR den Weg bahnen würde. Doch selbst dazu war Andropows Amtszeit zu kurz: Am 13. Februar wählte das Zentralkomitee das 72jährige Politbüromitglied Konstantin Tschernenko zum neuen Parteichef. Er war sogar noch drei Jahre älter als der Verstorbene und zudem herz- und lungenkrank. Tschernenko war schon von Leonid Breschnjew als „Kronprinz" auserkoren worden, als dessen Sekretär er in der Parteihierarchie emporklettern konnte, war jedoch von Andropow überrundet worden. Auch er konnte nur „Übergangsführer" sein, doch offenbar wollten die maßgeblichen Leute im ZK nicht auf einen Jüngeren setzen, der das Land vielleicht bis ins nächste Jahrhundert regieren würde – noch nicht. Unter Tschernenko allerdings gewann dieser Mann der Zukunft rasch an Einfluß und Profil: Michail Gorbatschow, mit 53 Jahren Benjamin im zwölfköpfigen Politbüro, in dem das Durchschnittsalter bei 70 Jahren liegt. Für die Sowjetunion bedeutete der Verzicht auf einen Generationswechsel ein Verharren in

Kein Generationswechsel: Neben dem offenen Sarg Jurij Andropows gehen die drei mächtigsten Greise des Kreml – der neue Parteichef Konstantin Tschernenko, drei Jahre älter als der Tote, Regierungschef Nikolaj Tichonow, 78, und Verteidigungsminister Dimitrij Ustinow, 74, der im Dezember starb.

gefährlicher Stagnation, die keine Rezepte für kritische innen- und außenpolitische Problemstellungen mehr hervorbringt. Selbst einige der von Andropow eingeleiteten Reformen in Teilbereichen der Staatswirtschaft oder sein hartes Durchgreifen gegen korrupte Kader setzte Tschernenko bestenfalls mit halber Kraft fort. Das Hauptaugenmerk des Ideologen schien den Bemühungen zu gelten, das in seinen bombastischen Zukunftserwartungen völlig überholte Parteiprogramm von 1961 durch ein neues, realistischeres zu ersetzen, weniger dem Ziel, durch einschneidende Reformen die Weichen zur Veränderung der unerfreulichen Realitäten zu stellen. Tschernenko betonte von Anfang an die „kollektive Führung" im Politbüro, insbesondere aber bei den mächtigen Veteranen in diesem Gremium: Verteidigungsminister Dmitrij Ustinow, 74, Ministerpräsident Nikolai Tichonow, 78, und Außenminister Andrej Gromyko, 74. Nach außen zeigte Moskau die gleiche Unbeweglichkeit wie im Innern, so daß ein britisches Magazin urteilte, der rote Bär ziehe sich schmollend zu einem weltpolitischen „Winterschlaf" zurück: Die Sowjetunion ließ die Abrüstungsverhandlungen in Genf und Wien, die im November 1983 mit dem Eintreffen der ersten neuen US-Mittelstreckenwaffen in Westeuropa abgebrochen worden waren, während des gesamten Jahres ruhen. Sie zog sich mit fadenscheiniger Begründung von den Olympischen Sommerspielen in Los Angeles zurück – eine späte Revanche für den westlichen Boykott der Moskauer Spiele von 1980. Der Kreml zeigte sich unnachgiebig gegenüber dem verbannten Friedensnobelpreisträger Andrej Sacharow, dessen Hungerstreik im Herbst den Westen zu besorgten Bitten veranlaßte. Im Umgang mit den USA und ihren Verbündeten in Westeuropa gab mehr denn je Außenminister Gromyko den Ton an, einen barschen, bitteren Ton. Weil die USA, polterte er vor der UNO, immer nur ihren einseitigen Vorteil anstrebten, seien alle neuen Verhandlungen „von Anfang an zum Scheitern verurteilt". Italienische Politiker in Moskau schockte er mit der Aussicht auf ein nukleares Pompeji, falls sie amerikanische Cruise Missiles auf Sizilien stationieren ließen. Und als DDR-Staats- und Parteichef Erich Honecker sich in Bonn ansagte, ließ Moskau seinen Besuch ebenso platzen wie den des bulgarischen KP-Chefs Todor Schiwkow. Die spürbaren außenpolitischen Mißerfolge der Sowjetunion – der anhaltende Krieg in Afghanistan, die schwelende Unruhe in Polen, die Abwendung alter Verbündeter im südlichen Afrika und der Verlust an Einfluß im Nahen Osten – schienen Gromykos Stellung nicht anzukratzen. So war er es dann auch, der gegen Jahresende – nach dem Tod des Verteidigungsministers und „Falken" Ustinow – erste Zeichen für eine Wiederannäherung der verkrachten Supermächte setzte: Gromyko besuchte US-Präsident Ronald Reagan im Weißen Haus und vereinbarte neue Gespräche über „den gesamten Bereich der Atom- und Weltraumwaffen betreffenden Fragen" für Anfang Januar 1985. Vor allem die Fortschritte der Amerikaner bei der Entwicklung von Abwehrsystemen gegen Nuklearraketen im Weltall waren es, die Moskau bewogen, wieder an den Verhandlungstisch zurückzukehren. Zu großen Hoffnungen auf Abrüstungserfolge bestand dennoch wenig Anlaß: Zuviel Zeit war vertan, zuviel Mißtrauen auf beiden Seiten durch immer mehr Waffen entstanden.

Großvater ganz privat: Familienfotos von Sowjet-Größen haben Seltenheitswert. Auf diesem offiziellen Porträt zeigt sich Tschernenko mit seiner Ehefrau Anna und seiner Tochter Jelena. Auf dem Arm trägt er seinen Enkelsohn Dimitrij. Der neue Kreml-Chef stammt aus einer russischen Bauernfamilie und wurde in Sibirien geboren. Parteikarriere machte er als Vertrauter Breschnjews.

Behutsam rückt der amerikanische Präsident den sowjetischen Außenminister für die Fotografen in Position. Das Treffen mit Andrej Gromyko im Weißen Haus am 28. September brachte Ronald Reagan erstmals in seinen vier Amtsjahren mit einem führenden Politiker der UdSSR in Berührung – nach einem Jahr des Stillstands in der Abrüstungsdiplomatie und der erbitterten Beschimpfungen. Der mürrische Gromyko, dessen Einfluß im weltpolitisch unerfahrenen Politbüro in seinem 27. Jahr als Außenminister größer denn je ist, hatte den Frost-Kurs offensiv vertreten. Nun aber setzte er im Gespräch mit Reagan – noch vor dessen Wiederwahl – die Signale auf besseres Klima und neue Verhandlungen.

Wie krank ist der erste Mann des Sowjetstaats? Die alte Frage stellt sich bei Tschernenko ebenso akut wie bei seinen Vorgängern Breschnjew und Andropow. Der 73jährige hat ein schwaches Herz und leidet unter Atembeschwerden. Ein spanischer Fotograf, der König Juan Carlos im Frühjahr nach Moskau begleitete, schoß diese Bildsequenz: Der Parteichef (mit Hut) muß von zwei Begleitern gestützt werden. Einer von ihnen knöpft ihm sogar den Mantel, während der Parteichef völlig starr stehenbleibt.

Die drei sowjetischen Kosmonauten nach ihrem 237-Tage-Rekordflug (unten). Als sie am 2. Oktober in der Steppe von Kasachstan landeten, mußten sie in Liegestühlen weggetragen werden. Bei lang anhaltender Schwerelosigkeit baut der menschliche Organismus automatisch Knochen und Muskeln ab, so daß Raumfahrer nach langer Reise zunächst Probleme mit der irdischen Schwerkraft haben.

Der vier Meter lange Mini-Shuttle, mit dem die Sowjets das Flugverhalten bei der Rückkehr aus dem Weltraum erforschen, wurde im Juni 1983 von der Besatzung eines australischen Marine-Aufklärungsflugzeugs im Indischen Ozean fotografiert. Das pummelige Fahrzeug mit angedeuteten Deltaflügeln ähnelt den amerikanischen „Lifting Bodies" aus den sechziger Jahren, die dem gleichen Zweck dienten. Die spitze Tüte auf der Oberseite ist nach Vermutungen westlicher Experten eine Ortungsvorrichtung, die das Auffinden des unbemannten Versuchsfahrzeugs im Ozean erleichtern soll.

Rekordflug im All mit Raketen aus den fünfziger Jahren

Die sowjetischen Raumfahrer sind auf der Verliererstraße. Zwar konnten die drei Kosmonauten Leonid Kisim, Wladimir Solowjow und Oleg Atkow im Oktober noch einmal einen Langzeit-Rekord aufstellen: Sie landeten nach 237 Tagen im All, nach fast acht Monaten. Doch ihre Wohnstube im Weltraum, die Raumstation „Saljut", ist eine Konstruktion aus den sechziger Jahren. Die Sojus-Rakete, mit der sie und alle ihre Kollegen in die Erdumlaufbahn vorstießen, stammt aus den fünfziger Jahren. Nur durch unermüdliche Versorgungsflüge mit automatischen Raumschiffen vom Typ „Progress" gelang es den Sowjets noch einmal, Höchstleistungen aus ihrem steinalten Fahrzeugpark herauszuholen.

Die östlichen Raumfahrt-Planer sind sich ihres Mangels an modernem Gerät durchaus bewußt. Seit Jahren tüfteln sie an neuen Raketen, die leistungsfähiger sind und nach dem Einsatz zur Erde zurückkehren können – wie der amerikanische Space Shuttle. Der verkleinerte Vorläufer eines wiederverwendbaren Raumfahrzeuges wurde erstmals beobachtet, als er im Juni 1983 nach einem Probeflug um die Erde im Indischen Ozean wasserte. Amerikanische Späh-Satelliten haben inzwischen auf der Startrampe in Baikonur einen Sowjet-Shuttle in voller Größe ausgemacht, dessen Jungfernflug unmittelbar bevorstehen soll. Nach ersten Skizzen, die im Westen kursieren, ähnelt der „rote" Shuttle seinem Vorbild nicht nur verblüffend in Maßen und Gewichten, sondern auch im Flugverfahren. Selbst die Überführung der antriebslosen Raumfähre vom Landeplatz zum Startort wollen die Sowjets so bewerkstelligen wie die Amerikaner – huckepack auf einem Transportflugzeug.

Was den Sowjets trotz allem Nachbau-Eifer nicht gelungen zu sein scheint, sind die großen Feststoff-Raketen, die den Original-Shuttle beim Start kräftig unterstützen. Diese „Booster", große Blechrohre, die mit Schießpulver gefüllt sind, lassen sich viel billiger herstellen als herkömmliche Flüssigkeitsraketen. Sie tragen erheblich zur Wirtschaftlichkeit des Shuttle bei. Voraussetzung ist allerdings, daß man die diffizile Kunst ihrer Herstellung beherrscht. Bei ungleichmäßiger Einfüllung des brisanten Festtreibstoffs neigen solche Booster beim Start zu schlagartiger Verbrennung – zur Explosion. Auch die Regelung von Feststoffraketen ist eine Kunst: Einmal gezündet, lassen sie sich so schwer abschalten wie eine Feuerwerks-Rakete. Offenkundig beherrschen die Sowjets diese Techniken mit der für die Raumfahrt erforderlichen Sicherheit noch nicht. Ihre Shuttle-Kopie wird zwar ebenfalls von zwei seitlich angebrachten Hilfsraketen unterstützt. Doch diese Sowjet-Booster, die ihren amerikanischen Vorbildern aufs Haar ähneln, arbeiten mit Flüssigtreibstoffen – altmodisch, kompliziert und teuer.

Wie in einer Bananenrepublik

Wenn die Bonner Mächtigen in Schwierigkeiten geraten, verwechseln sie gern das Wohl des Staates mit dem eigenen. Als die CDU in der Flick-Spendenaffäre nicht mehr aus den Negativ-Schlagzeilen kam, fürchteten Helmut Kohl und seine Gesinnungsfreunde um Regierung und Staat. Der Kanzler war fest überzeugt: „Es gibt das Großziel, die jetzige Regierung zu diffamieren." Und die Partei-Strategen im Konrad-Adenauer-Haus machten sogleich „eine Kampagne" aus, „die auf die Zerstörung unserer Demokratie zielt . . ." Kritik verdient danach also nicht, wer aus den eigenen Reihen einen Skandal provoziert, sondern wer ihn enthüllt. Nach der Methode „Haltet den Dieb!" versuchten Christ- und Freidemokraten von der peinlichen Spendenaffäre abzulenken, indem sie jene anschwärzten, die den Mißstand aufgedeckt hatten – vorzugsweise Oppositionspolitiker und Journalisten.

Als im Oktober ruchbar wurde, der damalige Bundestagspräsident Rainer Barzel sei nach 1973 in anrüchige Geldgeschäfte mit dem Flick-Konzern verwickelt gewesen, wies der Parlamentsvorsteher diesen Vorwurf als glatten „Rufmord" zurück – bis zu seinem unrühmlichen Abgang von der Bonner Bühne. Schon ein halbes Jahr vorher hatten die christlichen und liberalen Regenten einen peinlichen Mangel an Fingerspitzengefühl und politischem Anstand bewiesen. In krasser Fehleinschätzung der Wähler-Stimmung wollten sie sich für illegal und an der Steuer vorbei kassierte Gelder aus der Wirtschaft mittels eines Sondergesetzes

selbst amnestieren. Eine öffentliche Protestwelle und die wohl letzte Besinnung der FDP auf ihre eigenen Grundwerte ließen den Plan scheitern.

Seit immer mehr Einzelheiten über die Verteilung von 25 Millionen Mark Spenden aus den Kassen des Hauses Flick in den siebziger Jahren und Anfang der achtziger Jahre an Politiker von CDU, CSU, SPD und FDP bekanntgeworden sind, waren die „demokratischen Parteien in eine Vertrauenskrise geraten", wie selbst CDU-Generalsekretär Heiner Geißler zugeben mußte. Mehr noch: Hält man sich an die schriftlichen Aufzeichnungen des früheren Flick-Managers und Kanzler-Duzfreundes Eberhard von Brauchitsch, dann war er der heimliche Herrscher von Bonn: Von der Steuerbefreiung für seinen Konzern bis hin zur Kandidatenaufstellung bei CDU und FDP – überall mischte er mit, stattete die politischen Herren mit Geld aus und gab seine Meinung zum besten.

Als die Brauchitsch-Akten in die Hände der Staatsanwaltschaft fielen, brachten sie dem Manager eine Anklage wegen Bestechung und dem damaligen FDP-Wirtschaftsminister Otto Graf Lambsdorff eine Anklage wegen Bestechlichkeit ein. Der „Marktgraf" mußte zurücktreten, und die Regierung Kohl verlor ihren ersten Minister, der auch noch einer der wichtigsten war. Und auch der Amtsvorgänger des Grafen, der Liberale Hans Friderichs, muß sich demnächst vor Gericht verantworten. Das bisher letzte prominente Opfer der Flick-Gelder war Bundestagspräsident Rainer Barzel.

Jahrzehntelang war in der Bundesrepublik politische Praxis, was für südamerikanische oder afrikanische Bananenrepubliken typisch gewesen wäre: Die Liste der Staatsanwaltschaft über die Schmiergeldempfänger, mit deren Hilfe das Haus Flick sich seine Vorstellungen über Politik und Gesetz zu erkaufen suchte, liest sich wie ein „Who's Who" der deutschen Politik. Von CDU-Ministerpräsident Ernst Albrecht über CDU-Finanzminister Stol-

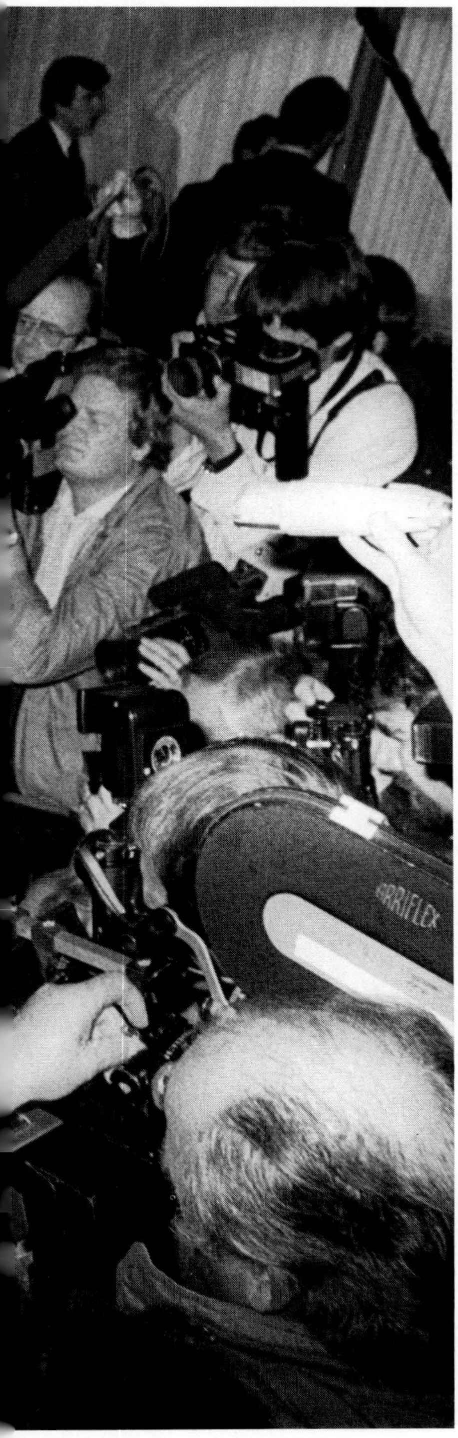

Auf dem Münchner Opernball tanzten Friedrich Karl Flick und Rainer Barzel noch Seit' an Seit'. Inzwischen ist Barzels Stern erloschen: Im Oktober mußte der damalige Parlamentspräsident seinen Sessel räumen. Der Grund: Der Ex-Kanzlerkandidat und einstige Fraktions- und Parteivorsitzende der CDU hatte sich 1973 den Abschied von Flick vergolden lassen. Der Konzern hatte dem Absteiger Barzel den Abgang aus den Schaltstellen der Unionspolitik mit einer besonderen Arbeitsbeschaffungsmaßnahme schmackhaft gemacht. Als eine Art gehobener Frühstücksdirektor wurde der Abgeordnete in das Büro des Frankfurter Anwalts Dr. Albert Paul vermittelt. Das Gehalt, von 1973 bis 1980 rund 1,7 Millionen Mark, überwies der Flick-Konzern stets pünktlich – obwohl Barzel seine Hausaufgaben als Berater eher mittelmäßig erfüllte. Im Herbst flog der Handel auf. Barzels Verteidigungsrede vor dem Untersuchungsausschuß des Bundestages verhallte – er mußte seinen Abschied nehmen.

tenberg und Bayerns CSU-Landesvater Franz Josef Strauß; von Jürgen Möllemann (FDP) und Hans-Dietrich Genscher (FDP) bis zum verstorbenen SPD-Schatzmeister Alfred Nau.
Dank der akribisch notierten Zahlungs- und Aktenvermerke des Flick-Konzerns geriet schließlich auch der Kanzler ins Zwielicht. Eine Vorladung zum Parlamentarischen Untersuchungsausschuß des Bundestages war die Folge. Der Grund: Helmut Kohl, der CDU-Vorsitzende, war jahrelang selbst guter Kunde bei Flick. Sein Name tauchte erstmals 1973 in Verbindung mit einer Spende von 100 000 Mark auf – zu einem Zeitpunkt, als sich der damalige Ministerpräsident von Rheinland-Pfalz anschickte, die Nachfolge des gescheiterten Parteichefs Rainer Barzel anzutreten. In den Spenden-Listen, die der frühere Chefbuchhalter von Flick, Rudolf Diehl, führte, wird Kohl insgesamt dreizehnmal genannt. Zwischen 1973 und 1980 kassierte der damalige Oppositionsführer demnach aus „inoffiziellen Zahlungen 665 000 Mark". Worum es bei den Transaktionen ging, hatte Flick-Manager Max Paefgen 1976 notiert: „Ich beabsichtige, Kohl in gleicher Weise auszustatten wie die anderen Herren."
Bei der Staatsanwaltschaft vermochte sich Kohl freilich zunächst nur an „zwei oder drei Spendenvorgänge in einer Größenordnung um die 20 oder 30 bis 35 000 Mark" zu erinnern. Eines wußte er allerdings genau: „Die Zahlung erfolgte jeweils in bar." Außerdem habe er alles an die Partei abgeliefert. Mit Nichtwissen bestritt Kohl im Herbst 1984 auch den Vorwurf, Kenntnis davon gehabt zu haben, daß ihm von Brauchitsch Anfang der siebziger Jahre den Weg zum Parteivorsitz geebnet habe – durch den 1,7 Millionen-Mark-Vertrag, der zwischen der Frankfurter Anwaltskanzlei Dr. Paul und Barzel 1973 geschlossen wurde und hinter dem der Flick-Konzern als stiller Geldgeber stand.

Tatsache ist jedenfalls, daß der spätere CDU-Generalsekretär Kurt Biedenkopf am 10. Mai 1973 dem „lieben Herrn Kohl" schrieb: „Was Herrn Dr. Barzel anbetrifft, habe ich meine Hilfe bei der Lösung der sozialen Frage in Aussicht gestellt." Wer soll ernsthaft glauben, Biedenkopf habe Kohl nicht vollständig über das Projekt Barzel informiert, wo er doch am Schluß des Briefes mitteilt: „Alles weitere telefonisch"?
Des Kanzlers Erinnerungslücken hatten einen inakzeptablen, aber triftigen Grund: Wer kein Unrechtsbewußtsein hat, vergißt auch schneller. Für ihn ging es in der dubiosen Spendenpraxis weniger um Recht und Gesetz als vielmehr um das Wohl der Parteien. Da stinkt das auf fragwürdige Weise gesammelte Geld nicht, da wird die Illegalität des Spendenalltags zur Schein-Legalität umgebogen. Helmut Kohl war stets fest davon überzeugt, es habe ein „gesetzloser Zustand" geherrscht, in dem „Parteispenden dieser Weise möglich" gewesen seien.
Mit ähnlichen Worten hatte bereits Alt-Bundespräsident Walter Scheel die verdeckte Parteienfinanzierung über Geldwaschanlagen zu rechtfertigen versucht. Das sei „ein vom Gesetz erzwungener Umweg", und alles sei „gängige Praxis" gewesen, mutete er im Prozeß gegen den Pharma-Unternehmer Madaus den Richtern zu. Gerade so, als dürfe jeder ein Gesetz umgehen, das ihm nicht paßt.
Kohl und Scheel mußten es besser wissen. Die Rechtslage war niemals unklar. Im Gegenteil: Es gab einen Gesetzes-Zustand, der weder ihnen noch anderen Parteichefs noch gar den Schatzmeistern gefiel und der deshalb mit ausgeklügelten Tricks umgangen wurde. Umwege geht aber nur, wer weiß, daß der gerade Weg verboten ist. Nach dem bis Ende 1983 gültigen Parteiengesetz mußten Spenden über 20 000 Mark namhaft gemacht werden. Und nach der mit Gesetzeskraft versehenen Rechtsprechung des Bundesverfassungsgerichts durften Spenden, die „für allgemeine staatspolitische Zwecke an eine juristische Person" gegeben wurden und die wegen der im Regelfall zugestandenen Gemeinnützigkeit der Organisation steuerbegünstigt waren, „weder unmittelbar noch mittelbar einer politischen Partei zufließen".

Prominentenandrang vor dem Parlamentarischen Untersuchungsausschuß des Bundestages zur Aufklärung der Flick-Affäre. Die FDP-Politiker Otto Graf Lambsdorff und Hans-Dietrich Genscher; der ehemalige SPD-Kanzler Helmut Schmidt und die CDU/CSU-Vorsitzenden Helmut Kohl und Franz Josef Strauß mußten ebenso wie Konzernherr Friedrich Karl Flick dem Gremium Rede und Antwort stehen: Es ging um ihre Verstrickung in Schmiergeldzahlungen des Konzerns, mit denen sich die Firma Flick um Hunderte von Millionen Mark fälliger Steuern beim Verkauf des Daimler-Benz-Aktienpakets herumdrücken wollte.

Was selbst in Bananenrepubliken kaum für möglich gehalten wird, war in der Bundesrepublik Jahre um Jahre üblich: Mit Geld aus Steuerhinterziehungen wurden die beständig notleidenden Kassen von CDU/CSU, FDP und SPD aufgefüllt. Besonders eifrig beim Lockermachen von Finanzspritzen war der ehemalige persönlich haftende Gesellschafter des Flick-Konzerns, Eberhard von Brauchitsch. Mit gut 25 Millionen Mark, die er in den siebziger Jahren und Anfang der achtziger Jahre aus den Flick-Kassen an Politiker von CDU, CSU, FDP und SPD zur „besonderen Pflege der Bonner Landschaft" verteilen ließ, war Brauchitsch der heimliche Herrscher von Bonn. Vor dem Parlamentarischen Untersuchungsausschuß berichtete der einstige Vertraute des Konzernherrn Friedrich Karl Flick eiskalt, wie er Politiker von sich abhängig machte oder sich ihnen wenigstens mal gefällig zeigte – die Liste der Prominenten ist lang. Sie reicht von Rainer Barzel bis zu Helmut Kohl, von Hans Dietrich Genscher bis zu Franz Josef Strauß, von Otto Graf Lambsdorff bis zum vor einigen Jahren verstorbenen Ex-SPD-Schatzmeister Alfred Nau.

Friedenspreis gegen den Staat der Gewalt

„Unsere Sache ist gerecht", erklärt Bischof Desmond Tutu, „und die Gerechtigkeit wird siegen." Die Sache des Friedensnobelpreisträgers 1984 ist der gewaltfreie Kampf gegen das Apartheid-System in der Republik Südafrika, das 17 Millionen Schwarzen elementare politische und Menschenrechte verweigert. Als Generalsekretär des anglikanischen Südafrikanischen Kirchenrats mit zwölf Millionen meist schwarzen Mitgliedern ist Tutu zum wichtigsten Herausforderer des Rassisten-Staats geworden. Besorgt sieht aber auch er die Ungeduld der Jugend angesichts fortdauernder Unterdrückung. Terrorakte der Schwarzen und blutige Repressalien der Weißen gegen Proteste, Streiks und Demonstrationen nahmen 1984 zu: Polizisten und Soldaten, erstmals seit 1960 gegen Demonstranten eingesetzt, töteten über 160 Schwarze. „Ohne internationalen Druck", fürchtet Bischof Tutu, „sind die Chancen für einen friedlichen Wandel in Südafrika gleich Null."

Mit dem Schlagstock jagt ein Polizist eine schwarze Frau bei einer Demonstration gegen das Apartheid-Regime – selbst schwarze Beamte sind meist treue Büttel der weißen Machthaber. Dem Klima des Hasses setzt Bischof Desmond Tutu seine Appelle zur Gewaltlosigkeit entgegen. 1984 erhielt er den Friedensnobelpreis.

Schrottplatz Pakistan

Wenn über dem Indischen Ozean der Monsun zu Ende geht und das Meer ruhiger wird, beginnt in Gadani die Saison. Zu Tausenden fallen dann dunkelhäutige Männer, meist mit Turban und Kaftan bekleidet, über die Frachter und Tanker her, die aufgereiht wie gestrandete Wale an einem acht Kilometer langen Küstenstreifen liegen. Die Männer rücken ihnen mit Schneidbrennern und Brecheisen zu Leibe, schlachten sie aus, zertrennen und zerstückeln sie. Nautische Geräte und Maschinenteile wandern auf den Altwarenmarkt. Der Schrott landet in den Schmelzöfen. Gadani, 70 Kilometer von der pakistanischen Hafenstadt Karachi entfernt, ist einer der größten Abwrackplätze

Am Strand von Gadani in Pakistan endet die letzte Reise dieses Tankers. Kaum hat sich der Bug in den Sand gebohrt, sind einheimische Helfer zur Stelle, um den Riesen zu vertäuen — so fest, daß er von der Flut nicht weggeschwemmt und mit Schweißbrennern in Stücke geschnitten werden kann. Die abgetrennten Rumpfsegmente werden dann mit Seilwinden weiter an Land gezogen, in handliche Platten zerkleinert, auf Lastwagen geladen und zu den Hüttenbetrieben des Landes transportiert. Nachschub für die Schmelzöfen ist in Gadani ausreichend vorhanden. Aufgereiht liegen die in aller Welt ausgemusterten Frachter und Tanker am Strand, um verschrottet zu werden. Vor dieser Kulisse machen sich primitive Behausungen aus Lehm und Blech, ohne Wasser und Strom, breit — eine Siedlung für 20 000 Männer, die überwiegend aus den Dörfern der Provinz Belutschistan nach Gadani gekommen sind, um auf dem Schiffsfriedhof Arbeit zu finden.

der Welt. Seit die internationale Schifffahrt in der Flaute dümpelt, werden hier jedes Jahr mehr als 100 ausgemusterte Seetransporter zerlegt – Arbeit für 20 000 Pakistani.
In Europa lohnt das Geschäft kaum noch, weil das Verschrotten von Schiffen zu personalintensiv und zu teuer ist. Was auf See zum alten Eisen zählt oder keine Ladung mehr bekommt, landet deshalb heute in Taiwan, Südkorea oder in Pakistan, wo die Abwrackkosten gut zwei Drittel niedriger sind als in der Bundesrepublik und wo es somit erheblich günstiger ist, die Schmelzöfen der Gießereien mit preiswertem Schrott statt mit teurem Import-Erz zu füttern.
Willige und billige Arbeitskräfte gibt es in Gadani genug. Die knapp 70 Abwrackunternehmen haben keine Mühe, in der armen Provinz Belutschistan ihre Kolonnen zu rekrutieren. Die Angeworbenen werden je nach Bedarf geheuert und gefeuert; sie schuften zu Stundenlöhnen, für die in Europa niemand einen Finger krumm machen würde. Etwa acht Mark bekommen die ärmsten der Schrottkulis, die Schlepper und Handlanger, für einen Zwölf-Stunden-Tag. Schweißer bringen es auf 40 Mark, für pakistanische Verhältnisse eine fürstliche Entlohnung. Arbeitsschutz-Bestimmungen sind unbekannt, Krankengeld gibt es nicht. Wer sich bei der Knochenarbeit verletzt und nicht mehr kann, fliegt.
Dank solcher Vorteile können die Schrottbosse auf teure Investitionen und aufwendige Maschinen verzichten. Nirgendwo am Strand von Gadani ist ein Kran zu sehen. Keine Presse, keine Säge. Seilwinden, Schweißbrenner, Hammer und Meißel sind die einzigen Hilfsmittel der Abwracker. Unter dem Strich können die Unternehmer deshalb, wenn sie einen alten Pott billig aufkaufen und den Schrott günstig an die Schmelzen von Karachi und Lahore weiterverscherbeln, bis zu 500 Prozent Profit einstreichen.
An Nachschub mangelt es nicht. Allein in den vergangenen drei Jahren wurden mehr als 500 Schiffe verschrottet – meist Tanker, die nach dem Abflauen des Ölbooms nicht mehr gebraucht wurden. Von den knapp 600 verbliebenen Supertankern ist gut ein weiteres Drittel überflüssig – Arbeit auf Jahre hinaus für die Abwracker von Gadani.

Bombenterror im Tunnel

23. Dezember 1984, 19.08 Uhr. Der überfüllte Schnellzug Neapel–Mailand rast durch die „Galleria del Appennino" an der Strecke Florenz–Bologna. Die meisten der Reisenden sind auf dem Weg zum Weihnachtsfest – zu Hause oder bei Freunden in Norditalien. Im drittletzten Waggon explodiert eine Bombe – 15 Menschen sterben, 180 werden verletzt. Das mit größter Wahrscheinlichkeit von Faschisten angerichtete Blutbad in der Nacht vor Heiligabend schockte Italien.

Zum fünften Mal hatten Faschisten mit Anschlägen auf Züge und Bahnanlagen in der Gegend von Bologna zugeschlagen. Sie wollen Angst schaffen. Italien soll nach einem neuen starken Mann rufen – die Faschisten wollen den Weg für einen neuen Mussolini freibomben.

Doch Italien trauerte nicht nur. Sofort machte sich auch Wut breit: Wut auf den Staat, der mit rechtsextremistischen Terroristen denkbar milde umgeht, Wut darauf, daß keines der großen Blutbäder, die Faschisten in den letzten 15 Jahren in Italien verursacht haben, so etwa der Anschlag auf den Bahnhof von Bologna 1980 mit 85 Toten, gesühnt wurde. Wut darüber, daß mutmaßliche Täter immer wieder „mangels Beweisen" freigesprochen werden. Und darüber, daß immer wieder ruchbar wird, daß die Geheimdienste Rechtsterroristen unterstützen oder decken.

Wut über die seltsame Unfähigkeit von Justiz und Polizei, den braunen Sumpf auszutrocknen, obwohl sie doch den linken Terrorismus von Roten Brigaden und Prima Linea so erfolgreich bekämpft hatten.

Daß es immer wieder Bologna oder Züge trifft, die in die Hauptstadt der Emilia Romagna fahren, ist kein Zufall. Bologna, seit Kriegsende von Kommunisten und Sozialisten regiert, ist sauberer, reicher, friedlicher und geordneter als die meisten anderen italienischen Städte. Das ist den Rechten ein Dorn im Auge. Es paßt nicht ins Bild, daß ausgerechnet in dieser Stadt Ordnung herrscht. Die Bomben des neo-Faschisten sollen die Ruhe in der „roten" Musterstadt stören.

Feuerwehrleute bergen die 15 Toten aus dem drittletzten Waggon des Schnellzuges. Der 2.-Klasse-Wagen wurde durch die Wucht der Bombe in der engen Röhre völlig zerfetzt. Einer der Retter, der stundenlang zwischen Leichenteilen und Schwerverletzten im Einsatz war, erschoß sich am gleichen Tag. „Ich kann", schrieb er, „in dieser Gesellschaft nicht mehr leben."

75 Passagier-Puppen waren in den Polstern festgeschnallt, als die 24 Jahre alte Düsenmaschine im Dezember zu ihrem letzten Flug startete. Kameras und Sensoren waren in der Kabine montiert, um das Aufplatzen des Rumpfes und eine eventuelle Ausbreitung von Feuer präzise zu registrieren. Als die ferngesteuerte Maschine in Kalifornien auf den Wüstenboden krachte, verlief der Versuch überraschend realistisch: Austretendes Kerosin entfesselte eine Flammenhölle

Gesucht: ein Treibstoff, der im Motor brennt, aber nicht in der Luft

Noch nie war ein Absturz so gründlich vorbereitet: Die viermotorige Verkehrsmaschine war mit Dutzenden von Kameras bestückt, um jedes Detail der Katastrophe aufzuzeichnen. Die voraussichtliche Aufschlagzone war mit spitzen Eisenpfählen gespickt, um die mit Treibstoff gefüllten Flügel aufzureißen. Starke Lampen standen am Boden, um auslaufenden Treibstoff zu entzünden. Und genau so kam es: Als die Boeing 720 ferngesteuert zu Boden krachte, brach prompt Feuer aus. Doch der wissenschaftliche Versuch, von dem das US-Luftfahrtbundesamt sich eine revolutionäre Verbesserung der Flugsicherheit versprochen hatte, war damit fehlgeschlagen.

Ziel war nämlich der Nachweis, daß dieses Flugzeug trotz auslaufendem Treibstoff von einem Brand verschont bleiben würde. Chemiker der britischen Firma Imperial Chemical Industries hatten dem Treibstoff eine von ihnen entwickelte Substanz namens AMK beigemischt, die das Verdampfen und damit das Entzünden des Kerosins beim Aufschlag verhindern sollte – ohne aber die Verbrennung im Triebwerk zu behindern. Nachdem der Versuch gescheitert ist, triumphieren die Fluggesellschaften: Ihnen ist das Zusatzmittel (drei Pfennig pro Liter) zu teuer. Die ICI will trotzdem nicht aufgeben. „Wir haben 17 Jahre Forschungsarbeit investiert", sagte ihr Sprecher William Metten nach dem Fehlschlag. „Wir gehen jetzt nicht einfach davon und hören auf."

Mit eingefahrenem Fahrwerk ging die 120 Tonnen schwere Maschine in flachem Gleitwinkel zu Boden. Ihre Piloten saßen kilometerweit entfernt in einem fensterlosen Raum des Luftwaffen-Stützpunkts Edwards. Sie steuerten nach einem Fernsehbild, das von einer Kamera im Bug des Flugzeugs per Funk übertragen wurde, und nach Instrumenten, die ihnen Fluglage und Kurs anzeigten. Beim Aufprall rissen Eisenpfähle die Tanks auf, und der Treibstoff entzündete sich sofort.

und hinterließ ein schwarz verkohltes Wrack. Doch die Ergebnisse des aufwendigen Versuches waren dürftig: Nur wenige Meßinstrumente überstanden das unerwartet starke Feuer.

Der Langstreckenbomber B-1 beim Start zum Testflug. Die viermotorige Maschine, etwa so groß wie eine Boeing 707, wurde dafür konstruiert, mit Luftbetankung um die halbe Welt zu fliegen und im schallschnellen Tiefflug stark verteidigte Bodenziele mit Atomwaffen anzugreifen. Hersteller ist die Firma Rockwell, die auch den Space Shuttle produziert. Für die US-Luftwaffe hat der bemannte Bomber auch in Zukunft Vorteile gegenüber Interkontinentalraketen: Er trifft genauer, und die Besatzung kann unterwegs den Angriffsplan ändern. Der schwindelerregende Preis dafür: rund 800 Millionen Mark pro Flugzeug.

Harte Landung

Die 200-Tonnen-Maschine düste über das Testgelände von Kalifornien. Es war ein Probeflug wie Dutzende zuvor. Das Verhalten des Bombers bei niedriger Geschwindigkeit sollte getestet werden. Versuchspilot Doug Benefield verstellte die Schwenkflügel in vordere Stellung und regelte die vier Triebwerke auf Leerlauf. Doch der Bordingenieur, Otto Waniczek, versäumte, zugleich ein paar tausend Liter Kraftstoff in die vorderen Tanks umzupumpen und so die Schwerpunktlage an die veränderte Flügelstellung anzupassen. Die schwere Maschine wurde hecklastig und sackte durch. Die drei Männer im Cockpit sahen keine Möglichkeit mehr, die Maschine zu retten. Sie beschlossen, auszusteigen, und erprobten damit unfreiwillig eine revolutionäre Neuerung des US-Bombers: die „Rettungskapsel".

Bei der B-1 wird im Notfall das gesamte Cockpit durch „Sprengschnüre" vom Rumpf abgetrennt und gleitet komplett an großen Fallschirmen nieder. Der Vorteil gegenüber herkömmlichen Schleudersitzen: Die Insassen bleiben vor eisiger Höhenluft und rasendem Fahrtwind geschützt. Bei dem Absturz im August 1984 funktionierte die Neuheit allerdings nur unbefriedigend: Das Cockpit landete unerwartet hart inmitten der Mojave-Wüste – unweit des berühmten Luftwaffen-Stützpunktes „Edward's Air Force Base",

wo die Maschine eine Stunde zuvor gestartet war. Alle drei Männer wurden bei dem Aufprall verletzt – einer von ihnen, der Testpilot der Hersteller-Firma Rockwell, sogar tödlich. Von den drei Sprengbolzen, die für eine ordnungsgemäße Entfaltung der Fallschirme hätten sorgen sollen, war einer nicht losgegangen, so daß die Kapsel kopfüber aufschlug. Die an der Unterseite angebrachten Luftkissen, die sich nach dem Absprengen automatisch aufblasen, konnten den Aufschlag nicht hinreichend dämpfen.

Der Absturz eines von drei Prototypen traf ein Projekt, das schon mehr als einmal totgesagt worden war. Einflußreiche Kritiker in den USA prangern den 800 Millionen Mark teuren Bomber seit Jahren als überzüchtet, zu verwundbar und im Grunde überflüssig an. Präsident Jimmy Carter hatte die Erprobung der B-1 im Jahr 1977 gestoppt. Sein Nachfolger Ronald Reagan setzte gegen harten Widerstand im US-Kongreß die Wiederaufnahme des Programms durch. Amerika benötigt, so seine Argumentation, auch in den neunziger Jahren neben Interkontinentalraketen einen bemannten Bomber für den atomaren Vergeltungsschlag gegen den potentiellen Angreifer Sowjetunion. Und die B-52, der heutige Langstreckenbomber, ist unzweifelhaft veraltet. Im Ernstfall soll die B-1 notfalls inmitten von Einschlägen feindlicher Atomraketen von Feldflugplätzen in den USA starten, in rund zehn Stunden an die Grenzen der Sowjetunion düsen, mit Atomraketen vom Typ SRAM die Flugabwehr niederhalten und mit Marschflugkörpern vom Typ ALCM feindliche Führungsbunker, Werften, Bahnhöfe und ähnliche militärische Ziele angreifen. Danach soll die B-1 mit Überschallgeschwindigkeit entkommen und sich die Verfolger mit einem Arsenal raffinierter Störsender vom Leibe halten. Die erste Serienmaschine – nun zum Typ B-1B abgewandelt – ist unterdessen zum Jungfernflug aufgestiegen. Die unfreiwillige Erprobung der Rettungskapsel war allerdings vergeblich. Für die Serienfertigung greifen die Konstrukteure inzwischen auf herkömmliche Schleudersitze zurück. Die zahlreichen Sprengschnüre mit ihren diffizilen Störungsquellen waren den Air-Force-Generälen unheimlich geworden.

Sie befürchteten, daß die Sprengschnüre aus Versehen zünden und den Bomber zur Unzeit in seine Einzelteile zerlegen könnten. Für Militärs natürlich ein Alptraum.

Das abgesprengte Cockpit in der Wüste Kaliforniens. Bei einem Langsamflug-Test war die Versuchsmaschine außer Kontrolle geraten, und die Crew brachte sich mit der „Rettungskapsel" in Sicherheit. Einer der Piloten starb in seinem Sitz. Der Rest der Maschine verbrannte beim Aufschlag.

Stoppt die Tierversuche

Selten waren deutsche Tierschützer so mutig und erfolgreich wie im letzten Jahr: Heimlich brachen sie in Privatlabors und sogar in die strengbewachte Versuchstieranlage der Universität Heidelberg ein, um Hunde, Katzen, Meerschweinchen vor schmerzhaften wissenschaftlichen Versuchen zu retten. Dabei werden die Tiere verkabelt, geknebelt, an Maschinen angeschlossen, mit Medikamenten vollgestopft oder mit Gift besprüht. Engagierte Tierschützer sind überzeugt, daß neunzig Prozent der sieben Millionen Tiere umsonst zu Tode gequält werden.

Tod für Tausende

Jedes Jahr ziehen die Karibu-Herden vom Nordosten Kanadas zum Überwintern in den milderen Süden. Und wie in jedem Jahr mußten sie auch in diesem Herbst wieder den Caniapiseau-Fluß durchqueren. Doch der Strom führte Hochwasser, die Karibus wurden in die Tiefe gerissen und auf die Stromschnellen geschmettert. Zehn- bis zwanzigtausend Tiere kamen um. Durch menschliche Schuld, sagen Eskimos und Indianer, die hier leben. Genau zur Wanderzeit der Karibus habe der Energie-Konzern „Hydro-Quebec" die Schleusen des neuen Caniapiseau-Staubeckens geöffnet.

Der Zusteiger

Als der Franzose Rudy Kisshazy das verwaiste Adlerjunge in seine Obhut nahm, stand für den begeisterten Drachenflieger aus Chamonix fest: Mit „Breezy" würde er eines Tages gemeinsam durch die Lüfte segeln. Doch die Sache war schwieriger, als Kisshazy erwartet hatte. Zwar gelang es ihm, das Tier großzuziehen, doch als der junge Adler endlich flügge geworden war, dachte der gar nicht daran, wie ein Hund

hinter seinem Herrn herzusausen. Es kostete Kisshazy unendliche Geduld und noch mehr Leckerbissen, um den Steinadler, Europas größten Greifvogel, dazu zu bringen, seinem drachenfliegenden Ziehvater zu folgen.

Mit der Zeit fand Breezy jedoch Spaß an den gemeinsamen Ausflügen und war bald eifrig bemüht, alle Kehren, Spiralen oder Loopings, die sein Herr vorführte, prompt nachzuahmen. Längst kannte er Kisshazys Drachen ganz genau und ließ sich von anderen Windgleitern, die seine Flugbahn kreuzten, durchaus nicht irritieren. Und schließlich hatte Kisshazy seinen Flugbegleiter so weit, daß er auf Pfiff herankommt, auf dem ausgestreckten Lederhandschuh Platz nimmt und so mit seinem Herrn gemütlich ins Tal segelt.

Glück im Unglück

Die See ist ruhig, das Wetter im Ärmelkanal diesig. In regelmäßigen Abständen läßt die Hamburger Fähre „Olau Britannia", mit 935 Passagieren vom holländischen Vlissingen unterwegs nach Sheerness in der Themsemündung, ihr Nebelhorn ertönen. Trotzdem taucht plötzlich vor dem Bug ein fremdes Schiff aus dem Nebel auf. Zum Stoppen ist es zu spät: Mit voller Wucht kracht die Fähre in die Heckaufbauten des französischen Frachters „Mont Louis". Erst Stunden später gelingt es Bergungsschleppern, die beiden ineinander verkeilten Schiffe zu trennen, worauf die „Mont Louis" binnen Minuten versinkt. Die Fähre kann mit eigener Kraft weiterfahren.

Menschen kommen bei dem Unglück nicht ums Leben. Dennoch macht es Schlagzeilen: Die Umweltschutzorganisation „Greenpeace" findet heraus, was die Reederei der Öffentlichkeit lieber verschwiegen hätte: Der Frachter hat radioaktives Material an Bord. 30 gelbgestrichene Stahlbehälter bergen 225 Tonnen stark ätzendes, giftiges Uranhexafluorid, das in der Sowjetunion „angereichert" werden soll.

Wegen schlechten Wetters kann die Bergung der Fässer erst drei Wochen nach dem Unglück beginnen. Von einem längsseits des Wracks der „Mont Louis" verankerten Ponton aus steigen Taucher hinunter und schneiden ein fünf mal drei Meter großes Loch in die Bordwand. Nach und nach hieven Kräne die gelben Fässer aus dem Rumpf. Immer wieder frischt der Wind auf und unterbricht die Arbeiten. Erst nach über sechs Wochen ist auch das letzte Faß in Sicherheit.

Mit voller Wucht hat sich der Bug der Fähre „Olau Britannia" ins Heck des französischen Frachters „Mont Louis" verkeilt. Tagelang versucht dessen Reederei „CGM" zu vertuschen, daß an Bord hochgiftiges, radioaktives Material lagert.

Stück für Stück werden die gelben Fässer mit Uranhexafluorid aus dem gesunkenen Frachter geborgen. Nur einem Zufall ist es zu verdanken, daß sie beim Zusammenstoß nicht beschädigt wurden. Das Seewasser hätte die Uranverbindung binnen Sekunden zersetzt; eine dichte weiße Wolke aus giftigem und ätzendem Gas wäre auf die Passagiere der Fähre zugetrieben. Was zuvor nur Eingeweihten bekannt war, zeigte der Untergang der „Mont Louis" der Weltöffentlichkeit: Jährlich werden Tausende von Tonnen dieses hochgiftigen Stoffes über die Weltmeere transportiert – nicht immer mit ausreichenden Sicherheitsvorkehrungen.

Zurück zur Natur

Als triste Spülrinne zog sich das Rudower Fließ durch Berlins äußersten Südosten, schnurgerade, betoniert, ein Abwasser-Kanal in aufgeräumter Parklandschaft – „ordentlich" zwar, aber leider tot. Da wurde im Herbst 1983 die Sanierung des Streck-Betts fällig. Behördliche Umweltschützer griffen zu und vereinbarten mit den Wasserbauern eine Alternativ-Lösung für den Bach: Raus aus dem Beton, zurück zur Natur. Mit Bagger und Spitzhacke rückten sie dem öden Wasserlauf zuleibe und verlegten ihn völlig neu in Schlingen und Schleifen. Die Kurven sicherten sie mit Würsten aus Naturfaser. Und auf seinen Ufern breiteten sie Matten aus, auf denen bereits die Pflanzen sprossen: Froschlöffel, Schwertlilien und Seggen. Ein

Jahr später schon, im Herbst 1984, wucherte zwischen Birken, Erlen und Weiden die Wasser-Wildnis, in der es bald kreuchte und fleuchte. Das Berliner Pilot-Projekt signalisiert einen Sieg der Naturschützer über die Todesschwadronen der Technokraten, die allein seit 1945 rund 40 000 Kilometer Naß-Strecke in der Bundesrepublik kanalisiert und betoniert haben. Durch Grundwasser-Auszehrung am Oberlauf und Überschwemmungs-Katastrophen am Unterlauf der Flüsse geriet die fixe Entwässerungs-Idee zur Bedrohung selbst für den Menschen. Doch inzwischen melden Umwelt-Beamte auch aus Dortmund, Hamburg oder dem rheinischen Opladen Renaturierungs-Erfolge. Und die Rückkehr der Wasserbewohner, die häufig nur noch auf den Roten Listen gefährdeter Arten vorkamen.

Das Hickhack um den Katalysator

Thema des Jahres für Autofahrer war der Katalysator. Nach Bundesinnenminister Zimmermann erkannten immer mehr Politiker, wie leicht man mit einer Aussage zum Thema Autoabgase in die Medien kommt. Der deutsche Wald stirbt an den Autoabgasen, behaupten alle. Doch bewiesen hat es bisher niemand.

Die Autoindustrie war verstimmt, weil der Verkehrsminister den Katalysator vorschrieb, ohne konkrete Zahlen für die Gift-Grenzen zu nennen. Die Autobauer wurden verdächtigt, den Katalysator verhindern zu wollen – dabei verdienen sie doch an einem Kat-Auto mehr als an einem gewöhnlichen.

Der STERN hat sich bemüht, Klarheit in das Hickhack zu bringen. Als erstes Magazin machte er einen Katalysator-Test. Unter dem Titel „Alles falsch" räumte er Vorurteile gegen den Abgasreiniger aus: Kat-Autos verbrauchen kaum mehr Sprit, fahren angenehmer und vertragen auch hohes Autobahn-Tempo. Ein Langstreckentest über 25 000 Kilometer zeigte, wo die Probleme tatsächlich liegen – beim Benzin ohne Bleizusätze. Wenn es nicht absolut rein ist, versagt die Abgasentgiftung schnell. Trotzdem ist der Katalysator zur Zeit das einzig wirksame Mittel gegen Auspuffgifte.

Weil die Zahl der Umwelt-Autos – so nennen Politiker die Wagen mit gereinigtem Auspuff – durch die natürliche Fluktuation zu langsam wächst, sollen Steuergeschenke die sauberen Wagen schneller an den Mann bringen. Kleine und große Autos sollen unterschiedlich lange von der Kraftfahrzeugsteuer befreit werden, so daß am Ende immer rund 3000 Mark Einsparung herauskommen. Weil das Geld in den Staatskassen fehlen wird, sollen für alte Autos ohne Entgiftung ab 1986 mehr Steuern gezahlt werden. Wieviel, steht noch nicht fest.

Bis zum Ende des Jahres hatten alle einheimischen Autohersteller außer Ford mindestens ein Kat-Modell in ihrem Programm. Doch dem Geschäft halfen auch die nicht auf die Beine. Diesel, Kat-Auto oder Benziner ohne Entgiftung? Was soll man kaufen? Die Frage mochten viele Autokunden nicht entscheiden. Die Geschäfte der Händler brachen in den letzten Monaten des Jahres um 20 Prozent ein. Diesel-Modelle gingen noch am besten. Beim VW Golf zum Beispiel schnellte der Dieselanteil von 14 auf 45 Prozent hoch. Schon bald konnte der größte Hersteller von Einspritzanlagen – die werden für Diesel wie für Kat-Motoren gebraucht – nicht so viel bauen, wie verlangt wird. Während Neuwagen mit der alten Technik auf den Händlerhöfen vor sich hingammelten, hatten Diesel plötzlich lange Lieferzeiten.

Besonders schlecht standen die Japaner da. Anfang des Jahres hatten sie noch mit ihren millionenfachen Katalysator-Erfahrungen geprahlt und sensationell niedrige Mehrpreise versprochen. Zum Jahresende aber hatte keiner von ihnen ein Kat-Auto im Laden.

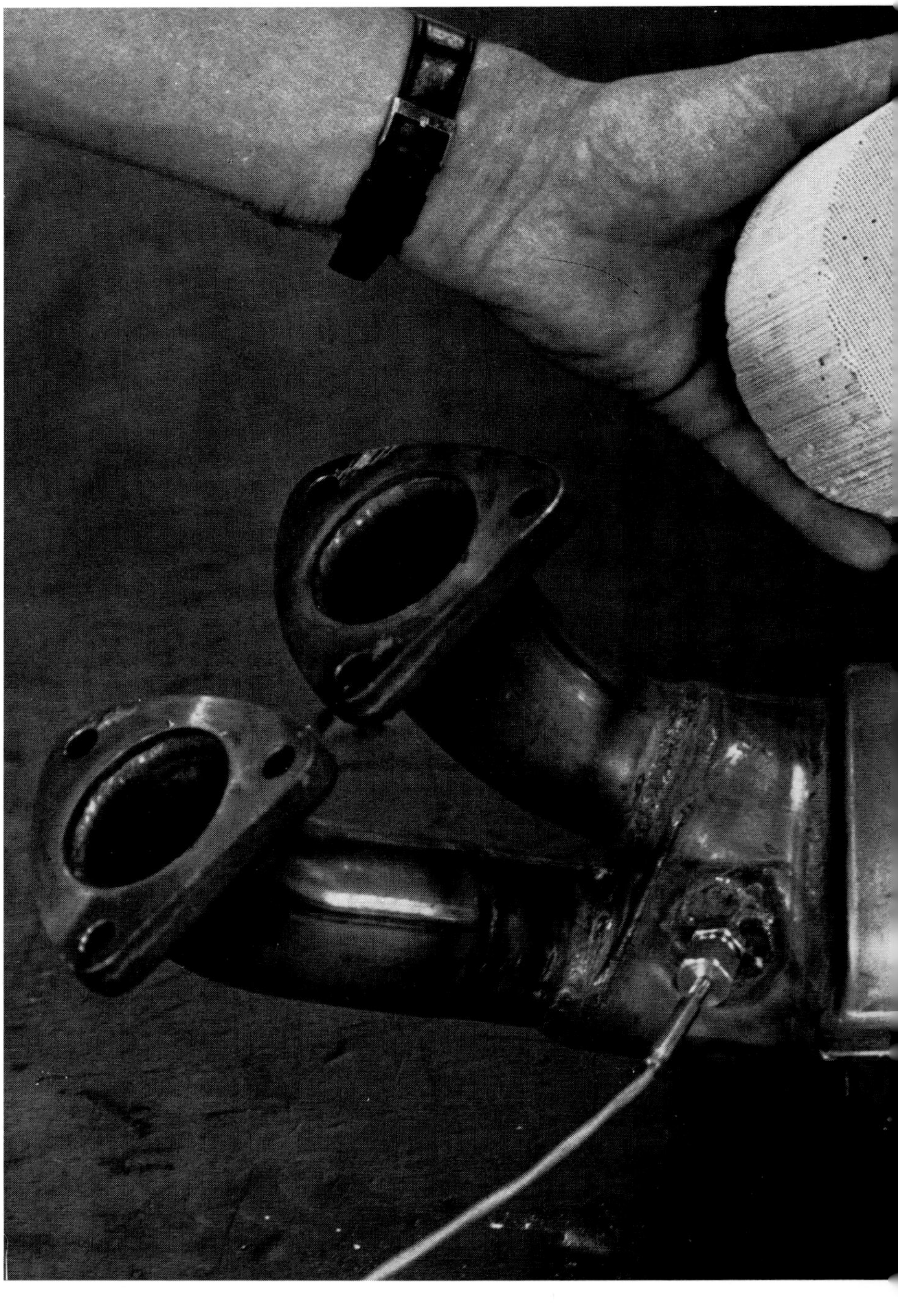

Toyota mußte den früher einmal genannten Katalysator-Aufpreis von 450 Mark auf 900 bis 1500 Mark anheben. Den Grünen ging die Verbesserung der Luft durch die Kat-Autos zu langsam. Sie verlangten, das Landstraßen- und Autobahntempo auf 80 beziehungsweise 100 Kilometer pro Stunde zu begrenzen. Den Streit über Schaden oder Nutzen dieser Maßnahme beendete Verkehrsminister Dollinger nach langem Überlegen, indem er einen Großversuch in Auftrag gab.
Ungenügende Vorbereitung und Zeitmangel ließen aber schon Ende 1984 erkennen, daß mit einem Ergebnis frühestens Anfang 1986 zu rechnen ist und nicht wie versprochen im Herbst 1985.

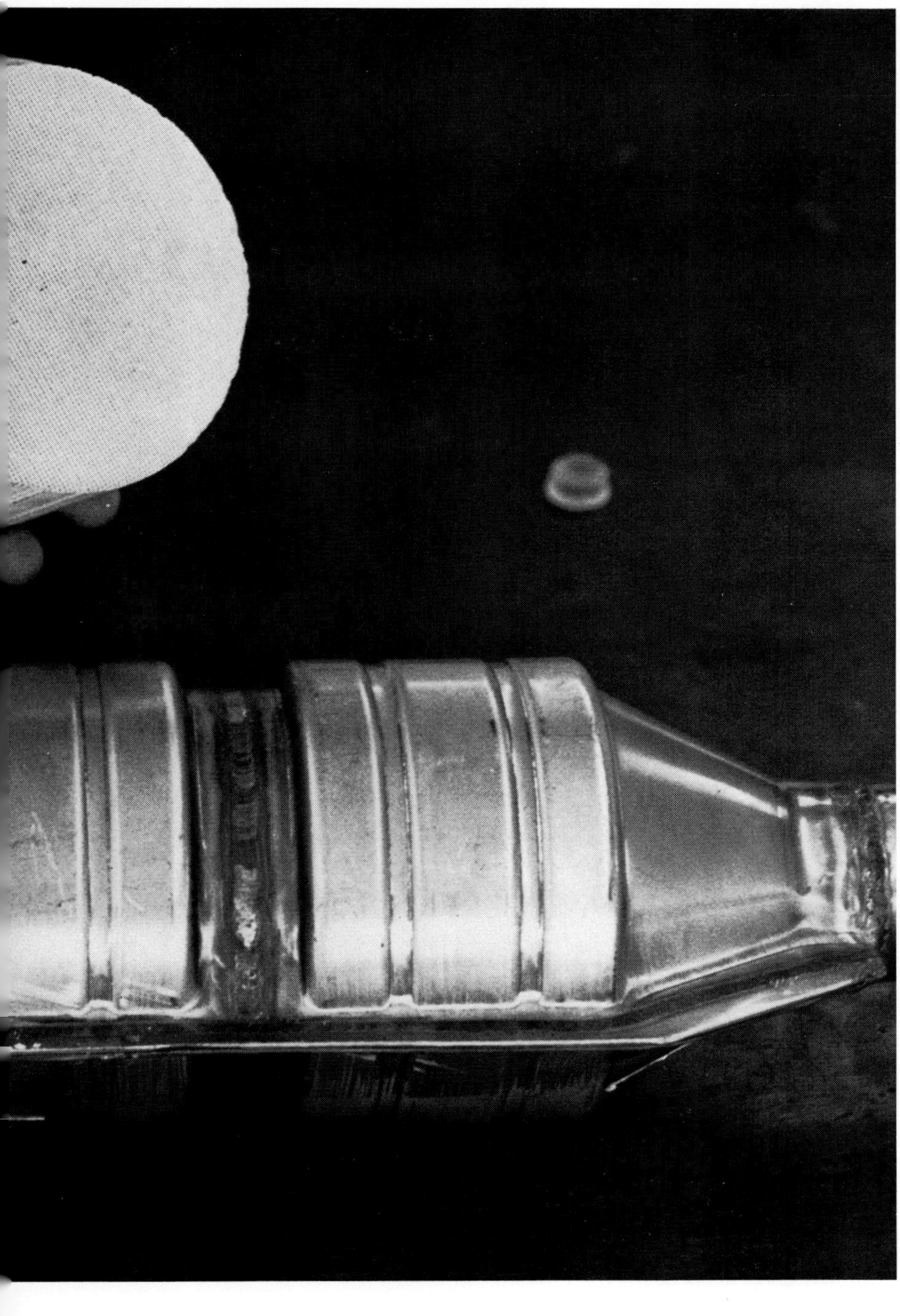

Die Seele des Katalysators ist dieses Keramikstück (Bild links). Es ist von feinen Kanälen durchzogen, deren Wände mit dem Edelmetall Platin beschichtet sind. Durch die heißen Auspuffgase aufgeheizt, regt das Platin die Schadstoffe zur chemischen Reaktion an. Heraus kommen ungiftiges CO_2, Stickstoff und Wasser.

Die Ballons, in denen die Auspuffgase im Stadtzyklus gesammelt wurden, verdeutlichen, wieviel Kohlenmonoxid (CO) aus den fünf Autos strömt. Mit 88,5 Gramm CO pro Test giftet der 2-Liter-Motor im Ford Granada am meisten. Der große Mercedes 500 SEC bringt es auf 71,6 Gramm, gefolgt vom 70 PS-VW Golf mit 60,8 Gramm. Die alte Citroën-Ente ist mit nur 43,5 Gramm am saubersten. Was der Katalysator kann, zeigt der Audi 80 mit Abgasentgiftung: Es rieseln nur noch 5,1 Gramm in den Ballon.

Der große Ronald

Vom Rednerpult des Republikanischen Parteitags in Dallas winkt Nancy Reagan ihrem Mann auf einem Riesen-Bildschirm zu. Er hat, stets von TV-Kameras beobachtet, seine Wiederwahl zum Kandidaten der Partei im Hotel abgewartet. Als Hohepriesterin zelebrierte Nancy den neuen Ronald-Reagan-Kult, der auf einer Welle patriotischer Begeisterung zurück ins Weiße Haus führte. Reagans Wahlberater schürten die Emotionen, indem sie den Präsidenten bis zum Exzeß idolisierten. Der Wähler sollte spüren: „Eine Stimme gegen Reagan ist eine Stimme gegen den Mythos AMERIKA."

Schon vor der Wahl verloren

Es hat nicht nur nicht gereicht für den demokratischen Präsidentschaftskandidaten Walter (Fritz) Mondale. Sein Wahlkampf, aufgehängt an Armut und Ungerechtigkeit in Amerika, an Fairneß und Vorsicht in der Welt, an der Angst vor einer atomaren Zukunft mit Ronald Reagan, hat den Demokraten in den USA eine der schlimmsten Wahlniederlagen ihrer Geschichte beschert. Mitleiden, Mitdenken ist aus der Mode in einem Land, das sich nach Vietnam und Watergate endlich wieder stark fühlen will und entschuldigt, das mit dem Glauben an die eigene Rechtschaffenheit und die Manipulierbarkeit des Glücks den „amerikanischen Traum" noch einmal verwirklicht: Alles ist machbar, wenn einem nur keiner reinredet. Am 6. November entschieden sich von 50 Bundesstaaten 49 für den Mann aus Hollywood, den Entertainer, den Übervater, der die großen Sorgen relativiert auf Probleme, die in jeder „Familienküche vorkommen". Ronald Reagan, mit 73 Jahren der älteste Präsident, den die Vereinigten Staaten je hatten, war für 59 Prozent der jungen Wähler Amerikas Garantie für das, was sie sich von ihrer Zukunft versprechen – Dynamik und Chancen. Niemand kann uns bremsen, wenn die Kraft des Optimismus uns treibt. Das war auch der Motor für einen Wahlkampf, wie ihn Amerika noch nie erlebt hat: Eine Frau bewarb sich um das Amt des Vizepräsidenten, „einen Herzschlag weit" – nämlich den letzten des Präsidenten – „entfernt von der Position des mächtigsten Mannes der westlichen Welt". Nur ein konservativer Herrenmensch wie Ronald Reagan hat eine Kandidatur wie die der wortschnellen Geraldine Ferraro aus dem New Yorker Arbeiterviertel Queens provozieren können. Tochter italienischer Einwanderer, ein Kellerkind mit Abendschulbildung, eine Staatsanwältin im Arme-Leute-Milieu, eine brillante Abgeordnete. Geraldine Ferraro hat mit Walter Mondale verloren. Aber sie hat das Rad der amerikanischen Geschichte in Schwung gebracht. Wenn in nicht allzu ferner Zukunft möglicherweise eine Frau die westliche Welt vom Weißen Haus in Washington aus regiert, verdankt sie das Geraldine Ferraro.

Ronald Reagan hat allen Amerikanern beigebracht, daß Alter kein Handicap ist. Sportlich und fröhlich lenkt er ein Land, in dem, nach seinen eigenen Worten, „Frieden eine so angenehme Lebensform bedeutet, daß Krieg eine scheußliche Unterbrechung wäre".

Walter Mondales Wahlkampf ruhte auf schwachen Schultern. Zwar demonstrierte Eleanor Mondale, die 24jährige Tochter des demokratischen Präsidentschaftskandidaten, noch ungebrochene Kraft, wenn sie ihren Vater für die Fotografen vom Podium schleppte. Aber für „Fritz" Mondale und seine Vize-Frau Geraldine Ferraro war schon lange vor dem Wahltermin das „Aus" verkündet worden. Meinungsforscher wußten, was Amerikas Wähler am 6. November mit überwältigender Mehrheit bestätigten: Nicht liberaler Sachverstand, sondern konservativer Optimismus ist Trumpf im Amerika 1984.

Ohne Arbeit – ohne Hüllen

Trotz sinkender Arbeitslosigkeit und minimaler Inflation herrschte in Ronald Reagans Wirtschaftswunderland USA nicht überall eitel Sonnenschein. Seit vielen Monaten bestreikten gewerkschaftlich organisierte Arbeiter eine Kupfermine in Clifton/Arizona. Der friedliche Protest gegen verweigerte Lohnerhöhungen und Arbeitszeitverkürzung schlug in Gewalttätigkeit um, als die Firmenleitung damit begann, die Streikenden zu entlassen und ihre Arbeitsplätze mit Nicht-Gewerkschaftlern zu besetzen.

Zu Zusammenstößen mit der Polizei kam es am ersten Jahrestag des Streiks, bei dem die gefeuerten Arbeiter verbotenerweise alle wieder auf dem Werksgelände erschienen waren. Der geballten Ordnungsmacht stellte sich der 33jährige Robert Andazola hüllenlos entgegen. Er hatte sich im Nebel einer Rauchkerze ausgezogen. Wegen „Erregung öffentlichen Ärgernisses" wurde er von den Polizisten festgenommen.

Satellit günstig zu kaufen

Die Nasa konnte ihren Flugplan bei weitem nicht einhalten – von zehn geplanten Shuttle-Starts schaffte sie 1984 nur fünf. Die US-Luftwaffe, einer ihrer Hauptkunden, war über die „Unzuverlässigkeit" der Raumfähre so verärgert, daß sie die Konstruktion einer Reserve-Rakete nach alter „Wegwerf-Bauweise" in Auftrag gab – was wiederum die Nasa verdroß. Doch am Ende des Jahres konnte die Raumfahrtbehörde einen spektakulären Erfolg vorweisen: Im November sammelte „Discovery" zwei Nachrichten-Satelliten ein, die im Februar wegen einer defekten Raketenstufe auf eine falsche Umlaufbahn geraten waren. Die beiden Astronauten Joseph Allen und Dale Gardner steuerten ihr Raumschiff vorsichtig an die beiden Satelliten heran, fingen sie mittels ihrer „Manövrier-Stühle" nacheinander ein, zogen sie mit dem Bordkran in den Laderaum des Space Shuttle und brachten sie nach Cape Canaveral zurück. Die Bergung kostete 24 Millionen Mark – zwei neue Satelliten hätten 200 Millionen Mark erfordert. Da die ursprünglichen Eigentümer ihre Entschädigung längst kassiert hatten, stehen die Satelliten jetzt bei den Versicherungen zum Verkauf – kaum gebraucht, gut gepflegt und preiswert.

Einsitzer für den Weltraum

Bruce McCandless in seinem Ein-Mann-Raumschiff 300 Kilometer über der Erde – das war das Foto des Jahres in der Raumfahrt. Der einsame Astronaut sitzt festgeschnallt auf einem 140 Kilogramm schweren „Manövrier-Stuhl" und kann damit selbständig durchs Weltall düsen – ein paar Stunden jedenfalls, bis ihm Treibstoff und Atemluft ausgehen. Der Feuerstuhl mit 24 kleinen Stickstoff-Düsen in den Armlehnen wurde für 150 Millionen Mark entwickelt, um den Astronauten diffizile Arbeiten außerhalb der US-Raumfähre zu ermöglichen. Im April fing James van Hoften mit dem Weltraum-Einsitzer den defekten Satelliten „Solar Max" ein und reparierte ihn erfolgreich.

Titel: Lynn Goldsmith, Co Rentmeester, Sipa, The White House, Irna/ Black Star, Robert Lebeck (2), NASA, Tom Jacobi, Gottfried Helnwein.
Seite: 8/9 Nilton Barbosa. 10/11 Franco Zehnder. 12/13 Claus Wickrath (2). 14/15 Peter-Hannes Lehmann. 16/17 Peter-Hannes Lehmann. 18/19 Peter-Hannes Lehmann (2). 20 / 21 Chris Gregory/Gamma (2), Hiromi Nagakura/Gamma. 22/23 Telam, Christopher Pillitz/Impact Photos. 24/25 Tom Jacobi. 26/27 Tom Jacobi (2). 28/29 Bernhard Rudolph/ Bildzeitung, AP. 30/31 Sygma. 32/33 Keystone/Sipa, Sidney Corrallo/Agencia Estado, Jornal do Brazil.
34/35 Poly-Press. 36/37 Wattenberg/ dpa. 38/39 Manfred Michel. 40/41 Mihaly Moldvay (2). 42/43 Axel Carp (2). 44/45 Gerhard Krewitt, Peter Hendricks, Brigitte Huwald. 46/47 Klaus Kuhnigk, Jürgen Müller-Schneck. 48/49 Pichon-Boutroux/ Presse Sports. 50/51 H.W. Silvester/ Rapho. 52/53 Owen Beattie/University of Alberta (2). 54/55 Sygma (2). 56/57 Karin Rocholl (2). 58/59 Warner Brothers. 60/61 und 62/63 Aus dem Buch ZEHN HOCH: Dimensionen zwischen Quarks und Galaxien von Philip und Phyllis Morrison. Spektrum der Wissenschaft Heidelberg 1984 © Scientific American Books.
64/65 Henry Pessar/Luigi Castiglioni (2). 66/67 UPI/dpa. 68/69 Nicolas Moscara/Gamma. 70/71 Jean-Pierre Baron, Esche/Paris Match. 72/73 Jean Pierre Laffont/Sygma. 74/75 Lorenz Baader, Moenkebild. 76/77 Gottfried Helnwein. 78/79 Wolfgang Bera, Helmut Reiss. 80/81 Carl Fischer. 82/83 und 84/85 STERN ARCHIV (24). 86/87 John Sturrock/ Network. 88/89 S. Franklin/Sygma, Syndication International, AP, Martin Mayer/Network. 90/91 Daily Mail/Pandis. 92/93 Mark Sennet/People Weekly © 84 Time Inc. 94/95 Dieter Bayer (4). 96/97 Camera Press (2), Action Press, AP. 98/99 Raphael Gaillarde/Gamma. 100/101 Raghu Rai, Maleta. 102/103 STERN (2), Raphael Gaillarde/ Gamma. 104/105 Robert Lebeck. 106/107 Jay Ullal (4). 108/109 Baldev/ Sygma/Pandis, 110/111 Hiromi Nagakura/Gamma. 112/113 Gamma. 114/115 Sipa (2). 116/117 Sipa, AP. 118/119 Irna/ Black Star (2). 120/121 UPI/dpa, Robert Capa/ Magnum. 122/123 Excelsior (2). 124/125 Ovaciones, Ruben Pax. 126/127 dpa, Dick Grant. 128/129 Raghu Rai (2). 130/131 David Bearne, Carla Hotvedt, Georg Tiedemann. 132/133 John Coley, Tom Kimmel, Dave Dieter. 134/135 Patrick Chauvel/ Sygma. 136/137 Michel Philippot/ Sygma. 138/139 Alfred Yaghodzabeh/ Sygma. 140/141 Ansa/dpa (2). 142/143 Gamma. 144/145 Giacomino-Foto (15). 146/147 UPI, Barry Fitzsimmons/The Tribune/Gamma. 148/149 Barry Staver / People Weekly © 84 Time Inc, UPI (2). 150/151 William Strode/Humana/Black Star (2). 152/153 Lynn Johnson. 154/155 Penthouse, Christopher Little/People Weekly © 84 Time Inc. 156/157 Alon Reininger/Contact/Focus, Allan Tannenbaum/Sygma, Susan Meiselas/ Magnum. 158/159 Roland Neveu/ Gamma, U.S. News & World Report, Bob Nickelsberg/Woodfin Camp. 160/161 Pete Souca/The White House, Frank I. Wohl/Newsweek. 162/163 Etienne Montes/JB Picture/Focus. 164/165 Hans Feurer (2). 166/167 Art Kane. 168/169 Claus Wickrath. 170/171 Westermann Bildarchiv, Tobis Filmverleih. 172/173 Sam Emerson/Sipa, Cosmos/Focus. 174/175 Harrison Funk. 176/177 Emil Perauer, Dieter Blum. 178/179 Steve Meisel/ Art + Commerce. 180/181 Dominik Obertreis. 182/183 Helmut Stratmann. 184/185 Winhold Schumann. 186/187 Co Rentmeester. 188/189 David Burnett/Contact/Focus, Judy Sloan/ Gamma. 190/191 Co Rentmeester. 192/193 Sporting Picture London, Pat Downs/Los Angeles Times. 194/195 Steve Powell/All Sports. 196/197 Maja Moritz/Lutz Bongarts. 198/199 Novosti/Gamma, Wilfried Witters. 200/201 AP. 202/203 Dorothea Schmid (2). 204/205 Dieter Bauer, Volker Krämer. 206/207 Richard Schulze-Vorberg. 208/209 Dieter Bauer (2). 210/211 Werner Schüring. 212/213 Dieter Bauer (2), Reiner Lorenz, Sven Simon, Lothar Kucharz. 214/215 Dieter Bauer, Werner Schüring. 216/217 Dieter Bauer, Axel Carp (4), Ralp Rieth. 218/219 Karin Hill, dpa. 220/221 Regis/Gamma, Garcia Liris/ Gamma. 222/223 Sygma, Gamma, Laski/Black Star/Rapho. 224/225 Ingo Röhrbein, Fred Ihrt, Jochen Körner/ Hamburger Abendblatt. 226/227 Paris Match. 228/229 Roy Kennedy. 230/231 Philipp Ledru/Sygma (3). 232/233 Regis Bossu/Sygma (2). 234/235 US Air Force, AP. 236/237 David Burnett/Contact/Focus, Brian R. Wolff. 238/239 US Department of Defence (6). 240/241 John Pinoda/Picture Group, AP. 242/243 Rajneesh Foundation International, William Byron Miller. 244/245 AP, Gamma. 246/247 AP, Gamma (3). 248/249 Aviation Week & Space Technology, Gamma. 250/251 dpa, Krzikowsky/Bauer Verlag. 252/253 dpa, Robert Pfeil/AP, Poly-Press (3), Werner Schüring. 254/255 Norbert Nordmann. 256/257 David Barrit/Gamma, Gamma. 258/259 Thomas Sennett (2). 260/261 Studio Associato Press Photos (2). 262/263 FAA, AP. 264/265 US Air Force (2). 266/267 Gerd Vormwald. 268/269 Ryan Remiorz/UPI Canada. 270/271 Rudy Kisshazy (2). 272/273 ANP, Mondadori Press. 274/275 Joachim Latsch-Oelcker. 276/277 Poly-Press, Iver Hansen. 278/279 Newsweek. 280/281 Minneapolis Star and Tribune, The White House, Sygma. 282/283 Alan Dorow/JB Pictures/Focus. 284/285 NASA (5). 286/287 NASA.

Eine synchronoptische Tabelle der Ereignisse von Tag zu Tag

das war 84

	Deutschland	Ausland	Kultur/Wissenschaft	Sport
1. Januar	Peter Hintze übernimmt als Nachfolger von Hans Iven das Amt des Bundesbeauftragten für den Zivildienst. Bei Banken und Sparkassen treten neue Allgemeine Geschäftsbedingungen in Kraft, nach denen Auskünfte an Dritte auch ohne Zustimmung des Kunden gegeben werden dürfen.	Das Sultanat Brunei an der Nordküste Borneos wird nach 96-jähriger britischer Kolonialherrschaft unabhängig.		Der Silvesterlauf von São Paulo wird erstmals seit 1980 wieder von einem Brasilianer gewonnen, Joao da Matta.
2. Januar			Südwestlich von Kairo sind Überreste einer 32 Millionen Jahre alten Tierart gefunden worden, die als frühester gemeinsamer Vorfahr von Mensch und Affe gilt. Name: „Aegyptopithecus zeuxis".	
3. Januar		In Tunesien wird der Ausnahmezustand verhängt, nachdem es wegen der Verdoppelung des Brotpreises zu blutigen Unruhen gekommen ist.		Der italienische Profiboxer Salvatore la Serra stirbt in Mailand an den Folgen eines K.O., nachdem er 23 Tage im Koma gelegen hat.
5. Januar	Vor der niederländischen Küste stürzt das erste „Tornado"-Kampfflugzeug der Bundeswehr ab. Beide Piloten kommen ums Leben. Durch einen Zeitungsbericht wird bekannt, daß General Günter Kießling, der stellvertretende NATO-Oberbefehlshaber Europa, im Dezember 1983 vorzeitig entlassen worden ist, weil sein Privatleben angeblich ein „Sicherheitsrisiko" dargestellt habe.		Im Hessischen Staatstheater wird Volker David Kirchners „Passion" szenisch uraufgeführt.	
6. Januar			Der Kaiserring der Stadt Goslar wird dem amerikanischen Maler Willem de Kooning anerkannt.	Bei der deutsch-österreichischen Vierschanzentournee der Skispringer erringt Jens Weißflog aus der DDR den Gesamtsieg.
9. Januar	Die Berliner Verkehrsbetriebe übernehmen den Westberliner Teil der Berliner S-Bahn in eigene Regie.			
10. Januar		Die USA und der Vatikan nehmen nach mehr als 100-jähriger Unterbrechung wieder volle diplomatische Beziehungen auf.	Der Shakespeare-Preis der Hamburger Stiftung F.V.S. wird dem englischen Dirigenten Colin Davis zuerkannt. In der Bundesrepublik werden jährlich zwischen 3.000 und 5.000 Babys mit Mißbildungen geboren, die auf übermäßigen Alkoholmißbrauch der Mütter zurückzuführen sind.	
11. Januar		Nordkorea schlägt überraschend direkte Friedensgespräche mit Südkorea und den USA vor.	Das am 6. Dezember 1983 in London für 32,4 Millionen Mark ersteigerte Evangeliar Heinrichs des Löwen trifft in Hannover ein.	
13. Januar			Die Bayerischen Filmpreise 1983 gehen an Gustl Bayrhammer, Peter Schamoni und die Kinderdarsteller in dem Film „Die Schaukel", der Produzentenpreis geht an den Dokumentarfilm „Marlene" von Maximilian Schell.	

	Deutschland	Ausland	Kultur/Wissenschaft	Sport
14. Januar	Bernhard Worms wird zum neuen Vorsitzenden des nordrhein-westfälischen CDU-Präsidiums gewählt. Sein Vorgänger Kurt Biedenkopf wird Stellvertreter.	Bei einem Hotelbrand in Pusan/Südkorea kommen 38 Menschen ums Leben.		
15. Januar				John McEnroe (USA) gewinnt in New York das Tennis-„Masters"-Turnier im Finale gegen den Tschechen Ivan Lendl. Siegesprämie: 100.000 Dollar.
16. Januar	Die CDU/CSU-Bundestagsfraktion verabschiedet bei einer Tagung im Berliner Reichstagsgebäude eine „Berliner Erklärung", derzufolge es kein Widerstandsrecht gegen den freiheitlich-demokratischen Verfassungsstaat gebe.			
17. Januar		In Stockholm beginnt die auf der Madrider KSZE-Folgekonferenz beschlossene Konferenz über Vertrauensbildung und Abrüstung in Europa (KVAE).		
18. Januar		In Uruguay kommt es nach fast elfjähriger Militärherrschaft erstmalig zu einem Generalstreik.	In Saarbrücken beginnt das fünfte Max-Ophüls-Festival.	
19. Januar		In Casablanca endet die vierte islamische Gipfelkonferenz mit einer bedingten Einladung an Ägypten, in die Islamische Konferenz-Organisation zurückzukehren. Die ägyptische Mitgliedschaft war 1979 wegen des Separatfriedens mit Israel ausgesetzt worden.		
20. Januar			In Salzburg beginnt die Mozart-Woche.	
22. Januar				Im Tennis-Wettbewerb um den Königspokal verliert Vorjahressieger Bundesrepublik Deutschland in der Vorrunde gegen Schweden mit 1:2. Neuer Cup-Sieger wird die CSSR.
23. Januar			Der schwedische Schriftsteller Göran Tunström erhält den Literaturpreis des Nordischen Rates.	Der Italiener Francesco Moser verbessert innerhalb von 5 Tagen zweimal den Stunden-Radweltrekord des Belgiers Eddie Merckx. In Mexiko-Stadt erreicht Moser zunächst 50,8 km und beim zweiten Versuch 51,1 km.
24. Januar	Bundeskanzler Helmut Kohl trifft zu einem offiziellen Besuch in Israel ein. Das Bundesamt für Wehrtechnik und Beschaffung in Koblenz bestätigt einen Bericht des STERN, wonach im Oktober 1983 in einem Straßengraben bei Mayen in der Eifel umfangreiche Computerlisten mit dem fast vollständigen Rüstungsprogramm der Bundeswehr gefunden worden sind.			

	Deutschland	Ausland	Kultur/Wissenschaft	Sport
25. Januar		In São Paulo/Brasilien demonstrieren 150.000 Menschen für eine Direktwahl des Präsidenten durch das Volk.		
26. Januar	Eine Grundsatzentscheidung des Bundesgerichtshofs: Betroffene Bürger können bei rechtswidrigen staatlichen Eingriffen Entschädigungen verlangen. Grundlage dafür sind die für „enteignungsgleiche Eingriffe" entwickelten Grundsätze.		In Stuttgart beginnt die 23. Antiquariatsmesse.	
27. Januar		Bei einer Volksbefragung auf den Philippinen stimmen 80 Prozent u.a. für eine Wiedereinführung eines Vizepräsidenten als Präsidentennachfolger.	In Übereinstimmung mit der Weltorganisation für Meteorologie wird die Einheit für den Luftdruck umbenannt. Sie heißt ab sofort Pascal (Pa) statt wie bisher Bar.	
28. Januar				Der dreifache Weltmeister Carl Lewis (USA) stellt bei einem Hallenwettkampf in New York mit 8,79 m einen neuen Hallenweltrekord im Weitsprung auf.
30. Januar	Der kanadische Ministerpräsident Pierre Elliott Trudeau trifft als erster Regierungschef eines NATO-Staates zu einem Arbeitsbesuch in Ostberlin ein.	Die deutschsprachige Minderheit in Ost-Belgien erlangt mit der Einsetzung eines eigenen Parlaments und einer dreiköpfigen „Regierung" die Gleichstellung mit Flamen und Wallonen.	In Stuttgart beginnen die 2. Internationalen Trickfilmtage.	
31. Januar			Der Helmut-Käutner-Preis wird posthum dem Filmregisseur Wolfgang Staudte zuerkannt.	
1. Februar	Der Bundestags-Untersuchungs-Ausschuß zur Aufklärung der Spendenaffäre Flick vernimmt den ehemaligen Flick-Manager Eberhard von Brauchitsch. Als weitere Zeugen treten im Verlauf des Monats der ehemalige Wirtschaftsminister Hans Friderichs, sein Nachfolger Otto Graf Lambsdorff, der ehemalige Finanzminister Hans Matthöfer sowie der ehemalige Bundeskanzler Helmut Schmidt auf. In Stuttgart beginnt der Prozeß gegen die mutmaßlichen Terroristen Christian Klar und Brigitte Mohnhaupt.		Bei einer Auktion des Londoner Hauses Sotheby's wird das Werk „The Birds of America" von John James Audubon für umgerechnet vier Millionen Mark versteigert.	
2. Februar	Bei Edenkoben in der Pfalz erörtern Bundeskanzler Helmut Kohl und der französische Staatspräsident Mitterrand EG-Probleme.	Die britische Premierministerin Margaret Thatcher trifft zu einem dreitägigen Besuch in Budapest ein. Es ist ihr erster Staatsbesuch in einem Ostblockland und der erste offizielle Besuch eines britischen Regierungschefs nach dem Zweiten Weltkrieg in Ungarn.		
3. Februar			Der Frankfurter Musikpreis 1984 wird dem Pianisten Alfred Brendel verliehen.	
5. Februar			Die Stadt Cuxhaven stiftet einen mit 10.000 Mark dotierten Ringelnatz-Preis.	

	Deutschland	Ausland	Kultur/Wissenschaft	Sport
7. Februar	In West- und Südwestdeutschland verursacht Hochwasser des Rheins und seiner Nebenflüsse Überschwemmungsschäden in dreistelliger Millionenhöhe.	General Gholam Ali Oveissi, der frühere Generalstabschef der iranischen Armee unter dem Schah, und sein Bruder werden in Paris erschossen. Am folgenden Tag wird der Botschafter der Vereinigten Arabischen Emirate in Paris Opfer eines Attentats.	Die Lyrikerin Sarah Kirsch erhält den mit 15.000 Mark dotierten Hölderlin-Preis der Stadt Homburg.	
8. Februar	In einer Bundestagsdebatte über die Affäre um den am 1. Februar wieder reaktivierten Günter Kießling macht die SPD Bundeskanzler Kohl für die Vorgänge mitverantwortlich.		Literatur-Nobelpreisträger Heinrich Böll spricht sich für eine härtere Sprache gegenüber Literaturfunktionären in Osteuropa aus.	In Sarajevo/Jugoslawien werden die ersten olympischen Winterspiele in einem Ostblockstaat eröffnet.
9. Februar	Eberhard Diepgen (CDU) wird zum neuen Regierenden Bürgermeister von Berlin gewählt. Vorgänger Richard von Weizsäcker kandidiert im Mai für das Amt des Bundespräsidenten.	Jurij Andropow, sowjetischer Staats- und Parteichef, stirbt in Moskau nach langer Krankheit an Herzversagen. Sein Nachfolger wird ZK-Sekretär Konstantin Tschernenko.		
11. Februar	Auf der 21. Wehrkundetagung in München signalisieren Verteidigungsminister Manfred Wörner und andere Politiker Verständnisbereitschaft gegenüber dem Osten.			Bei den Winterspielen in Sarajevo wird Peter Angerer Olympia-Sieger im Biathlon über 20 km. Bei den deutschen Hallen-Meisterschaften der Leichtathleten in Stuttgart erzielt der Leverkusener Ralf Lübke mit 20,67 Sekunden und 20,57 Sekunden zweimal Weltrekord über 200 m.
12. Februar				Die deutsche Hockey-Nationalmannschaft der Herren gewinnt in Edinburgh zum vierten Mal hintereinander die Hallen-Hockey-Europameisterschaft.
13. Februar	Bundeskanzler Helmut Kohl und DDR-Staats- und Parteichef Erich Honecker treffen in Moskau anläßlich der Trauerfeier für den verstorbenen Sowjet-Staatschef Jurij Andropow zu einem ersten persönlichen Gespräch zusammen.			
14. Februar	In Travemünde beginnt die 27. Kommandeurstagung der Bundeswehr.	Das Straßburger Europa-Parlament verabschiedet einen Verfassungsentwurf, mit dem die Weiterentwicklung der EG zu einer Europäischen Union durchgesetzt werden soll.		Peter Angerer gewinnt bei den Winterspielen in Sarajevo im Biathlonrennen über 10 km hinter dem Norweger Eirik Kvalfoss die Silbermedaille. Das englische Paar Jayne Torvill/Christopher Dean erringen den Olympia-Sieg im Eistanzen. Die Richter vergeben zwölfmal die Höchstnote 6,0 – eine solche Wertung hat es im Eiskunstlauf noch nie gegeben.
15. Februar	Bayerns Ministerpräsident Franz Josef Strauß reist zu Gesprächen mit Syriens Staatspräsident Hafis el-Assad nach Damaskus.			Im ersten Fußball-Länderspiel des Jahres besiegt die Bundesrepublik Deutschland in Varna Bulgarien mit 3:2. Die Berchtesgadener Hans Stangassinger/Franz Wembacher werden bei den Winterspielen in Sarajevo Olympia-Sieger im Rodel-Doppelsitzer.

	Deutschland	Ausland	Kultur/Wissenschaft	Sport
16. Februar	In Gelsenkirchen kommen bei einem Bergwerksunglück („Consolidation") 5 Bergleute ums Leben. 5 Verschüttete können gerettet werden. Iwan Herstatt, der ehemalige Chef der 1979 zusammengebrochenen Kölner Herstatt-Privatbank, wird wegen betrügerischen Bankrotts und Untreue vom Landgericht Köln zu viereinhalb Jahren Freiheitsstrafe verurteilt.	Der am 22.9.1980 ausgebrochene Golf-Krieg zwischen dem Irak und Iran verschärft sich wieder: Der Iran eröffnet eine neue Großoffensive.	Britische Wissenschaftler geben die Züchtung eines männlichen Tieres bekannt, das halb Schaf und halb Ziege ist. Das neue Tier ist mit Hilfe der Gentechnik entstanden.	
17. Februar	Der Bundesfinanzhof äußerst verfassungsrechtliche Bedenken gegen die „Zwangsanleihe" für Besserverdienende, setzt die Steuervorschrift jedoch nicht aus. – Am 20.2. entscheidet der BFH, das beruflich veranlaßte Geldbußen steuerlich absetzbar sind.		In Berlin beginnen die 34. Internationalen Filmfestspiele. Zum Abschluß des Festivals wird der „Goldene Bär" an „Love Streams" von John Cassavetes verliehen.	
18. Februar		Italien und der Vatikan schließen ein neues Konkordat, demzufolge in Italien Katholizismus nicht mehr Staatsreligion ist und Rom nicht mehr als heilige Stadt gilt.	Im Berliner „Brücke"-Museum beginnt eine Ausstellung mit Gemälden von Karl Schmidt-Rottluff aus 6 Jahrzehnten.	
19. Februar			Auf einem Dachboden in Nordirland ist das Manuskript einer unvollendeten Messe von Joseph Haydn entdeckt worden.	Erfolgreichster Teilnehmer der Winterspiele von Sarajevo ist die DDR mit 9 Goldmedaillen vor der UdSSR und den USA und Finnland.
21. Februar	Urteil des Bundesverfassungsgerichts: Die Unterhaltspflicht gegenüber einem früheren Ehegatten hat Vorrang vor der Versorgung einer neuen Familie.			
22. Februar		Jordanien bricht die diplomatischen Beziehungen zu Libyen ab. Am 18.2. war die jordanische Botschaft in Tripolis von Demonstranten gestürmt und in Brand gesteckt worden.		
23. Februar	Die Ministerpräsidenten der Bundesländer einigen sich grundsätzlich auf eine Beteiligung privater Programmanbieter am Satellitenfernsehen.	Am Brenner kommt der Verkehr völlig zum Erliegen, nachdem LKW-Fahrer den Grenzübergang wegen schleppender Abfertigung auf der italienischen Seite mit ihren Fahrzeugen blockiert hatten. Die Blockade wird am 29.2. aufgehoben.	Der Hamburger Hoffmann und Campe Verlag stellt Franz Kafkas „Brief an den Vater" als Leihgabe dem Deutschen Literaturarchiv in Marbach zur Verfügung. Peter Rühmkorf erhält die Ehrengabe der Heinrich-Heine-Gesellschaft in Düsseldorf.	
24. Februar	Nach einer heftigen Debatte über die geplante Verschärfung des Demonstrationsrechts wird die Beschlußunfähigkeit des Bundestags wegen zu geringer Besetzung festgestellt. Dies ist zuletzt 1976 der Fall gewesen.			Der 26jährige Kölner Carlo Thränhardt stellt in Berlin mit 2,36 m einen neuen Hallen-Weltrekord im Hochsprung auf.
26. Februar		In einer Volksabstimmung befürworten die Bürger der Schweiz die Einführung einer Autobahngebühr und einer Schwerverkehrsabgabe für LKW und Reisebusse.		Im Daviscup verliert die deutsche Mannschaft in der ersten Runde in Stuttgart gegen Argentinien und muß nun im September gegen Rumänien gegen den Abstieg spielen.

	Deutschland	Ausland	Kultur/Wissenschaft	Sport
27. Februar			In München werden in einer mehrstündigen Operation siamesische Zwillinge getrennt.	
28. Februar	165 deutsche Zeitungen gründen die Gesellschaft „Aktuell Presse-Fernsehen" (APS). Das sogenannte Verleger-Fernsehen will über den europäischen Satelliten ECS bundesweit ein aktuelles Informationsprogramm verbreiten.		Der Schweizer Dramatiker Friedrich Dürrenmatt erhält in Mainz die Carl-Zuckmayer-Medaille. Das Seveso-Gift Dioxin ist nach Darstellung der WDR-Redaktion „Monitor" erstmals auch in der Muttermilch festgestellt worden.	
29. Februar	Beschluß des Bundeskabinetts: Durch eine Änderung des Jugendarbeitsschutzgesetzes soll die Arbeitszeit für Jugendliche künftig flexibler gehandhabt werden.			
1. März			Die Problematik der Dioxin-Rückstände in der Muttermilch soll bundesweit erforscht werden. Das teilt das Bundesgesundheitsministerium mit. Die Untersuchungen sollen in einem „Hochsicherheitslabor" des Bundesgesundheitsamtes in Berlin vorgenommen werden.	
3. März	Bundeskanzler Helmut Kohl besucht Washington. Zu den Gesprächsthemen gehört ein eventuelles Gipfeltreffen der Supermächte, ferner Fragen des Handels und der Abrüstung. Auf einem Parteitag in Karlsruhe verabschieden die Grünen ein EG-kritisches Europa-Programm, eine Kandidatenliste für die Wahl zum Europa-Parlament im Juni und bestätigen das Prinzip der Abgeordneten-Rotation.		Der künstlerische Leiter der Berliner Schaubühne, Peter Stein, kündigt an, er werde die Leitung der Bühne niederlegen.	
4. März		In Versailles demonstrieren etwa 800.000 Privatschulanhänger gegen die von der französischen Regierung angestrebte Einführung eines einheitlichen staatlichen Schulsystems. In Frankreich besucht etwa jeder sechste Schüler eine der meist katholischen Privatschulen.		Bei den Leichtathletik-Hallen-Europameisterschaften in Göteborg/Schweden gewinnen Sportler der Bundesrepublik 4 Titel: Im Hochsprung Ulrike Meyfarth (1,95 m) und Dietmar Mögenburg (2,33 m), über 60 m Christian Haas und über 3.000 m Brigitte Kraus. Der Franzose Thierry Vigneron stellt mit 5,85 m im Stabhochsprung einen neuen Weltrekord auf.
5. März	Wolfgang Mischnick, Vorsitzender der FDP-Bundestagsfraktion, trifft in Ost-Berlin mit dem SED- und Staatsratsvorsitzenden Erich Honecker zusammen.	Libanon kündigt sein Truppenabkommen mit Israel vom 17. Mai 1983, das erst beim Rückzug auch der syrischen Truppen in Kraft treten sollte. Syrien lehnt jedoch einen Rückzug ab.		
6. März	Bundesaußenminister Hans-Dietrich Genscher besucht die Türkei. Thema der Unterredungen sind die Menschenrechte und die ab 1986 geltende EG-Freizügigkeit für türkische Bürger.		Der sowjetische Regisseur Jurij Ljubimow wird von der Leitung des Moskauer Taganka-Theaters entbunden.	

	Deutschland	Ausland	Kultur/Wissenschaft	Sport
7. März	Zhang Jun, der chinesische Minister für Raumfahrt, unterzeichnet in Bonn ein Abkommen über die Zusammenarbeit in der zivilen Raumfahrtforschung und -technik.	Vor der französischen Küste beschießt ein französisches Marinefahrzeug zwei spanische Trawler, die ohne gültige Lizenz in EG-Gewässer operieren. Sechs Spanier werden verletzt.	In der Londoner Tate Gallery wird eine große Ausstellung der englischen Präraffaeliten eröffnet.	
8. März	Eine 16köpfige Delegation der SPD-Bundestagsfraktion unter der Leitung von Horst Ehmke besucht die Ost-Berliner Volkskammer. Bei diesem ersten offiziellen Kontakt wird der Austausch von Studiendelegationen vereinbart. Harry Ristock verzichtet auf die SPD-Spitzenkandidatur für die Berliner Abgeordnetenhauswahlen im März 1985. Ein Sonderparteitag nominiert als seinen Nachfolger den ehemaligen Bundes-Finanz- und -Verteidigungsminister Hans Apel.	Nach griechischen Angaben feuern türkische Kriegsschiffe mehrere Salven auf einen griechischen Zerstörer und einen Fischkutter in der Ägäis ab, ohne jedoch zu treffen.		Bei den Holmenkollen-Skispielen in Oslo wird Biathlon-Olympia-Sieger Peter Angerer im letzten 10-km-Rennen von dem Norweger Eirik Kvalfoss geschlagen und verliert damit den im Vorjahr gewonnenen Weltcup an Franz Peter Rötsch/DDR.
9. März			Die neue Staatsgalerie in Stuttgart (Architekt: der Engländer James Stirling) wird mit einem Festakt eröffnet.	
10. März			In der Berliner Akademie der Künste wird eine große Retrospektive der Arbeiten von Willem de Kooning eröffnet.	René Weller (Pforzheim) wird in Frankfurt durch einen Punktsieg über den Titelverteidiger Lucio Cusmar Weltmeister der Berufsboxer im Leichtgewicht.
11. März	DDR-Staatsratsvorsitzender Erich Honecker trifft auf der Leipziger Frühjahrsmesse mit dem bayrischen Ministerpräsidenten Franz Josef Strauß, dem saarländischen Regierungschef Werner Zeyer, dem saarländischen SPD-Vorsitzenden Oskar Lafontaine und Bundeswirtschaftsminister Otto Graf Lambsdorff zusammen. Hans-Jochen Vogel, Vorsitzender der SPD-Bundestagsfraktion, reist auf Einladung des Obersten Sowjet nach Moskau, wo er mit KPD-Chef Konstantin Tschernenko Probleme der Rüstung erörtert. Auf der Rückreise in die Bundesrepublik spricht Vogel am 14.3. in Ostberlin mit SED-Chef Erich Honecker.		Die Leipziger Buchmesse beginnt.	
12. März				Karl-Heinz Rummenigge (FC Bayern München) gibt seinen Wechsel zu Inter Mailand nach Ende der Bundesligasaison 1983/84 bekannt. Rekord-Ablösesumme: rund 10 Millionen Mark.
14. März	Im Grenzstreifen südlich des Brandenburger Tors in Berlin beginnt die DDR mit dem Bau einer neuen Mauer. Nach Angaben des DDR-Außenministeriums stehe die Anlage im Zusammenhang mit „Bauarbeiten im Zentrum der Hauptstadt".			

	Deutschland	Ausland	Kultur/Wissenschaft	Sport
15. März	Der Großindustrielle Friedrich Karl Flick bestreitet vor dem Parteispenden-Untersuchungsausschuß, mit Schmiergeld-Zahlungen auf Steuerentscheidungen der Bundesregierung Einfluß genommen zu haben. Weitere Zeugen im März: Der ehemalige Flick-Manager Eberhard von Brauchitsch und Wirtschaftsminister Otto Graf Lambsdorff.		Im Münchner Haus der Kunst wird Max Beckmanns Stück „Das Hotel" uraufgeführt.	
16. März		In Wien werden nach dreimonatiger Unterbrechung die Ost-West-Verhandlungen über einen Truppenabbau in Mitteleuropa wieder aufgenommen. Südafrika und Mosambik unterzeichnen an der Grenze zwischen beiden Ländern ein Abkommen über „Sicherheit und gute Nachbarschaft". Das bereits am 17.2.1982 unterzeichnete und bislang geheimgehaltene Sicherheitsabkommen Südafrika-Swasiland wird erst am 31.3.1984 von beiden Staaten bekanntgegeben.	Rund achtzig Prozent aller Patienten mit einem fremden Herzen überlegen „das erste, das gefährlichste Jahr". Danach beträgt die Sterberate nur noch vier Prozent.	
17. März				Bei der Skiflugwoche in Oberstdorf stellt der Finne Matti Nykänen mit 185,0 m einen neuen Skiflug-Weltrekord auf.
18. März	Bei den Bayerischen Kommunalwahlen besiegt der SPD-Herausforderer Georg Kronawitter den amtierenden Münchener CSU-Oberbürgermeister Erich Kiesl im ersten Wahlgang. Die CSU muß landesweit in den kreisfreien Städten und in den Landkreisen Verluste hinnehmen. Die Grünen erhalten sowohl in den Stadt- wie in den Landkreisen mehr Stimmen als die FDP.			Die Schweizer Erika Hess und Pirmin Zurbriggen gewinnen im Gesamtklassement die alpinen Skiweltpokale. Das Rennen auf der Themse zwischen den Universitätsrudermannschaften Oxford und Cambridge wird zum neunten Mal hintereinander von Oxford in der neuen Rekordzeit von 16:14 Minuten für die 6,8 km lange Strecke gewonnen.
19. März			In Wien wird bekannt, daß Claus Peymann neuer Leiter des Burgtheaters und Claus Helmut Drese neuer Direktor der Wiener Staatsoper wird.	
20. März		Innerhalb von 4 Monaten scheitert zum zweiten Mal eine EG-Gipfelkonferenz an der unnachgiebigen Haltung Großbritanniens in der Frage des Beitragsnachlasses.		
21. März	Die Bundesregierung billigt ein auf vier Jahre angelegtes Umweltforschungsprogramm, das alle Arbeiten auf diesem Gebiet zusammenfaßt. Das Bundeswirtschaftsministerium bestätigt, daß die Ausfuhr von zwei bei der Kieler Werft HDW gebauten U-Booten nach Chile genehmigt worden ist.			

	Deutschland	Ausland	Kultur/Wissenschaft	Sport
22. März	Der zyprische Präsident Spyros Kyprianou besucht die Bundesrepublik.			Der Fußball-Bundesligist Arminia Bielefeld und sein Trainer Karl-Heinz Feldkamp lösen vorzeitig den bis 1985 laufenden Vertrag.
23. März		Bei dem bislang größten Geldraub in Italien erbeuten vier Männer umgerechnet mindestens 56 Millionen, möglicherweise 72 Millionen Mark aus dem Tresorraum einer US-Geldtransportfirma in Rom. Die Täter behaupten in anonymen Briefen, Angehörige der Roten Brigaden zu sein.	Wissenschaftlern der Gesellschaft für Schwerionenforschung (GSI) in Darmstadt gelingt es erstmals, durch Verschmelzung von Atomkernen des Eisens mit Atomkernen des Bleis das neue Element 108 zu erzeugen und nachzuweisen. Es ist das dritte Mal, daß die Darmstädter Physiker ein neues Element herstellen.	
24. März		Wenige Tage vor einem neuen nationalen Protesttag wird in Chile wieder der Ausnahme-Zustand verhängt, der erst im August 1983 aufgehoben worden war. Bei Zusammenstößen am neunten nationalen Protesttag am 27.3. kommen vier Menschen ums Leben. In Rom demonstrieren mehr als 700.000 Menschen gegen die Politik der italienischen Regierung zur Inflationsbekämpfung. Die Demonstranten wenden sich gegen ein Dekret, mit dem die automatische Anpassung der Löhne und Gehälter an die Preissteigerungsrate gekürzt werden soll.	Im Kleinen Haus der Württembergischen Staatstheater in Stuttgart wird die Oper „Echnaton" von Philip Glass uraufgeführt.	
25. März	Bei den baden-württembergischen Landtagswahlen behauptet die regierende CDU ihre absolute Mehrheit.		In Oberhausen beginnen die 30. Westdeutschen Kurzfilmtage.	Bei den Eiskunstlauf-Weltmeisterschaften in Ottawa/Kanada erhalten zum Ende ihrer Karriere die Eistanzweltmeister Jayne Torvill und Christopher Dean (Großbritannien) 13mal die Höchstnote 6,0. Weltmeister werden ferner Katarina Witt (DDR), Scott Hamilton (USA) sowie Underhill/Martini (Kanada) bei den Paaren. Die Bundesrepublik bleibt ohne Medaille.
26. März		Unabhängige Experten bestätigen in einer dem Weltsicherheitsrat vorgelegten Expertise, daß im iranischen Grenzgebiet zum Irak Senfgas und das Nervengas Tabun eingesetzt worden seien. Der Iran hatte Irak mehrfach beschuldigt, im Golfkrieg Gas eingesetzt zu haben. In der Expertise wird der Irak jedoch nicht als Urheber des Giftgaseinsatzes genannt.	Eine von der deutschen Pharmaindustrie streng unter Verschluß gehaltene Geheimstatistik belegt nach Ansicht des nordrheinwestfälischen Gesundheitsministers Prof. Friedhelm Farthmann (SPD) eine „riskante Verschreibungspraxis" vieler Ärzte. So würden Kindern bis zu 11 Jahren in der Bundesrepublik millionenfach Schlaf- und Beruhigungsmittel verschrieben sowie Schwangeren in Tausenden von Fällen umstrittene bis gefährliche Medikamente verordnet.	
27. März	In Westberlin wird bekannt, daß etwa 100 Häuser im Süden der Stadt auf einem Panzergraben aus dem zweiten Weltkrieg stehen. Bis Monatsende werden 130 kg Munitionsreste und Sprengstoff sichergestellt.			

	Deutschland	Ausland	Kultur/Wissenschaft	Sport
28. März	Das Bundeskabinett beschließt Steuererleichterungen für alleinerziehende Elternteile und Verordnungen, die einen Anstieg der Wohnungsmieten ermöglichen. In Geesthacht wird das Kernkraftwerk Krümmel (1300 Megawatt) an die Betreiber übergeben. Die Anlage hat 3,6 Mrd. Mark gekostet.		Der Hörspielpreis der Kriegsblinden für 1983 wird dem Autor und Künstler Gerhard Rühm zugesprochen.	
29. März	Der Bundestag verabschiedet ein bis 1988 befristetes Vorruhestandsgesetz, das mit 58 Jahren freiwillig ausscheidenden Arbeitnehmern mindestens 65% der letzten Bruttobezüge garantiert. Mit der Vernehmung von Verteidigungsminister Manfred Wörner beschließt der Verteidigungsausschuß seine Untersuchungen zum Fall Kießling/Wörner.	Im Skagerrak sinkt der dänische Fischkutter „Anne Kathrine", die drei Besatzungsmitglieder kommen ums Leben. Nach dänischen Angaben ist der Kutter von einem deutschen U-Boot auf Erprobungsfahrt in die Tiefe gezogen worden.		
30. März	Der Bayerische Verwaltungs-Gerichtshof hebt einen vom Verwaltungsgericht Regensburg verfügten Baustopp für das Kernkraftwerk Isar II auf. Begründung: öffentliches Interesse an einer gesicherten Energieversorgung. Der parlamentarische Staatssekretär im Bundesarbeitsministerium, Heinrich Franke, übernimmt von Josef Stingl das Amt des Präsidenten der Bundesanstalt für Arbeit. Frankes Posten übernimmt der CSU-Abgeordnete Stefan Höpfinger.		In Saarbrücken beginnt die Bundesdelegiertenkonferenz des Verbandes deutscher Schriftsteller. Hans Peter Bleuel wird überraschend zum neuen Vorsitzenden gewählt. Weltweit sind rund achtzig Forschungs- und Prüfreaktoren, vor allem in den Industriestaaten, entweder bereits stillgelegt worden oder werden stillgelegt. Insgesamt werden weltweit etwa 270 Forschungs- und Prüfreaktoren betrieben, 110 davon seit mindestens 20 Jahren. Die Internationale Atomenergie-Organisation (IAEO) in Wien veröffentlicht diese Zahl.	
1. April	Stichwahl um das Amt des Oberbürgermeisters von München: Georg Kronawitter (SPD) siegt mit 58,1 Prozent der Stimmen gegenüber Erich Kiesl (CSU) mit 41,9 Prozent. Das erste private Rundfunkprogramm über Satellit wird in Ludwigshafen gesendet; ein Kabelpilotprojekt mit 16 Fernseh- und 24 Hörfunkkanälen wird in München gestartet.		Silvio Blatter wird zum neuen Präsidenten des deutschschweizerischen PEN-Zentrums gewählt. Per Olov Enquists Stück „Aus dem Leben der Regenwürmer" wird am Zürcher Schauspielhaus in deutscher Sprache uraufgeführt.	Der TV Großwallstadt gewinnt den IHF-Pokal und damit zum dritten Mal nach der Saison 1979/80 einen Europapokal im Handball.
3. April	März-Bericht der Bundesanstalt für Arbeit: 2 393 300 Arbeitslose (Quote: 9,6 Prozent); 93 266 offene Stellen; 617 700 Kurzarbeiter.	Eine Woche nach dem Tode von Staatspräsident Sekou Touré übernimmt in Guinea das Militär die Macht.		
4. April			Die Lyrikerin Rose Ausländer erhält den mit 10 000 Mark dotierten Literaturpreis der Bayerischen Akademie der Schönen Künste.	
5. April	Bayern verankert als erstes Bundesland den Umweltschutz in der Verfassung.			

	Deutschland	Ausland	Kultur/Wissenschaft	Sport
6. April	Entscheidung des Kölner Verwaltungsgerichts: Die Ausstrahlung von Wahlsendungen der CSU außerhalb Bayerns und der CDU in Bayern vor der Bundestagswahl 1983 im ARD-Programm ist rechtswidrig gewesen.		Der Direktor der Wiener Staatsoper, Lorin Maazel, kündigt seinen vorzeitigen Rücktritt zum 1. September 1984 an.	
9. April		Wegen der Verminung von 3 Häfen durch Gegner der Sandinisten mit Hilfe des amerikanischen CIA reicht Nicaragua beim Internationalen Gerichtshof in Den Haag eine Klage gegen die USA ein.	In Culham bei Oxford weiht Königin Elizabeth II. die europäische Kernfusionsanlage „Joint European Torus" (JET) ein. Die Kernfusion gilt als wichtigste Energiequelle der Zukunft.	Garri Kasparow (UdSSR) qualifiziert sich im Kandidatenturnier zur Schachweltmeisterschaft gegen Weltmeister Anatoli Karpow (UdSSR).
10. April	Entscheidung des Europäischen Gerichtshofs: Frauen, die im Berufsleben diskriminiert werden, steht eine Entschädigung zu. Hans-Jochen Vogel wird in seinem Amt als Vorsitzender der SPD-Bundestagsfraktion bestätigt.		In der australischen Stadt Melbourne wird die Geburt des ersten Babys der Welt bekanntgegeben, das aus einem tiefgefrorenen Embryo stammt.	
11. April		Knapp zwei Monate nach seiner Wahl zum Parteichef der KPdSU wird Konstantin Tschernenko vom Obersten Sowjet auch zum neuen Staatsoberhaupt der UdSSR gewählt.		
12. April	Gegen Egon Franke, den ehemaligen Bundesminister für innerdeutsche Beziehungen, wird von der Bonner Staatsanwaltschaft Anklage wegen des Verdachts der Untreue und der Urkundenunterdrückung erhoben. Die Bundesrepublik Deutschland und die DDR paraphieren eine Vereinbarung über einen grenzüberschreitenden Kaliabbau an der Grenze zwischen Hessen und Thüringen.	Mehr als 250 000 Australier demonstrieren gegen das atomare Wettrüsten und gegen Abbau und Export australischen Urans.	Rolf Schneiders Stück „Mein Bruder" über das Verhältnis von Heinrich und Thomas Mann wird in Mainz uraufgeführt.	
15. April	Außenminister Hans-Dietrich Genscher trifft als erster westeuropäischer Außenminister nach der Amtsübernahme einer Zivilregierung zu einem Besuch in Argentinien ein. Hauptthemen der Gespräche sind Außenpolitik, Wirtschaftsfragen sowie die Menschenrechtsverletzungen in der Zeit der Militärdiktatur.			
16. April	Die Arbeitsgemeinschaft Wirtschaftswissenschaftlicher Forschungsinstitute legt ihr Frühjahrsgutachten vor; es wird ein Wachstum von drei Prozent prognostiziert.	Rund 1,3 Millionen Menschen demonstrieren in São Paulo/Brasilien für eine Direktwahl des Staatspräsidenten durch das Volk und damit gegen das Militärregime.		
17. April				Die Olympia-Auswahl des DFB verpaßt bei einem Rückspiel gegen Frankreich in Bochum mit einem 0:1 die Teilnahme an den Olympischen Spielen in Los Angeles.

	Deutschland	Ausland	Kultur/Wissenschaft	Sport
23. April				Der Kölner EC wird deutscher Eishockeymeister.
24. April			Der Schweizer Künstler Harald Naegeli, bekannt geworden als „Sprayer von Zürich", wird von der Bundesrepublik zur Verbüßung einer neunmonatigen Haftstrafe an die Schweiz ausgeliefert.	
25. April	Egon Bahr, Abrüstungsexperte der SPD, trifft zu viertägigen Gesprächen über Sicherheitsfragen in Prag ein.			
26. April		Der amerikanische Präsident Ronald Reagan trifft zu einem offiziellen Besuch in Peking ein. Es ist der erste Staatsbesuch eines amerikanischen Präsidenten seit 1975, als Gerald Ford sich in China aufhielt.		
27. April	Entscheidung des Bundesverwaltungsgerichts Berlin: Bei Klagen auf Herausgabe von Akten des Verfassungsschutzes ist grundsätzlich der Verwaltungsgerichtsweg gegeben.		In Ost-Berlin wird der neue Friedrichstadtpalast mit einem Galaprogramm eröffnet.	Der FC Tauberbischofsheim wird zum sechsten Mal Gewinner des Europapokals der Degenfechter.
29. April		Der sudanische Staatspräsident Dschaafar el Numeiri ruft in seinem Land den Ausnahmezustand aus. Die Maßnahme wird mit verstärkter Rebellentätigkeit im Süd-Sudan sowie mit Arbeiterunruhen begründet.	Im Kieler Opernhaus wird Siegfried Wagners Oper „W. und die gute Frau" uraufgeführt.	Bei den Europameisterschaften der Gewichtheber in Vitoria/Spanien belegt Karl-Heinz Radschinsky aus Langen im Stoßen der Mittelgewichtler mit 205 kg den zweiten Platz hinter dem Bulgaren Alexander Verbanov (207,5 kg).
30. April	Entscheidung des Bundesarbeitsgerichts in Kassel: Abfindungsansprüche aus einem Sozialplan sind in einem Konkurs nicht vorrangig.			
1. Mai	Im ganzen Bundesgebiet werden unter dem Motto „Arbeit für alle" Mai-Kundgebungen abgehalten. Im Mittelpunkt stehen Forderungen nach der 35-Stunden-Woche und einer Bekämpfung der Arbeitslosigkeit.	In Santiago/Chile und Montevideo/Uruguay kommt es zu Zusammenstößen zwischen Mai-Demonstranten und der Polizei. Montevideo erlebt mit mehr als 220 000 Menschen die größte Gewerkschaftskundgebung seiner Geschichte.		
2. Mai	Die Bundesrepublik und die Türkei paraphieren in Ankara ein Rahmenabkommen über die friedliche Nutzung der Kernenergie.	Papst Johannes Paul II. beginnt eine Reise nach Ostasien. Er besucht Süd-Korea, Papua-Neuguinea, die Salomonen und Thailand.	Die Wiesbadener Maifestspiele beginnen mit einem Gastspiel des Leipziger Theaters, die Schillers „Fiesco" aufführen.	
4. Mai	Neue Zahlen der Bundesanstalt für Arbeit: 2 253 466 Arbeitslose (Quote 9,1 Prozent), 489 485 Kurzarbeiter, 93 556 offene Stellen.		Der erstmals verliehene Carl-von-Ossietzky-Preis der Stadt Oldenburg (10 000 Mark) geht zu gleichen Teilen an Hannelore Oelke und Matthias von Hellfeld.	
6. Mai	Li Peng, stellvertretender Ministerpräsident der Volksrepublik China, trifft zu einem Besuch in der Bundesrepublik ein. Er ist der ranghöchste chinesische Politiker, der seit 1979 die Bundesrepublik besuchte.	Panama: erste freie Präsidentenwahl seit 16 Jahren. Gewählt wird Nicolas Ardito Barletta. Bei der Präsidenten-Stichwahl in El Salvador siegt der Christdemokrat José Napoleon Duarte.	In Berlin beginnt das 21. Theatertreffen deutschsprachiger Bühnen.	

	Deutschland	Ausland	Kultur/Wissenschaft	Sport
7. Mai		Im Schadensersatzverfahren Tausender von Vietnam-Veteranen gegen sieben Hersteller des giftigen Entlaubungsmittels „Agent Orange" einigen sich die Parteien auf eine Entschädigung von insgesamt 250 Millionen Dollar.	Der 19. Bundeswettbewerb „Jugend forscht" erzielt mit 2287 Teilnehmern ein Rekordergebnis.	
8. Mai		Das Nationale Olympische Komitee der UdSSR entscheidet, daß sowjetische Sportler nicht an den Olympischen Spielen in Los Angeles teilnehmen werden. Wenig später schließen sich weitere Ostblockländer dem Boykott an. In Stockholm beginnt die zweite Sitzungsphase der Europäischen Abrüstungskonferenz. Königin Elizabeth II. eröffnet die größte bewegliche Flutsperre der Welt vor der Themsemündung.		
9. Mai	In Stuttgart beginnt der 32. CDU-Parteitag. Die Delegierten lehnen mit deutlicher Mehrheit einen von der Jungen Union initiierten Antrag ab, Die Amnestiepläne für Steuersünder im Zusammenhang mit Parteispenden fallen zu lassen.		Eine Sammlung mit Kostümen, Bühnenbildentwürfen und Manuskripten aus der Zeit des Tänzers Sergej Diaghilew wird im Londoner Auktionshaus Sotheby's für umgerechnet 3,1 Millionen Mark versteigert.	
10. Mai		Der Internationale Gerichtshof in Den Haag gibt einer Dringlichkeitsklage Nicaraguas gegen die USA statt und verlangt von der Washingtoner Regierung „unverzüglich Handlungen jeglicher Art zu beenden, die den Zugang zu nicaraguanischen Häfen blockieren oder bedrohen, insbesondere das Verlegen von Minen". Die Vereinigten Staaten erkennen die Entscheidung des Gerichts an.		Der Boykott der Olympischen Spiele durch die UdSSR weitet sich zu einem Ostblock-Boykott aus. Nach Bulgarien sagt auch die DDR ihre Teilnahme ab.
11. Mai			In Cannes beginnen die 37. internationalen Filmfestspiele. Wim Wenders erhält die „Goldene Palme" für seinen Film „Paris, Texas".	
13. Mai	In Hamburg beginnt der 12. Ordentliche Gewerkschaftstag der Gewerkschaft der Eisenbahner Deutschlands (GdED).			Der Spanier Juan Aguilera gewinnt in Hamburg bei den internationalen deutschen Tennismeisterschaften als erster „ungesetzter" Spieler in der Geschichte dieses Turniers. Er schlägt im Finale den Schweden Henrik Sundström.
14. Mai	Im Tarifgebiet Nordwürttemberg/Nordbaden beginnt ein Schwerpunktstreit der IG Metall zur Durchsetzung der 35-Stunden-Woche; ab 21.5. wird auch in hessischen Betrieben gestreikt. Die Arbeitgeber reagieren am 22.5. mit Aussperrungen. Am Monatsende sind direkt oder indirekt rund 350 000 Arbeitnehmer betroffen.	Parlamentswahlen auf den Philippinen: Die Opposition verzeichnet beachtliche Erfolge. Nach vorläufigen Wahlergebnissen erhält Präsident Ferdinand Marcos die Mehrheit und erklärt sich zum Wahlsieger. Die Opposition vermutet Wahlfälschungen.	In Tokio beginnt der 47. Internationale PEN-Kongreß (Motto: „Literatur im Atomzeitalter – warum schreiben wir?")	

	Deutschland	Ausland	Kultur/Wissenschaft	Sport
16. Mai	Die Bonner Regierungskoalition aus CDU/CSU und FDP zieht nach Protesten in der Öffentlichkeit und unter starkem Druck von Teilen der FDP ihren umstrittenen Gesetzentwurf zur Strafbefreiung für Steuervergehen bei Parteispenden zurück. In Hamburg werden auf einem kolumbianischen Frachtschiff 47 kg Kokain im Schätzwert von zehn bis fünfzehn Millionen Mark beschlagnahmt. Es ist einer der größten Rauschgiftfunde der letzten Jahre.			
17. Mai	Bundeskanzler Helmut Kohl trifft zu seinem ersten offiziellen Besuch in Spanien ein. Gesprächsthemen: Probleme Spaniens in der NATO und der bevorstehende EG-Beitritt des Landes. In Essen beginnt der 20. Ordentliche Bundesparteitag der SPD. Die Delegierten sprechen sich für eine neue Verteidigungsstrategie der NATO aus und entscheiden sich in einer Kampfabstimmung für die Einführung von privaten Rundfunk- und Fernsehprogrammen. Willy Brandt wird in seinem Amt als Parteivorsitzender bestätigt.	Nördlich von Bombay/Indien kommt es zu schweren Zusammenstößen zwischen Moslems und Hindus, bei denen etwa 230 Menschen ums Leben kommen.	Der Wiener Autor Ernst Jandl erhält den Georg-Büchner-Preis der Deutschen Akademie für Sprache und Dichtung.	
18. Mai	Der Bundesrat stimmt Änderungsgesetzen zu, durch die die Ausbildungsförderung (BAföG) und die Bildungsbeihilfen für arbeitslose Jugendliche verbessert werden.		Der Ernst-Jung-Preis für Medizin, eine der angesehensten Auszeichnungen nach dem Nobelpreis, wird den Professoren George Jackson (Chicago), Werner Franke (Heidelberg), und Klaus Weber (Göttingen) verliehen. Jackson erhält den Preis für die Bekämpfung von Infektionskrankheiten, Franke und Weber für Untersuchungen des Zellskeletts. In der Hamburger Kunsthalle wird eine lange verschollene Büste des Barockkünstlers Giovanni Lorenzo Bernini identifiziert.	Führende Funktionäre des Weltsports fordern nach einer Krisensitzung des Internationalen Olympischen Komitees in Lausanne die kommunistischen Staaten auf, ihren Boykott der Olympischen Spiele in Los Angeles zurückzunehmen.
19. Mai				Der Internationale Fußballverband (FIFA) vergibt die Weltmeisterschaft für 1990 an Italien. Mitbewerber Sowjetunion hatte man wegen des Olympia-Boykotts schon vor der Abstimmung keine Chance mehr gegeben, das Turnier auszurichten.
20. Mai	Bundesaußenminister Hans-Dietrich Genscher trifft zu einem zweitägigen Arbeitsbesuch in Moskau ein.	Isabel Perón, die ehemalige argentinische Präsidentin, kehrt aus ihrem spanischen Exil nach Argentinien zurück. Bei einer Volksbefragung sprechen sich die Schweizer Bürger mehrheitlich gegen eine Initiative zur Lockerung des Bankgeheimnisses aus.		

	Deutschland	Ausland	Kultur/Wissenschaft	Sport
21. Mai			Die „Kontinentaldrift", die Bewegung der Erdteile, ist erstmals vermessen worden. Die Untersuchungen haben ergeben, daß sich der Atlantik jährlich um 1,5 Zentimeter erweitert.	
22. Mai				Rumänien beschließt als einziges Ostblockland, an den Olympischen Spielen in Los Angeles teilzunehmen.
23. Mai	Richard von Weizsäcker wird zum sechsten Präsidenten der Bundesrepublik Deutschland gewählt.	Der nordkoreanische Staats- und Parteichef Kim Il Sung trifft zu einem Freundschaftsbesuch in der Sowjetunion ein. Es ist der erste Besuch in Moskau seit 1961.		
24. Mai	Auf einer Sitzung des SED-Zentralkomitees wird das Politbüro der SED um vier neue stimmberechtigte Mitglieder erweitert.			Kuba und Nordkorea sagen ihre Teilnahme an den Spielen in Los Angeles ab.
25. Mai	Der Bundestag beschließt zum 1. Oktober eine Erhöhung des Wehrsoldes.		Die zehnten Hamburger Ballettage beginnen mit der Uraufführung einer Gustav-Mahler-Choreographie von John Neumeier.	
26. Mai		Nach achtjähriger Bauzeit wird in Rumänien der Donau-Schwarzmeer-Kanal eröffnet, der den Weg zum Schwarzen Meer um mehr als 300 km verkürzt.		Nach 32 Jahren wird der VfB Stuttgart zum zweiten Mal deutscher Fußballmeister.
27. Mai		Parlamentswahlen in Ägypten: Zum ersten Mal seit 1952 haben die Bürger Gelegenheit, unter fünf verschiedenen Parteien zu wählen. Die regierende Nationaldemokratische Partei erhält 73,0 Prozent der Stimmen.		In Düsseldorf gewinnen die USA den „Tennis World Team Cup". Zum Team der USA gehören John McEnroe, Peter Fleming und Jimmy Arias. Siegerprämie: 200 000 Dollar.
28. Mai	In Bonn versammeln sich mehr als 100 000 Arbeitnehmer, um die Forderung nach Einführung der 35-Stunden-Woche zu unterstreichen und gegen Aussperrungen zu protestieren.			
29. Mai	In Rambouillet unterzeichnen Verteidigungsminister Manfred Wörner und sein französischer Kollege Charles Hernu ein Abkommen über den Bau eines gemeinsamen Kampfhubschraubers für die 90er Jahre.		Bei acht Fällen schwerer Mißbildungen von Neugeborenen in Hamburg lassen sich Umwelteinflüsse durch das Seveso-Gift Dioxin nicht ausschließen. Diese Fälle werden nach Auskunft Hamburger Behörden in einer Studie untersucht.	
30. Mai	Im Klinikum Großhadern der Universität München wird eine 37jährige Frau von gesunden Fünflingen entbunden.	Der staatliche Rundfunksender in Mosambik, Radio Maputo, teilt mit, daß allein in der Provinz Tete mehr als 5 000 Menschen seit Jahresbeginn infolge der anhaltenden Dürre verhungert seien.		Beim Finale in Rom gewinnt der FC Liverpool gegen AS Roma den Fußball-Europa-Pokal der Landesmeister. Nach dem Spiel kommt es zu schweren Krawallen englischer Fans, bei denen ein Italiener ums Leben kommt.
31. Mai			Bei einer Gedenkveranstaltung in Wuppertal zum Jahrestag der Theologischen Erklärung von Barmen vom 31. März 1934 wird diese als eine der „bedeutendsten Taten der Kirche seit der Reformation" gewürdigt.	

	Deutschland	Ausland	Kultur/Wissenschaft	Sport
1. Juni	In Münster eröffnet die FDP ihren 35. Ordentlichen Bundesparteitag. Hans-Dietrich Genscher bleibt Parteivorsitzender, erzielt jedoch das zweitschlechteste Wahlergebnis. Neuer Generalsekretär: Helmut Haussmann. Haussmanns Vorgängerin, Irmgard Adam-Schwaetzer, wird neue Schatzmeisterin. Das Bundesverkehrsministerium gibt bekannt: Ab Januar 1985 wird im Eisenbahn- und Straßenverkehr an den Grenzen der Bundesrepublik zu Belgien, den Niederlanden und Luxemburg auf Kontrollen weitgehend verzichtet.	Die niederländische Regierung verschiebt die Entscheidung über die Stationierung von 48 Cruise Missiles auf November 1985.	In Frankfurt wird das Deutsche Architekturmuseum eröffnet, das einzige seiner Art in der Bundesrepublik.	
3. Juni			Der Verband der Kinderärzte Deutschlands fordert eine zentrale Meldestelle für umweltbedingte Erkrankungen.	Trotz des Boykotts der Sowjetunion und 13 anderer Staaten verzeichnen die Olympischen Spiele eine Rekordbeteiligung. 132 Nationen haben zugesagt, zehn mehr als 1972 in München.
4. Juni	Pieter Willem Botha, südafrikanischer Ministerpräsident, trifft zu einem Besuch in der Bundesrepublik ein. Bereits im Vorfeld des Besuchs ist es wegen der Apartheidpolitik in Südafrika zu innenpolitischen Auseinandersetzungen gekommen.		In einem Archiv in der englischen Stadt Reading werden unbekannte Rundfunkmanuskripte und Briefe von George Orwell entdeckt.	
5. Juni	Mai-Zahlen der Bundesanstalt für Arbeit: 2 133 000 Arbeitslose (Quote 8,6 Prozent), 387 500 Kurzarbeiter, 96 600 offene Stellen.	Sondereinheiten der indischen Armee stürmen am Abend den Goldenen Tempel von Amritsar/Punjab, in dem sich seit fast zwei Jahren Hunderte von Sikhs verschanzt haben.	Marc Blitzsteins Musical „Wir werden das Kind schon schaukeln" erlebt bei den Ruhrfestspielen in Recklinghausen seine europäische Erstaufführung.	
6. Juni	Lothar Späth (CDU) wird erneut zum Ministerpräsidenten von Baden-Württemberg gewählt.	Acht Staats- und Regierungschefs der Alliierten des Zweiten Weltkrieges gedenken bei einer gemeinsamen Feier des 40. Jahrestages der Invasion. Prominenteste Teilnehmer: US-Präsident Ronald Reagan und die englische Königin Elizabeth II.		
7. Juni	Der seit Herbst 1982 geschäftsführend regierende Holger Börner wird mit den Stimmen der Grünen zum hessischen Ministerpräsidenten gewählt.		Die Lyrikerin Sarah Kirsch erhält den mit 15 000 Mark dotierten Friedrich-Hölderlin-Preis der Stadt Homburg. In Frankfurt wird das Deutsche Filmmuseum eröffnet.	
8. Juni	Der Bundesrat billigt das Fischereigesetz, das die Rechte und Pflichten der Fischer in den deutschen Fischereizonen festlegt.		Der mit 25 000 Mark dotierte Literaturpreis der Stadt Köln wird Helmut Heißenbüttel zuerkannt.	Bei den deutschen Schwimmmeisterschaften in München stellt Michael Groß (Offenbach) mit 1:47,55 Minuten einen neuen Weltrekord über 200 m Freistil auf.
9. Juni		In London vereinbaren die Staats- und Regierungschefs der USA, Kanadas, der Bundesrepublik, Großbritanniens, Frankreichs, Italiens und Japans anläßlich des 10. westlichen Wirtschaftsgipfels ein umfangreiches Papier zur internationalen Wirtschaftspolitik.		Jürgen Hingsen (Uerdingen) stellt in Mannheim im Zehnkampf mit 8 798 Punkten einen neuen Weltrekord auf.

	Deutschland	Ausland	Kultur/Wissenschaft	Sport
10. Juni			In Venedig beginnt die 41. Kunstbiennale.	Der 33jährige Italiener Francesco Moser gewinnt den 67. Giro d'Italia vor Laurent Fignon (Frankreich). Hochsprung-Meeting in Eberstadt: Zhu Jianhua (China) verbessert seinen Weltrekord von 2,38 auf 2,39 m. Die beiden Deutschen Carlo Thränhardt und Dieter Mögenburg stellen mit 2,36 m den Europarekord ein.
12. Juni		Zwischen Iran und Irak tritt auf Vorschlag des UNO-Generalsekretärs eine Vereinbarung in Kraft, derzufolge keine zivilen Ziele auf der Gegenseite mehr beschossen werden dürfen.	Die Schriftstellerin Friederike Roth wird von einer Jury zur neuen „Stadtschreiberin von Bergen" gewählt.	
13. Juni	Die Bundesregierung billigt Änderungsvorschläge zu dem Gesetz über die Entschädigung unschuldiger Opfer von Gewalttaten. Nach diesem Gesetz wird ein größerer Kreis von Opfern aus staatlichen Mitteln für gesundheitliche Folgen entschädigt, wenn der Täter oder Versicherungen nicht herangezogen werden können.		Japanische Wissenschaftler vermessen des tiefsten Punkt des Marianengrabens. Er liegt etwa 370 km südwestlich der Insel Guam 10 924 m unter der Meeresoberfläche.	
17. Juni	Wahlen zum Europäischen Parlament: In der Bundesrepublik erhält die CDU 37,5 Prozent der abgegebenen Stimmen, die SPD 37,4 Prozent, die CSU 8,5 Prozent, die Grünen 8,2 Prozent, die FDP scheitert mit 4,8 Prozent an der Fünf-Prozent-Hürde. Wahlbeteiligung: 56,8 Prozent. Kommunalwahlen in Rheinland-Pfalz: CDU 45,4 Prozent, SPD 40,1 Prozent, die Grünen 5,4 Prozent, die FDP 5,0 Prozent. Kommunalwahlen im Saarland: SPD 45,6 Prozent, CDU 42,2 Prozent, die Grünen 5,3 Prozent, die FDP 4,3 Prozent.	Erstmals seit den Streiks von 1980 und der Verhängung des Kriegsrechts wird in Polen gewählt. Trotz eines Boykottaufrufs der verbotenen Gewerkschaft Solidarität beteiligen sich mehr als 75 Prozent der Wahlberechtigten.		
18. Juni		Nach vorgezogenen Parlamentswahlen auf Grönland wird die Bildung einer neuen Regierung bekanntgegeben: eine Linkskoalition der bisherigen sozialdemokratischen Regierungspartei Siumut und der marxistisch-nationalistischen Inuit-Partei. Jonathan Motzfeld bleibt Ministerpräsident.		
19. Juni	Das Bundesverfassungsgericht in Karlsruhe bestätigt, daß die gesetzlichen Krankenkassen bei Schwangerschaftsabbrüchen im Falle aller anerkannten Indikationen weiterhin die Kosten des Eingriffs erstatten.		An der Mailänder „Scala" wird Leonard Bernsteins Oper „A Quiet Place – Trouble in Tahiti" für Europa erstaufgeführt.	

	Deutschland	Ausland	Kultur/Wissenschaft	Sport
20. Juni	Einigung in der Bonner Koalition: Die Steuerreform soll nach einem Zwei-Stufen-Plan von 1988 an bei der Lohn- und Einkommenssteuer eine Entlastung von insgesamt 20,2 Milliarden Mark bewirken.		In Bad Nauheim wird die Environtologie, die Lehre von der Umwelt, als neue medizinische Fachrichtung vorgestellt.	Bei der Fußball-Europameisterschaft in Frankreich kann sich die Mannschaft der Bundesrepublik nicht für die Vorschlußrunde qualifizieren. Der Europameistertitel ist damit verloren.
21. Juni	FDP-Vorsitzender und Bundesaußenminister Hans-Dietrich Genscher gibt bekannt, daß er den Parteivorsitz im Februar 1985 niederlegen werde.			
22. Juni			Berlins Gesundheitssenator Ulf Fink befürwortet eine Fluoridierung des Trinkwassers.	
24. Juni		Bei einer Massendemonstration in Paris protestieren mehrere hunderttausend Menschen gegen die im Parlament erörterte Angleichung der Privatschulen an die staatlichen Lehranstalten.		
25. Juni	In München beginnt die Multilaterale Umweltkonferenz mit Delegationen aus 31 Staaten, darunter allen Ostblockländern. In einer Entschließung kommen die Teilnehmer überein, daß die Gesamtemission von Stickoxiden verringert werden muß.	Der Brite Lord Carrington tritt als Nachfolger von Joseph Luns sein Amt als Generalsekretär der NATO an.		
26. Juni	Der im Zusammenhang mit der Flick-Spendenaffäre belastete Bundeswirtschaftsminister Otto Graf Lambsdorff tritt zurück. Martin Bangemann (FDP) wird am 28.6. sein Nachfolger.	Zum Abschluß der EG-Gipfelkonferenz in Fontainebleau einigen sich die Teilnehmer auf einen Kompromiß in dem jahrelangen Beitragsstreit mit Großbritannien.	Im Kölner Museum Ludwig beginnt eine umfassende Ausstellung des Schaffens von Marcel Duchamps.	Fußball-Bundestrainer Jupp Derwall erklärt seinen Rücktritt. Die Nachfolge treten Franz Beckenbauer als Teamchef und DFB-Trainer Horst Köppel an.
27. Juni	Die Ständige Vertretung der Bundesrepublik in Ost-Berlin stellt den Besucherverkehr ein. Von den 55 DDR-Bürgern, die sich zum Teil seit Wochen im Gebäude aufhalten, um ihre Ausreise in die Bundesrepublik zu erzwingen, verlassen 25 Personen am 29.6. die Vertretung freiwillig. In der besonderen Schlichtung der Metallindustrie für Nordwürttemberg/Nordbaden nehmen die Verhandlungskommissionen beider Tarifparteien den freiwilligen Einigungsvorschlag des Schlichters Georg Leber an. Dieser sieht eine Verkürzung der Wochenarbeitszeit vom 1.4.1985 auf 38,5 Stunden bei vollem Lohnausgleich vor. Der Ständige Rat der Westeuropäischen Union hebt die letzten Einschränkungen für die konventionelle Rüstung der Bundesrepublik Deutschland auf. Damit darf die Bundesrepublik mit Ausnahme von Atom- sowie ABC-Waffen Rüstungsgüter jeder Art und Größe produzieren.			Mit einem 2:0 im Endspiel gegen Spanien wird Frankreich neuer Fußball-Europameister. Die Bundesrepublik Deutschland entsendet mit 415 Sportlern die bisher größte Olympiamannschaft zu Olympischen Spielen ins Ausland. Nur das Team bei den Spielen 1972 in München war mit 421 Sportlern noch größer.

	Deutschland	Ausland	Kultur/Wissenschaft	Sport
28. Juni		Israel und Syrien tauschen ihre Gefangenen des Libanon-Krieges aus.	Im Pariser Kulturzentrum Georges Pompidou wird eine Marc-Chagall-Retrospektive eröffnet.	
29. Juni	Schwedens Ministerpräsident Olof Palme trifft zu einem Arbeitsbesuch in der DDR ein. Im Mittelpunkt der Gespräche mit Staats- und Parteichef Erich Honecker stehen Fragen der Abrüstung, der Menschenrechte sowie die internationale Lage.			
30. Juni		In Bolivien scheitert ein Militärputsch gegen die demokratisch gewählte Linksregierung.		
1. Juli	Richard von Weizsäcker wird auf einer gemeinsamen Sitzung von Bundestag und Bundesrat als sechster Bundespräsident und Nachfolger von Karl Carstens vereidigt.	Bei der Wahl zu einer Verfassunggebenden Nationalversammlung in Guatemala erhält die rechtsgerichtete Allianz der Nationalen Befreiungsbewegung und des Authentischen Nationalen Zentrums 23 der 88 Mandate. Die Christdemokraten erhalten 20 Sitze, die Nationale Zentrumsunion 21. Die restlichen Mandate verteilen sich auf fünf meist rechtsgerichtete Parteien.	Der zum ersten Mal vergebene Filmpreis der Europäischen Gemeinschaft (10 000 Mark Dotation und 50 000 Mark Vertriebsförderung) geht an die französische Produktion „Die Prinzen" von Tony Gatlif. In Klagenfurt wird der Ingeborg-Bachmann-Preis mit 17 000 Mark der Schweizerin Erica Pedretti zugesprochen.	Deutsches Derby in Hamburg: Sieger ist „Lagunas" aus dem Gestüt Fährhof mit Jockey Georg Bocskai. Siegerprämie: 273 575 Mark.
2. Juli	Das Bonner Landgericht bestätigt, daß am 29.6. das Hauptverfahren in der Flick-Parteispendenaffäre eröffnet worden ist.			Der Argentinier Diego Armando Maradona wechselt für die Rekordsumme von 24 Millionen Mark vom FC Barcelona zum AC Neapel.
3. Juli	In der Metallindustrie von Nordwürttemberg-Nordbaden wird nach sieben Wochen Streik die Arbeit wieder aufgenommen. Juni-Bericht der Bundesanstalt für Arbeit: 2 112 660 Arbeitslose (Quote: 8,5 Prozent), 338 300 Kurzarbeiter, 111 000 offene Stellen.	Die US-Regierung gibt ihre Zustimmung zu einem sowjetischen Vorschlag, im Herbst in Wien über ein Verbot von Weltraumwaffen zu verhandeln.		
4. Juli	Bundeskanzler Helmut Kohl besucht als erster deutscher Regierungschef Argentinien und Mexiko.	Die libanesische Armee übernimmt die Kontrolle über die wichtigsten Positionen von Beirut im Rahmen eines Sicherheitsplans für Groß-Beirut.	In München beginnt der 88. Deutsche Katholikentag.	
5. Juli		Nigerias prominentester Exilpolitiker, Umaru Dikko, wird in London entführt. Er wird am Abend in einer als Diplomaten-Gepäck deklarierten Kiste an Bord einer nigerianischen Verkehrsmaschine betäubt aufgefunden. Die Befreiung des Politikers erfolgt wenige Minuten vor dem Start des Flugzeugs.	Das Londoner Auktionshaus Sotheby's erreicht einen neuen Höchstpreis für ein Gemälde: 27,7 Millionen Mark für William Turners „Seascape: Folkestone".	
6. Juli			In Erlangen beginnt die Jahrestagung des PEN-Zentrums der Bundesrepublik. Die Mitglieder sprechen sich gegen den „tödlichen Wahnsinn der Hochrüstung in beiden Weltlagern" aus.	

	Deutschland	Ausland	Kultur/Wissenschaft	Sport
8. Juli				Bei den All-England-Tennismeisterschaften in Wimbledon gewinnen Martina Navratilova (USA) zum fünften Mal und John McEnroe zum dritten Mal die Titel in den Einzel-Wettbewerben.
9. Juli			Der Zentralausschuß des ökumenischen Rats der Kirchen beginnt in Genf seine zehntägige Jahreskonferenz.	
10. Juli	Der niedersächsische Landtag beschließt eine Novelle zum Bildungsurlaubsgesetz: Ab 1985 werden die Ansprüche eingeschränkt.		Der russische Filmregisseur Andrej Tarkowskij erläutert in Mailand seinen Entschluß, im Westen um politisches Asyl zu bitten.	
11. Juli	Die Bremer Bürgerschaft ratifiziert als letztes Landesparlament den Staatsvertrag über Bildschirmtext (Btx).	In Großbritannien treten die Hafenarbeiter aus Solidarität mit den seit dem 12. März streikenden Bergleuten ebenfalls in den Streik.		
12. Juli			In der Kölner Kunsthalle beginnt die Ausstellung „Skulptur des Expressionismus". Das Bundesgesundheitsamt in Berlin verbietet den Verkauf des entzündungshemmenden Rheumamittels „Flossin" mit sofortiger Wirkung. Begründung: Verdacht auf krebserregende Wirkung.	
13. Juli	Der Chef des Kanzleramts, Waldemar Schreckenberger, und der französische Europaminister Roland Dumas unterzeichnen in Saarbrücken ein Abkommen über vereinfachte Grenzkontrollen, das am 16.7. in Kraft treten soll.			
14. Juli		Vorgezogene Parlamentswahlen in Neuseeland: Es siegt die bisher oppositionelle Labour-Partei unter David Lange.		Sergej Bubka (UdSSR) stellt bei einem Leichtathletiksportfest in London mit 5,90 m den dritten Weltrekord des Jahres im Stabhochsprung auf.
17. Juli	Entscheidung des Bundesverfassungsgerichts: Die Bundesregierung muß dem Flick-Untersuchungsausschuß des Bundestages alle Akten herausgeben.	In Frankreich wird der bisherige Industrieminister Laurent Fabius als Nachfolger von Pierre Mauroy zum französischen Premierminister ernannt. Er ist mit 37 Jahren der bisher jüngste Premier. Die USA und die UdSSR unterzeichnen ein Abkommen über die Modernisierung des vor 20 Jahren eingerichteten „heißen Drahts", der im Konfliktfall eine schnelle Kommunikation ermöglicht.		Ex-Bundestrainer Jupp Derwall unterzeichnet beim türkischen Spitzenverein Galatasaray Istanbul einen Vertrag, daneben wird er als Berater für die türkische Fußballmannschaft tätig sein.
18. Juli		Walter Mondale, unter Jimmy Carter Vizepräsident der USA, wird zum Präsidentschaftskandidaten der Demokraten gewählt. Geraldine Ferraro wird als Vizepräsidentschaftskandidatin aufgestellt.	Das Forschungsschiff „Meteor" des Deutschen Hyderographischen Instituts läuft von Hamburg zu seiner 69. Reise aus. Die Wissenschaftler an Bord sollen bis 1. Dezember zwischen Schottland, den Azoren und den Kanarischen Inseln die Meereszirkulation untersuchen.	Der Internationale Automobilsportverband (FISA) schließt den Rennstall des Engländers Ken Tyrrell von den Formel-1-Rennen im Jahre 1984 aus.

	Deutschland	Ausland	Kultur/Wissenschaft	Sport
19. Juli	Bei Helmstedt behindern deutsche Zöllner einen angeblich mit Diplomatengepäck beladenen sowjetischen Lastwagen an der Weiterfahrt in östliche Richtung. Nach diplomatischen Verwicklungen und einer Inspektion des LKWs auf dem Gelände der sowjetischen Botschaft in Bonn darf das Fahrzeug am 23.7. die Grenze zur DDR passieren.	Jacques Delors, bisheriger französischer Wirtschafts- und Finanzminister, wird als Nachfolger von Gaston Thorn zum Präsidenten der EG-Kommission ernannt.		
20. Juli		In Österreich bitten 119 polnische Angehörige einer Pilger-Gruppe auf dem Weg nach Rom um politisches Asyl.		Der Ost-Berliner Uwe Hohn erzielt mit 104,80 m einen neuen Weltrekord im Speerwerfen und übertrifft als erster Athlet die 100-m-Grenze. Der alte Weltrekord ist um 5,08 m übertroffen worden.
21. Juli		Das polnische Parlament beschließt eine Amnestie, die auch für 652 politische Häftlinge gilt.		
22. Juli			In Budapest beginnt die siebente Vollversammlung des Lutherischen Weltbundes.	In Brands Hatch gewinnt der Österreicher Niki Lauda den 10. Lauf zur Formel-1-Weltmeisterschaft. Der Franzose Laurent Fignon gewinnt zum zweiten Mal hintereinander die Tour de France.
23. Juli		Vorgezogene Parlamentswahlen in Israel: Die oppositionelle Arbeiterpartei unter Schimon Peres überrundet den regierenden Likud-Block unter Ministerpräsident Izchak Schamir.		
24. Juli		Der Franzose Pierre Pflimlin, Kandidat der Christdemokraten, wird zum Präsidenten des Europäischen Parlaments gewählt.		
25. Juli	Das Bundeskabinett leistet eine Bürgschaftsgarantie für einen Bankkredit über 950 Millionen Mark an die DDR. Gleichzeitig wird bekanntgegeben, daß die DDR vom 1. August an eine Reihe von Erleichterungen im innerdeutschen Reiseverkehr einführen wird. Die Bundesregierung billigt den deutsch-niederländischen Vertrag über den geplanten Dollarthafen an der Emsmündung.		Die 73. Richard-Wagner-Festspiele in Bayreuth beginnen mit einer Aufführung des „Fliegenden Holländers".	
26. Juli			Die Salzburger Festspiele beginnen mit einer „Macbeth"-Aufführung.	Der 71jährige Industrielle Berthold Beitz wird auf der Vollversammlung des Internationalen Olympischen Komitees zum Vizepräsidenten des IOC gewählt.
28. Juli				Vor über 90 000 Zuschauern werden in Los Angeles die XXIII. Olympischen Spiele der Neuzeit eröffnet. Hürdenläufer Edwin Moses spricht den olympischen Eid.

	Deutschland	Ausland	Kultur/Wissenschaft	Sport
29. Juli			In Hitzacker beginnen die 39. Sommerlichen Musiktage.	Der Offenbacher Michael Groß gewinnt seine erste Goldmedaille.
30. Juli		In Schottland kommen bei einem Eisenbahnunglück dreizehn Menschen ums Leben.		Fredy Schmidke, Köln, gewinnt im 1000-m-Zeitfahren die Goldmedaille. Michael Groß gewinnt auch die 100 m Schmetterling vor dem Favoriten Pablo Morales.
31. Juli	Sondersitzung des Bundestages: Die Koalitionsmehrheit billigt eine Entschließung, derzufolge das Kohlekraftwerk Buschhaus zunächst ohne Rauchgasentschwefelungsanlage in Betrieb genommen werden darf.			
1. August	Die Anschnallpflicht für Autofahrer tritt in Kraft.		Dr. Siegfried Salzmann, bisheriger Leiter des Duisburger Wilhelm-Lehmbruck-Museums, wird zum neuen Direktor der Bremer Kunsthalle berufen.	Der Moderne Fünfkampf endet für die deutschen Olympioniken mit einer Riesenenttäuschung. Bester Einzelkämpfer wird Achim Bellmann als 14., die Mannschaft belegt nur den sechsten Platz.
2. August	Juli-Bericht der Bundesanstalt für Arbeit: 2 202 000 Arbeitslose (8,9 Prozent) 98 646 offene Stellen, 262 327 Kurzarbeiter.	Infolge eines Bombenanschlags auf den Flughafen von Madras/Indien stürzt das Dach der Ankunftshalle ein. Mindestens 32 Menschen kommen ums Leben.		
3. August		In Genf wird eine „provisorische Vereinbarung" über die Ausbeutung der Meeresbodenschätze von acht westlichen Industrieländern unterzeichnet: USA, Bundesrepublik Deutschland, Japan, Großbritannien, Frankreich, Italien, Belgien und Niederlande.		
4. August	In Bayern, Baden-Württemberg und im Saarland richten schwere Unwetter Sachschäden in Millionenhöhe an. In Hannover kommt es bei einem Punkertreffen zu Schlägereien zwischen Punks und Skinheads sowie zu Auseinandersetzungen mit der Polizei.		In Hildesheim beginnt eine umfangreiche Ausstellung von Werken Max Klingers mit dem Titel „Wege zum Gesamtkunstwerk".	Michael Groß gewinnt über 200 m Freistil und 100 m Schmetterling in Weltrekordzeit zwei Goldmedaillen.
6. August	Die Bauminister der Länder beschließen nach Abstimmung mit dem Bundesbauministerium, die Baugenehmigungsverfahren wesentlich zu vereinfachen.		Beim Festival „Carinthischer Sommer" wird Herbert Lauermanns Oper „Simon" uraufgeführt.	Bei den Ruderwettbewerben gewinnen die deutschen Sportler nur zwei Medaillen. Peter-Michael Kolbe holt im Einer Silber, die einzige Goldmedaille gewinnt die RG Ingelheim.
7. August	Die Bundesregierung beschließt eine Änderung der Außenwirtschaftsverordnung, um die Ausfuhr technischer Güter zu erschweren, die sich zur Herstellung chemischer Kampfstoffe eignen. Hessens Umweltminister Armin Clauss (SPD) teilt mit, daß in zwei von vier in Hessen untersuchten Müllverbrennungsanlagen Dioxin gefunden worden sei.			

	Deutschland	Ausland	Kultur/Wissenschaft	Sport
8. August			Im Westberliner Bauhaus-archiv beginnt die Ausstellung „Kandinsky – Russische Zeit und Bauhausjahre 1915–1933".	Karl-Heinz Radschinsky (Mittel) und Rolf Milser (erstes Schwergewicht) gewinnen die beiden ersten Goldmedaillen im Gewichtheben nach dem Zweiten Weltkrieg.
10. August		Der am 6. Mai gewählte neue Präsident von Ecuador, Leon Fevres Cordero (Christlich-soziale Partei), wird vereidigt. Er ist Nachfolger des christdemokratischen Staatschefs Osvaldo Hurtado.	In Locarno wird das 37. Internationale Filmfestival eröffnet.	Im Einer-Kanadier über 1000 m gewinnt Uli Ecke (Düsseldorf) die Goldmedaille. Die deutschen Fechter holen zwei Gold- und drei Silbermedaillen. Deutsche Leichtathleten erringen vier Goldmedaillen: Dietmar Mögenburg und Ulrike Meyfarth im Hochsprung, Rolf Dannenberg im Diskuswurf und Claudia Losch im Kugelstoßen. Dr. Reiner Klimke gewinnt im Dressurreiten in der Einzel- und in der Mannschaftswertung Gold. Frank Wieneke gewinnt im Halbmittelgewicht der Judoka die Goldmedaille.
11. August		Ein Scherz des US-Präsidenten Ronald Reagan bei einer Mikrofon-Sprechprobe (er habe soeben die Bombardierung der Sowjetunion angeordnet) löst vor allem in Moskau heftige Kritik aus. Reagan bedauert den Scherz, macht aber die Medien für seine Verbreitung verantwortlich.		
12. August	Bei einem Zugunglück vor dem Heilbronner Hauptbahnhof kommen drei Menschen ums Leben, 57 werden verletzt.		Die 38. Edinburgher Festspiele beginnen.	Die USA sind die erfolgreichste Nation der Olympischen Spiele in Los Angeles: 83 Gold-, 61 Silber- und 30 Bronzemedaillen.
13. August		Bei einem Gipfeltreffen König Hassans und Muammar el-Gaddafis vereinbaren Marokko und Libyen die Bildung einer „Staaten-Union" beider Länder als Schritt zu einer Vereinigung des arabischen Maghreb.		
14. August		Die zweite Weltbevölkerungskonferenz der UNO geht mit der Verabschiedung einer „Erklärung von Mexiko-Stadt über Bevölkerung und Entwicklung" zu Ende.		
15. August				Der für den FC Barcelona spielende Bernd Schuster erklärt Franz Beckenbauer seinen endgültigen Rücktritt aus der deutschen Fußball-Nationalmannschaft.
17. August	Die Bundesregierung bestätigt Berichte, denen zufolge sie im Mai 1983 auf das Veto-Recht beim Verkauf von Tornado-Kampfflugzeugen verzichtet hat. Demnach entscheidet jedes an der Tornado-Produktion beteiligte Land selbst über den Export der Flugzeuge.	Am Golf von Suez und im Roten Meer beginnt eine internationale Minensuche, nachdem 19 Schiffe durch explodierende Treibminen unbekannter Herkunft zum Teil schwer beschädigt worden sind.	Jewgenij Jewtuschenkos Film „Kindergarten" wird in Anwesenheit des Autors zum ersten Mal im Westen in einem Salzburger Kino öffentlich gezeigt.	

	Deutschland	Ausland	Kultur/Wissenschaft	Sport
20. August	Die niedersächsische Landesregierung erteilt der Braunschweigischen Kohle-Bergwerk AG eine Betriebsgenehmigung für das umstrittene Kohlekraftwerk Buschhaus bei Helmstedt. Am 31.8. gibt das Braunschweiger Verwaltungsgericht einem Antrag auf Einstweilige Anordnung statt, der sich gegen die Inbetriebnahme des Kohlekraftwerks ohne Entschwefelungsanlage richtet.			
21. August	An der Grenze der Bundesrepublik zu Österreich tritt eine vereinfachte Zollabfertigung in Kraft. Gründliche Kontrollen sind jetzt nur noch bei Stichproben vorgesehen.	Am ersten Jahrestag der Ermordung des philippinischen Oppositionsführers Benigno Aquino demonstrieren in den größeren Städten des Landes Hunderttausende gegen das Marcos-Regime.		
22. August		US-Präsident Ronald Reagan und Vizepräsident George Bush werden in Dallas auf dem Parteitag der Republikaner für ihre Wiederwahl am 6. November ohne Gegenkandidaten nominiert. Erstmals in der Geschichte der Republik Südafrika wählen die „Mischlinge" und Asiaten Parlamentsabgeordnete. Der Sicherheitsrat der UNO hatte die südafrikanischen Verfassungsreformen für ungültig erklärt, weil sie nur für Inder und „Mischlinge", nicht aber für die schwarze Bevölkerungsmehrheit Wahlen vorsehe.	In den vergangenen 30 Jahren ist die Zahl der Insektenarten in manchen landwirtschaftlichen Bereichen um die Hälfte, an manchen Standorten um 80 Prozent zurückgegangen. Die Angaben stammen von dem Kieler Zoologen Prof. Berndt Heydemann auf dem 17. Internationalen Kongreß für Insektenforschung in Hamburg.	Die amerikanische Olympia-Siegerin Evelyn Ashford stellt beim internationalen Leichtathletik-Sportfest in Zürich mit 10,76 Sekunden einen neuen Weltrekord über 100 m auf.
24. August		In Kolumbien kommt es zu einem Waffenstillstandsabkommen zwischen der Regierung und drei Guerilla-Organisationen.	Ein Elektronengas, das auf minus 260 Grad abgekühlt und dabei einem Magnetfeld ausgesetzt wird, geht in flüssigen Zustand über. Diese Entdeckung hat eine Forschungsgruppe der Universität Köln unter der Leitung von Prof. Günter Nimtz gemacht. Dieses physikalische Phänomen war schon vor Jahrzehnten theoretisch vorhergesagt worden.	National-Torhüter Harald Schumacher (1. FC Köln) wird von den deutschen Sportjournalisten zum „Fußballer des Jahres" gewählt.
25. August		Landesweiter Generalstreik in Indien aus Protest gegen die Absetzung des Regierungschefs des südindischen Regierungsstaates Andhra Pradesh durch Ministerpräsidentin Gandhi. Es kommt zu mindestens 50 000 Festnahmen.		
26. August		Der französische Frachter „Mont Louis" mit Urangas an Bord sinkt nach einem Zusammenstoß mit einer deutschen Fähre in der Schelde-Mündung. Fürst Franz Josef II. von Liechtenstein (78) ernennt seinen ältesten Sohn, Erbprinz Hans Adam (39), zu seinem Stellvertreter und überträgt ihm gleichzeitig die Regierungsgeschäfte. Der Fürst bleibt aber nominelles Staatsoberhaupt.		

	Deutschland	Ausland	Kultur/Wissenschaft	Sport
27. August	Bei einem durch Brandstiftung entstandenen Feuer in einem Duisburger Wohnhaus verbrennen sieben Mitglieder einer türkischen Familie, davon vier Kinder.		In Venedig beginnen die 41. Internationalen Filmfestspiele.	
28. August	Das Bundeskabinett billigt die Absicht des Bundespostministers Christian Schwarz-Schilling, mit Gebührensenkungen für den Kabelanschluß zu werben.		Der Tübinger Germanist Reinhard Breymayer gibt die Entdeckung des bislang unbekannten Hölderlin-Werks „Hymne an die Heiterkeit" bekannt.	
29. August			In Österreich wird Thomas Bernhards neuer Roman „Holzfällen" beschlagnahmt. Amerikanische Wissenschaftler sind einer rätselhaften und tödlichen Form der Hepatitis auf der Spur. Einem Bericht der „New York Times" zufolge wird die neue Krankheit „Delta-Hepatitis" durch ein noch nicht völlig entschlüsseltes Zusammenspiel des Hepatitis-Virus und des Delta-Virus verursacht.	Bei den Radweltmeisterschaften in Barcelona werden Frank Weber und Jürgen Greil (Bielefeld/Köln) unerwartet neue Tandem-Weltmeister.
30. August			Die Stadt Ludwigshafen gibt die Stiftung des mit 10 000 Mark dotierten Ernst-Bloch-Preises bekannt.	
31. August	Die Familiensenate des Oberlandesgerichts Düsseldorf legen eine neue „Düsseldorfer Tabelle" vor, die eine Erhöhung der Unterhaltssätze für Kinder aus geschiedenen Ehen ab 1. Januar 1985 vorsieht.		Auf einer Vollversammlung erklären die Berliner Philharmoniker ihre Bereitschaft, mit dem Chefdirigenten Herbert von Karajan die für September vorgesehenen Konzerte zu spielen. Die weitere Zusammenarbeit solle von Gesprächen über die Zukunft des Orchesters abhängig gemacht werden. Der Verein zur Förderung der Krebsforschung in Deutschland stellt dem Deutschen Krebsforschungszentrum (DKFZ) in Heidelberg 1,2 Millionen Mark zum Aufbau einer neuen Arbeitsgruppe zur Verfügung. Die Arbeitsgruppe soll sich vor allem auf die Analyse von Veränderungen der Struktur von Chromosomen konzentrieren, die bei einigen Krebsformen festgestellt worden sind.	Vier Jahre nach Wilfried Peffgen gewinnt Horst Schütz in Barcelona den Titel eines Radweltmeisters der Profisteher.
1. September	In Lintorf bei Düsseldorf überfallen zwei bewaffnete Männer einen Geldboten vor einem Supermarkt und erbeuten in bar rund 370 000 Mark sowie Schecks im Wert von 60 000 Mark.	Ein von afghanischen Widerstandskämpfern verübter Anschlag auf den Flughafen von Kabul fordert mindestens 42 Todesopfer und über 100 Verletzte.		
2. September	Die Leipziger Herbstmesse wird eröffnet. Etwa 550 Firmen aus der Bundesrepublik und Westberlin nehmen teil.	Auf den Philippinen verursacht der Taifun „Ike" schwere Schäden.		Carlo Thränhardt (Köln) stellt in Rieti/Italien mit 2,37 m den Europarekord im Hochsprung ein.
3. September		Die Unruhen in Südafrika erreichen einen Höhepunkt: In mehreren Siedlungen südlich und östlich von Johannisburg kommen mindestens 38 Menschen ums Leben.		

	Deutschland	Ausland	Kultur/Wissenschaft	Sport
4. September	DDR-Staatsratsvorsitzender Erich Honecker sagt seinen für Ende September geplanten Besuch in Bonn ab. August-Zahlen der Bundesanstalt für Arbeit: 2 201 829 Arbeitslose (Quote 8,9 Prozent), 212 149 Kurzarbeiter, 94 715 offene Stellen.	Parlamentswahlen in Kanada: Die Progressiv-Konservative Partei unter Brian Mulroney erringt einen überwältigenden Wahlsieg.	Dem Schweizer Schriftsteller Gerold Späth wird der Georg-Mackensen-Literaturpreis zugesprochen.	
5. September	Der Aufsichtsrat der Dresdner Bank AG beschließt, den Vorstandsvorsitzenden Hans Friderichs auf dessen Ersuchen vorübergehend freizustellen. Friderichs soll die Möglichkeit erhalten, sich auf seine Verteidigung in dem Strafverfahren der Parteispendenaffäre vorzubereiten. General Hans Joachim Mack, einer der beiden Stellvertreter des Oberkommandierenden der NATO, Bernard Rogers, wird mit der Zuständigkeit für nukleare Fragen betreut.		Der Historikerpreis der Stadt Münster geht an den Geschichtswissenschaftler Thomas Nipperdey.	
6. September		Der südkoreanische Präsident Tschun Du Hwan kommt zu einem als historisch bezeichneten ersten Besuch eines koreanischen Staatsoberhauptes nach Tokio.	Im Deutschen Literaturarchiv in Marburg wird eine Internationale Alfred-Döblin-Gesellschaft gegründet. Siegfried Lenz erhält den mit 15 000 Mark dotierten Thomas-Mann-Preis der Stadt Lübeck.	
8. September		Drei bewaffnete Luftpiraten entführen auf dem Flug Bandar Abbas-Teheran ein iranisches Verkehrsflugzeug mit 123 Personen an Bord. Am 9.9. ergeben sich die Luftpiraten im Irak den Sicherheitsbehörden.	Nach Auffassung von Medizinern erfordert die explosionsartige Zunahme der Weltbevölkerung neue Methoden der Empfängnisverhütung. Etwa 40 Prozent der etwa 500 Millionen Frauen im gebärfähigen Alter nehmen überhaupt keine empfängnisverhütenden Mittel, wie Prof. Benno Runnebaum auf dem internationalen Symposium über Zukunftsaspekte der Kontrazeption in Heidelberg betont.	
9. September	Bulgariens Staats- und Parteichef Todor Schiwkow verschiebt seinen für Ende September vorgesehenen Besuch in Bonn. Die Verschiebung wird mit der internationalen Lage begründet, die sich durch die Stationierung von amerikanischen Mittelstreckenraketen in der Bundesrepublik verschärft habe. Das Bundesarbeitsgericht in Kassel erklären Warnstreiks in der von der IG Metall praktizierten Form der „Neuen Beweglichkeit" uneingeschränkt für Rechtens.			
10. September		Der am 25. August vor der belgischen Küste gesunkene Frachter „Mont Louis", der radioaktives Uranhexafluorid geladen hatte, zerbricht in zwei Teile. Die Bergung der Ladung wird dadurch erschwert.	In Peking wird die Ausstellung „Meisterwerke deutscher Kunst zwischen Impressionismus und Expressionismus" aus saarländischem Kulturbesitz eröffnet.	Martina Navratilova und John McEnroe gewinnen in Flushing Meadow (New York) die offene US-Tennis-Meisterschaft. Siegesprämien jeweils 160 000 Dollar.

	Deutschland	Ausland	Kultur/Wissenschaft	Sport
11. September	Vier Insassen der Hamburger Justizvollzugsanstalt Fuhlsbüttel gelingt der Ausbruch. Einer der Männer wird am 14.9. wieder gefaßt.		Im Jahre 2000 werden etwa sieben Prozent des Energiebedarfs der Bundesrepublik aus Wind- und Sonnenenergie sowie aus Biogas gewonnen werden. Diese Prognose wird auf dem fünften Internationalen Sonnenforum in Berlin gestellt.	Im Canada-Cup belegt die deutsche Eishockey-Nationalmannschaft unter sechs Nationen den sechsten Platz, erhält aber nach einem 4:4 gegen die CSSR und trotz vier Niederlagen großes Lob.
12. September		Die französische Nationalversammlung verabschiedet mit den Stimmen der regierenden Sozialisten und Kommunisten in letzter Lesung das umstrittene Gesetz zur Unterbindung von Konzentrationen im Pressewesen.	Boy Gobert, Berliner Generalintendant, stellt sich in Wien als neuer Leiter des Theaters in der Josefstadt vor.	Die erstmalig von Franz Beckenbauer betreute deutsche Fußball-Nationalmannschaft verliert in Düsseldorf das Länderspiel gegen Argentinien mit 1:3.
13. September	Italiens Außenminister Giulio Andreotti äußert sich auf dem Pressefest der italienischen KP gegen die Wiedervereinigung Deutschlands und gegen den „Pangermanismus". Seine Äußerungen lösen in der Bundesrepublik heftige Reaktionen aus.	In Israel unterzeichnen Schimon Peres für die sozialdemokratische Arbeiterpartei und Izchak Schamir für den Likud-Block nach wochenlangen Verhandlungen ein Koalitionsabkommen, das noch am selben Tag von der Knesset gebilligt wird.		
14. September		In Marokko wird zum ersten Mal seit sieben Jahren ein neues Parlament gewählt.	Im Pariser Grand Palais wird eine große Ausstellung des französischen Naiven Henri Rousseau eröffnet. Durch ein Feuer in seinem Haus in Mönchengladbach wird ein Großteil des Lebenswerks des Künstlers Heinz Mack vernichtet.	
15. September		Prinzessin Diana von Großbritannien wird von ihrem zweiten Sohn entbunden. Henry Charles Albert David steht an dritter Stelle in der Thronfolge.		
16. September			Auf der 80. Jahrestagung der Kinderärztlichen Gesellschaft in Tübingen warnen die Ärzte vor einem Verlust der ärztlichen Ausbildungsqualität und des medizinischen Standards.	
17. September		Frankreich und Libyen geben den Abschluß eines Abkommens über den „vollständigen Abzug" ihrer Truppen aus der Republik Tschad bekannt.		
19. September	Das Bundeskabinett verabschiedet die Eckpunkte für das Konzept zur Einführung umweltfreundlicher Autos, die von Januar 1989 an allgemein verbindlich sein werden.		In den Staatlichen Antikensammlungen in München beginnt die Ausstellung „Gold der Skythen" mit Prunkstükken aus der Schatzkammer der Leningrader Eremitage.	
20. September	Delegationen von SPD und SED nehmen in Bonn zweitägige Gespräche über die Schaffung einer von chemischen Waffen freien Zone in Europa auf. Manfred Rotsch, ein Abteilungsleiter des Münchner Luft- und Raumfahrtunternehmens Messerschmitt-Bölkow-Blohm (MBB) wird unter dem Verdacht der Spionage für den sowjetischen Geheimdienst KGB verhaftet.	Bei einem Bombenanschlag auf die Außenstelle der US-Botschaft in Ost-Beirut werden 24 Personen getötet und mehrere Dutzend verletzt.		Die BMW-Werke in München geben bekannt, daß der deutsche Formel 1-Rennstall ATS 1985 nicht mehr mit dem BMW-Turbomotor ausgestattet wird.

	Deutschland	Ausland	Kultur/Wissenschaft	Sport
22. September	Bundeskanzler Helmut Kohl und der französische Staatspräsident François Mitterrand gedenken auf dem deutschen Soldatenfriedhof von Consenvoye und dem nahegelegenen französischen Friedhof von Douaumont der Gefallenen beider Weltkriege.			
23. September		Die französische Regierung verfügt die Auslieferung von drei baskischen Untergrundkämpfern an Spanien. Die Bürger der Schweiz sprechen sich in einer Volksabstimmung für den weiteren Bau von Atomkraftwerken aus.		
24. September	Bundeskanzler Helmut Kohl kommt zu einem zweitägigen offiziellen Besuch nach Dänemark.		Während der Herbstvollversammlung der Katholischen Deutschen Bischofskonferenz kritisiert Kardinal Joseph Höffner die „Theologie der Befreiung".	
25. September		Jordanien beschließt mit sofortiger Wirkung die Wiederaufnahme seiner 1979 abgebrochenen diplomatischen Beziehungen zu Ägypten.		
26. September		Großbritannien und die Volksrepublik China paraphieren in Peking ein Abkommen über die Zukunft der britischen Kronkolonie Hongkong nach Ablauf des Pachtvertrages am 30.6.1997.		
27. September			In Berlin wird die Oper „Das Schweigen des Lord Chandos" von Georg Quander und Jolynn Brettingham Smith uraufgeführt.	Nach Jupp Derwall verläßt auch Trainer Erich Ribbeck den DFB.
28. September		Am Rande der 39. UNO-Vollversammlung kommt der sowjetische Außenminister Andrej Gromyko in Washington zu einem fast vierständigen Gespräch mit US-Präsident Ronald Reagan zusammen.		Georg Steinherr (München) wird in München durch einen Punktsieg über den Titelverteidiger Jim Cable (Großbritannien) neuer Berufsbox-Europameister im Halbmittelgewicht.
29. September	In Fulda geht mit einer friedlichen Demonstration die Aktionswoche der Friedensbewegung zu Ende.		Der Maler Willem de Kooning wird mit dem Kaiserring der Stadt Goslar geehrt.	
30. September	Kommunalwahlen in Nordrhein-Westfalen: SPD 42,5 Pozent CDU 42,2 Prozent Grüne 8,6 Prozent FDP 4,8 Prozent Wahlbeteiligung: 65,8 Prozent Die Sommerzeit 1984 geht zu Ende.			Deutschlands Tennisspieler sichern sich in Berlin mit 5:0 gegen Rumänien den Verbleib in der Superliga des Daviscups. Bei den Europameisterschaften im Rollschuh-Kunstlaufen in Hanau gewinnt Claudia Bruppacher (Stuttgart) alle drei Titel bei den Damen (Pflicht, Kür, Kombination) und wird damit erfolgreichste Teilnehmerin. Im Endspiel um die inoffizielle Golf-Weltmeisterschaft unterliegt Bernhard Langer knapp gegen den Spanier Severiano Ballesteros.

	Deutschland	Ausland	Kultur/Wissenschaft	Sport
1. Oktober	In der DDR treten schärfere Bestimmungen zum Schutz des Waldes in Kraft.	Die Volksrepublik China begeht den 35. Jahrestag ihrer Gründung mit der größten Militärparade seit 1949 und einem Volksfest.	Das Schauspielhaus am ehemaligen Berliner Gendarmenmarkt (Ostberlin), von Karl Friedrich Schinkel von 1818 bis 1821 errichtet und im Zweiten Weltkrieg zerstört, wird nach langjähriger Restaurierungszeit mit einem Festkonzert wiedereröffnet.	
2. Oktober	Im Hamburger Hafen kollidiert die mit 43 Menschen besetzte Barkasse „Martina" mit einem Schleppzug und sinkt. 19 Menschen ertrinken.	Erstmals in der Geschichte der Schweiz wird eine Frau in die Regierung gewählt: Die Juristin Elisabeth Kopp übernimmt das Justiz- und Polizeiministerium.	Die 36. Frankfurter Buchmesse (Schwerpunktthema: „Orwell 2000") wird eröffnet. Am 7. erhält der mexikanische Dichter Octavio Paz in der Paulskirche den mit 25 000 Mark dotierten Friedenspreis des Deutschen Buchhandels.	
3. Oktober	Das Bundeskabinett beschließt einen Großversuch, um festzustellen, wie sich ein Tempolimit auf den Ausstoß von Schadstoffen auswirkt.		Ärzte des Hamburger Tropeninstituts übertragen zum ersten Mal Knochenmark zur Heilung der oft tödlich verlaufenden „Sichelzellenanämie".	
4. Oktober	September-Bericht der Bundesanstalt für Arbeit: 2 143 500 Arbeitslose (Quote: 8,6 Prozent), 262 400 Kurzarbeiter, 90 537 offene Stellen. In Prag wird die Deutsche Botschaft geschlossen, nachdem über 150 ausreisewillige DDR-Bürger dort Zuflucht gesucht haben.			
5. Oktober			„Der Park" von Botho Strauß wird im Großen Haus des Freiburger Theaters uraufgeführt.	
6. Oktober				Der Pforzheimer René Weller bleibt nach einem Punktsieg über Großbritannien Box-Europameister im Leichtgewicht. Schach-Großmeister Vlastimil Hort (CSSR) stellt in Köln einen neuen Weltrekord im Simultanspiel auf, indem er gegen 509 Spieler 663 Partien bestreitet.
7. Oktober				Der „Prix de L'Arc de Triomphe" in Paris, das bedeutendste Galopprennen Europas, wird von „Sagace" aus Frankreich gewonnen. Siegerprämie: 825 000 Mark.
8. Oktober	Der nordrhein-westfälische Landesvorsitzende der FDP, Staatsminister Jürgen M. Möllemann, verzichtet auf die Spitzenkandidatur am 12. Mai 1985. Möllemann wird vorgeworfen, politische Ämter mit Privatgeschäften zu verbinden.			
11. Oktober			Der mit 577 000 Mark dotierte Nobelpreis für Literatur geht an den tschechischen Dichter Jaroslav Seifert. Im Pariser Petit Palais wird eine Ausstellung deutscher Kunstwerke aus der zweiten Hälfte des 19. Jahrhunderts eröffnet.	

	Deutschland	Ausland	Kultur/Wissenschaft	Sport
12. Oktober	Der Hamburger Senat spricht sich als erste Landesregierung für ein bundesweites Tempolimit aus.	Die britische Premierministerin Margaret Thatcher entgeht einem Bombenanschlag der IRA auf das Grand Hotel in Brighton, in dem sie und zahlreiche andere Politiker anläßlich des Parteitages der Konservativen wohnen. Vier Menschen kommen ums Leben.		
13. Oktober				Der Franzose Bernard Hinault gewinnt die Lombardei-Rundfahrt der Radprofis.
14. Oktober				Der mit einer Million Mark dotierte Gelsenkirchentrab-Goldpokal wird von der Stute „Ivonna Girl" mit Rolf Dautzenberg gewonnen.
15. Oktober	Der rumänische Staats- und Parteichef Nicolae Ceausescu trifft als erster führender Politiker des Ostblocks nach den Absagen von Erich Honecker und Todor Schiwkow zu einem Staatsbesuch in der Bundesrepublik ein.		Niels K. Jerne (Dänemark), Georges J.S. Köhler (Bundesrepublik) und Cesar Milstein erhalten die diesjährigen Nobelpreise für Medizin.	
16. Oktober	Ergebnis einer Studie des Bundeslandwirtschaftsministeriums: 50 Prozent der deutschen Waldfläche sind von sichtbaren Schäden betroffen.	Der schwarze Bischof und Apartheids-Gegner Desmond Tutu, Generalsekretär des südafrikanischen Kirchenrates, wird mit dem Friedensnobelpreis ausgezeichnet.	Niels-Peter Rudolph, der Intendant des Deutschen Schauspielhauses in Hamburg, tritt zurück, nachdem er von Bürgermeister Klaus von Dohnanyi in einem Brief kritisiert worden ist.	
17. Oktober			Der Hochenergiephysiker Prof. Carlo Rubbia (Italien) und Dr. Simon van der Meer (Niederlande) erhalten den diesjährigen Nobelpreis für Physik. Der Biochemiker Prof. Robert Bruce Merrifield (USA) erhält den Nobelpreis für Chemie.	
18. Oktober	Entscheidung des Bundesverfassungsgerichts: Es ist grundgesetzwidrig, daß Ehepartner im Gegensatz zu eheähnlichen Gemeinschaften bei Arbeitslosigkeit nur einen und nicht einen doppelten Anspruch auf Arbeitslosenhilfe geltend machen können. Bei einer Aussprache über eine Regierungserklärung von Bundeskanzler Helmut Kohl kommt es im Bundestag zu Tumulten; zwei Abgeordnete der Grünen (Fischer und Reents) werden für zwei Tage ausgeschlossen.	In der Nacht zum 18.10. eröffnet der Iran eine sechstägige neue Offensive im Golfkrieg, die auf beiden Seiten schwere Verluste fordert.	Der mit 56 000 Mark dotierte Booker-Preis wird der englischen Schriftstellerin Anita Brookner zugesprochen.	
19. Oktober		Der oppositionelle polnische Priester Jerzy Popieluszko wird in der Nähe von Thorn von drei Sicherheitsbeamten entführt. Am 25. wird die Verhaftung der drei Entführer bekanntgegeben, die gestehen, Popieluszko getötet und in die Weichsel geworfen zu haben. Am 30.10. wird die Leiche des Priesters in einem Stausee gefunden.	Amerikanische Wissenschaftler finden einen Beweis für die Annahme, daß die Krankheit AIDS durch sexuellen Verkehr von Personen übertragen werden kann, die selbst nicht erkrankt sind. In der Bundesrepublik leben gegenwärtig 250 000 bis 300 000 Menschen mit einem Herzschrittmacher. Pro Jahr werden circa 40 000 Herzschrittmacher eingepflanzt. Darauf weisen zwei Freiburger Professoren hin.	

	Deutschland	Ausland	Kultur/Wissenschaft	Sport
21. Oktober				Niki Lauda (Österreich) auf McLaren wird beim Großen Preis von Portugal in Estoril zum dritten Mal nach 1975/77 Weltmeister der Formel 1. Er gewinnt mit einem halben Punkt Vorsprung vor seinem französischen Markengefährten Alain Prost.
23. Oktober		In Manila/Philippinen wird der Untersuchungsbericht über die Ermordung des Oppositionspolitikers Benigno Aquino veröffentlicht: Aquino wurde im Auftrag höchster Offiziere bei seiner Rückkehr in die Heimat erschossen.	Die im 39. Jahr erscheinende Monatsschrift „Frankfurter Hefte" stellt im November mit einem Doppelheft ihr Erscheinen ein. Im Pariser Grand Palais beginnt eine dem Maler Jean-Antoine Watteau gewidmete große Retrospektive.	
24. Oktober	Das Bundeskabinett beschließt Neuregelungen für die gesetzliche Rentenversicherung. Ab 1986 sollen Männer und Frauen bei der Hinterbliebenenversorgung gleichgestellt werden. Bei der Rentenbemessung soll ein Erziehungsjahr pro Kind anerkannt werden. Ferner sollen ältere Arbeitslose künftig länger Arbeitslosengeld beziehen.		Die 18. Hofer Filmtage werden mit Wim Wenders Film „Paris, Texas" eröffnet.	Timo Konietzka wird als erster Trainer 1984/85 vor Ablauf seines Vertrages gekündigt. Borussia-Dortmund-Manager Dieter Tippenhauer wird ebenfalls beurlaubt.
25. Oktober	Rainer Barzel tritt als Bundestagspräsident zurück.	Das größte Wasserwerk der Welt, Itaipu, an der Grenze zwischen Brasilien und Paraguay, wird nach 10 Jahren Bauzeit in Betrieb genommen.		
26. Oktober	Der baden-württembergische Regierungschef Lothar Späth wird turnusmäßig als Nachfolger von Franz Josef Strauß zum Bundesratspräsidenten gewählt.		Im Berliner Schloßpark-Theater wird Hans Magnus Enzensbergers Diderot-Stück „Der Menschenfreund" uraufgeführt.	
27. Oktober				Bei den Hallenradsport-Weltmeisterschaften in Straßburg-Schiltigheim gewinnt die Bundesrepublik (im Vorjahr in allen fünf Disziplinen erfolgreich) nur noch zwei Titel: Im Einer-Kunstfahren durch Gudrun Regele und im Zweier-Kunstfahren der Männer durch Dreher/Jurisch.
28. Oktober	Kommunalwahlen in Baden-Württemberg: CDU, SPD und FDP erleiden Verluste, Gewinner sind die Grünen und freie Wählervereinigungen.			
29. Oktober				Der erst 12jährige Engländer Michael Adams wird der jüngste Schach-Großmeister aller Zeiten. Bei einem Turnier in London erfüllt er mit 2407 Punkten die Norm.
30. Oktober	Ägyptens Staatspräsident Husni Mubarak kommt zu dreitägigen Gesprächen mit Vertretern der Bundesregierung und der deutschen Wirtschaft in die Bundesrepublik.	Generalstreik in Chile: Bei Zusammenstößen zwischen Demonstranten und Polizei kommen acht Menschen ums Leben.		

	Deutschland	Ausland	Kultur/Wissenschaft	Sport
31. Oktober		Indiens Ministerpräsidentin Indira Gandhi (66) wird in Neu Delhi von zwei Sikh-Soldaten ihrer Leibwache niedergeschossen und stirbt im Krankenhaus an ihren Verletzungen. Frau Gandhis Sohn Rajiv Gandhi wird als neuer Regierungschef vereidigt.	Das renovierte Große Haus des Württembergischen Staatstheater in Stuttgart wird mit einem Festakt wiedereröffnet.	Eine Wirtschaftsprüfung beim Fußball-Bundesligaklub Borussia Dortmund ergibt, daß der Verein 8,3 Millionen Mark Schulden hat.
2. November		Stalins Tochter Swetlana Allilujewa-Peters ist mit ihrer jüngsten Tochter nach Moskau zurückgekehrt. Sie hatte sich vor 17 Jahren in den Westen abgesetzt. Als Grund nennt sie Heimweh nach Familie und Freunden. Die Rückkehr der Stalin-Tochter erregt weltweites Aufsehen.		
3. November		An den Trauerfeierlichkeiten für die am 31.10. von Sikhs ermordete indische Ministerpräsidentin Indira Gandhi in Neu Delhi nehmen rund 100 Politiker aus 80 Ländern teil.	Das neue Bremer Schauspielhaus „Theater im Hof" wird mit Samuel Becketts Stück „Katastrophe" eingeweiht.	Europameister und Weltrekordler Heinz Wewering aus Recklinghausen gewinnt in Hamburg den Europacup der Traber.
4. November		Präsidentenwahl in Nicaragua: Daniel Ortega, seit 1981 Chef der Regierungsjunta, erringt 67 Prozent der Stimmen.		
5. November	Bundespräsident Richard von Weizsäcker reist zum ersten Staatsbesuch seiner Amtszeit nach Frankreich. Der CDU-Politiker Philipp Jenninger wird als Nachfolger von Rainer Barzel zum neunten Präsidenten des Deutschen Bundestages gewählt.			Zum ersten Mal in der Geschichte des Fußballs erteilt ein Fußballverein ein totales Stadionverbot: Die Tottenham Hotspurs schließen nach schweren Krawallen die Anhänger des FC Chelsea bei künftigen Heimspielen aus.
6. November	Das Bundesverfassungsgericht erklärt das Investitionshilfegesetz für nichtig. Die sogenannte Zwangsanleihe für Besserverdienende ist nicht mit dem Grundgesetz vereinbar.	US-Präsident Ronald Reagan erringt bei der Präsidentenwahl einen überwältigenden Sieg über den demokratischen Kandidaten Walter Mondale: In 49 von 50 Bundesstaaten stimmt die Mehrzahl der Wahlmänner für den seit 1981 amtierenden Reagan.	Kurt Horres, Intendant der Hamburgischen Staatsoper, kündigt nach nur dreimonatiger Arbeit den Rücktritt von seinem Amt an.	
7. November	Das Bundeskabinett bestätigt seinen Beschluß vom Oktober 1983 über die Erweiterung des Hoheitsgebietes der Bundesrepublik im Küstengebiet der Deutschen Bucht.			
8. November				Bei der Vollversammlung der Vereinigung der Nationalen Olympischen Komitees in Mexiko-Stadt verabschieden die 152 Komitees eine „Deklaration von Mexiko", in der sie sich bereit erklären, durch die Teilnahme an den Olympischen Spielen in Seoul 1988 zum Erfolg dieser Spiele beizutragen.
9. November	Einigung im Öffentlichen Dienst: Die rund 2,7 Millionen Beschäftigten erhalten im kommenden Jahr Einkommenserhöhungen von 3,2 Prozent.	Die NATO beschließt eine neue Verteidigungsdoktrin: Im Falle eines Angriffs aus dem Osten sind tiefreichende Gegenangriffe mit konventionellen Waffen vorgesehen.	Rolf Hochhuths Stück „Judith" wird im Citizen's Theatre von Glasgow uraufgeführt.	

	Deutschland	Ausland	Kultur/Wissenschaft	Sport
11. November				Die Billard-Europameisterschaft im Fünfkampf in Amersfoort/Niederlande endet mit einem unerwarteten Sieg der Bundesrepublik Deutschland.
12. November		Die Regierung von Nicaragua verkündet in Befürchtung einer US-Invasion den Alarmzustand für alle Kampfeinheiten, Reservisten und Milizen.	Die Schriftstellerin Marguerite Duras erhält den Goncourt-Literaturpreis.	
13. November	Der Bundesrechnungshof veröffentlicht seinen neuesten Bericht, demzufolge Ministerien und Behörden des Bundes Steuern in Milliardenhöhe verschwenden.			
14. November			Eine Physikergruppe der Universität Basel bekräftigt das Ergebnis ihrer Untersuchungen, wonach der Abgaskatalysator gesundheitsschädigende Nebenwirken haben und derzeit nur als Übergangslösung betrachtet werden kann.	
15. November	Wolfgang Schäuble (CDU) wird zum Bundesminister im Kanzleramt ernannt. Er löst Waldemar Schreckenberger ab. Der Bundestag nimmt mit Koalitions-Mehrheit den Nachtragshaushalt 1984 an. Ferner stimmt er dem Steuerbereinigungsgesetz 1985 zu.	Zum ersten Mal finden Gespräche über mögliche Wirtschaftsbeziehungen zwischen Nord- und Südkorea statt.		
19. November		Eine Explosionskatastrophe in einem Flüssiggaslager in einem Vorort von Mexiko-Stadt kostet mehr als 400 Menschen das Leben.		
20. November	Die Landtagsgruppe der Grünen in Hessen kündigt die Zusammenarbeit mit der SPD im Landtag auf.		Für eine von Paolo Maggini gebaute Bratsche wird im Londoner Auktionshaus Christie's der neue Höchstpreis von 487 000 Mark gezahlt.	
21. November	Bundesaußenminister Hans-Dietrich Genscher sagt seinen offiziellen Besuch in Polen vier Stunden vor Antritt der Reise ab, da er sich durch mehrere polnische Erklärungen in seinem Bewegungsspielraum eingeschränkt fühlt.	Äthiopiens Staatspräsident Mengistu Haile Mariam kündigt angesichts der Hungersnot im Lande für die nächsten Monate die Umsiedlung von mehr als einer halben Million Menschen an.	Lars Noréns Stück „Dämonen" wird am Bochumer Schauspielhaus in deutscher Sprache erstaufgeführt.	
22. November			Im Londoner Auktionshaus Sotheby's wird für eine Stradivari-Geige der Höchstpreis von 1,5 Millionen Mark gezahlt.	
23. November	Schwere Herbststürme über Europa fordern in der Bundesrepublik und Berlin neun Menschenleben und verursachen schwere Sachschäden.			
24. November				Der zweifache Olympiasieger Michael Groß schwimmt in seiner Heimatstadt Offenbach mit 52,9 Sekunden über 100 m Schmetterling und mit 1:55,2 Minuten über 200 m Schmetterling zwei Weltrekorde für 25-m-Bahnen.

	Deutschland	Ausland	Kultur/Wissenschaft	Sport
25. November		In Uruguay finden die ersten freien Wahlen seit 1971 statt. Wahlsieger ist der Generalsekretär der sozialdemokratischen Colorado-Partei Julio Maria Sanguinetti.		Die ehemalige Ski-Weltmeisterin Maria Epple (Seeg) gewinnt im italienischen San Sicario das Slalom im Rahmen der „World Series" und damit das erste Damen-Skirennen der neuen Saison.
27. November	Der Verband Deutscher Rentenversicherungsträger teilt mit, daß zum ersten Mal in der Geschichte der Bundesrepublik kurzfristig ein Bankkredit aufgenommen werden muß, damit die Renten voll ausgezahlt werden können. Der Verband betont, der Liquiditäts-Engpaß sei vorübergehend.			
28. November			Das Niedersächsische Landesmuseum zeigt wenig bekannte Zeichnungen und Skizzen von Carl Spitzweg.	
29. November		Die sechs seit 1981 im „Golf-Kooperationsrat" zusammengeschlossenen arabischen Golf-Staaten vereinbaren auf ihrer fünften Gipfelkonferenz in Kuwait die Bildung einer schnellen Eingreiftruppe, die bei einer Aggression gegen ein Mitgliedsland eingreifen soll.	In Mönchengladbach wird das neue Musiktheater als viertes rheinisches Opernhaus mit Alban Bergs „Lulu" eröffnet.	
30. November	Der Bundestag verabschiedet den Bundeshaushalt 1985. Der Etat sieht Ausgaben von 259,3 Milliarden Mark vor. Bei Schwarzenbek in Schleswig-Holstein beseitigt die DDR die letzten Selbstschußanlagen des Typ SM-70 an der deutsch-deutschen Grenze.			
1. Dezember		Parlamentswahlen in Australien: Premierminister Robert Hawke und seine Labour-Partei erringen erwartungsgemäß den Sieg.	Nach dreieinhalbjährigem Umbau wird das Zürcher Opernhaus mit Wagners „Meistersingern" wiedereröffnet.	Bei der 89. Vollversammlung des Internationalen Olympischen Komitees in Lausanne wird ein Brief zweier sowjetischer IOC-Mitglieder bekannt, bei dem beide dem IOC vorwerfen, bei der Vergabe der Olympischen Spiele an Los Angeles „käuflich" gewesen zu sein.
2. Dezember			Die „Große Kunstausstellung Düsseldorf 1984" wird mit Arbeiten von Künstlern aus der ganzen Bundesrepublik eröffnet.	
3. Dezember		Einer Giftgas-Katastrophe in Bhopal/Indien fallen mehr als 3000 Menschen zum Opfer, etwa 200 000 werden verletzt.	Im Londoner Auktionshaus Christie's wird ein Gemälde von Amadeo Modigliani für 2,6 Millionen Mark versteigert.	
4. Dezember	November-Zahlen der Bundesanstalt für Arbeit: 2 189 191 Arbeitslose (Quote 8,8 Prozent), 257 383 Kurzarbeiter, 81 505 offene Stellen.		Ein Aktbild des Malers Egon Schiele wird im Londoner Auktionshaus Sotheby's für 11,7 Millionen Mark zugeschlagen.	
5. Dezember		Das dritte große Grubenunglück auf Taiwan in diesem Jahr kostet 93 Menschen das Leben.	Im New Yorker Auktionshaus Sotheby-Parke-Bernet wird für ein illustriertes Bibeltranskript von Shem Tov ben Abraham Gaon der Höchstpreis von 2,48 Millionen Mark erzielt.	Bei der 26. Schach-Olympiade in Saloniki wird die Sowjetunion bei den Herren zum 15. und bei den Damen zum 12. Mal Weltmeister.

	Deutschland	Ausland	Kultur/Wissenschaft	Sport
6. Dezember	Der Bundestag verabschiedet ein Gesetz, demzufolge die Nebentätigkeiten von Beamten eingeschränkt werden sollen. Das Stuttgarter Landeskriminalamt stellt insgesamt 5,4 Tonnen Phenylaceton im Schwarzmarktwert von mehr als 300 Millionen Mark sicher. Das ist die bisher größte Beschlagnahme dieser Rauschgiftsubstanz auf der Welt. Die alliierten Schutzmächte in Berlin heben 15 Vorschriften auf, die sich in der Praxis als überholt erwiesen haben.			In der Bundesrepublik werden Michael Groß und Ulrike Meyfarth zu „Sportlern des Jahres" gewählt.
8. Dezember			Im Berner Kunstmuseum beginnt eine Ausstellung über das Schaffen des jungen Pablo Picasso.	In der Fußball-Bundesliga wird der FC Bayern vor Werder Bremen und Bayer Uerdingen „Herbstmeister".
10. Dezember	Herbert Wehner wird für seine Verdienste um die deutsch-polnische Zusammenarbeit mit dem höchsten polnischen Orden ausgezeichnet, der an Ausländer vergeben werden kann.	Die UNO-Vollversammlung verabschiedet am internationalen Tag der Menschenrechte einstimmig die seit sieben Jahren vorbereitete „Konvention gegen Folter und andere grausame, unmenschliche oder erniedrigende Behandlung oder Bestrafung".	Der argentinische Schriftsteller Ernesto Sabato erhält den mit 180 000 Mark dotierten Cervantes-Preis.	
11. Dezember			Sowjetische Forscher entdekken zum ersten Mal in Eurasien ein Dinosaurier-Ei. Es ist rund 105 Millionen Jahre alt.	
12. Dezember	Den Bonner Koalitionsparteien gelingt es nicht, sich auf einen Ersatz für die Zwangsanleihe zu einigen.		An der Medizinischen Hochschule Hannover wird die 1000. Niere verpflanzt.	
14. Dezember	Der Bundestag hebt die Immunität des FDP-Abgeordneten Otto Graf Lambsdorff auf, um die Anklage wegen Steuerhinterziehung im Zusammenhang mit Parteispenden zu ermöglichen.			Bei der Curling-Europameisterschaft in Morzine/Frankreich gewinnt die Bundesrepublik den Titel bei den Damen.
15. Dezember			Im Münchner Haus der Kunst beginnt die Ausstellung „Nofret – Die Schöne" über die Frau im alten Ägypten.	Der JC Rüsselsheim gewinnt zum zweiten Mal den Europa-Pokal im Judo.
17. Dezember			Das Nationale Olympische Komitee Nordkoreas stellt beim IOC offiziell den Antrag, Südkorea die Olympischen Spiele 1988 zu entziehen.	
18. Dezember	Der Zweite Senat des Bundesverfassungsgerichts weist eine Organklage der Bundestagsfraktion der Grünen zurück und erklärt die Zustimmung der Bundesregierung zur Nachrüstung mit Pershing II-Raketen und Cruise Missiles für mit dem Grundgesetz vereinbar. Das Bundeskabinett beschließt eine Steuerreform, die für die Steuerzahler ab 1986 die steuerliche Belastung mildern soll.	Mit einem 4:1-Erfolg über die USA in Göteborg gewinnt Schweden das 73. Finale im Davispokal und holt damit zum zweiten Mal nach 1975 die wertvollste Tennis-Trophäe der Welt.	Der Regisseur Peter Zadek wird zum neuen Intendanten des Deutschen Schauspielhauses in Hamburg bestimmt.	

	Deutschland	Ausland	Kultur/Wissenschaft	Sport
19. Dezember	Den Ministerpräsidenten der Bundesländer gelingt es auch bei einem vierten Anlauf nicht, sich auf einen Rundfunkstaatsvertrag zur Ausstrahlung von privaten und öffentlichen Fernsehprogrammen über Satellit zu einigen.	Der Vertrag über die Rückkehr der britischen Kronkolonie Hongkong unter die Souveränität der Volksrepublik China im Jahre 1997 wird in Peking von der britischen Premierministerin Margaret Thatcher und dem chinesischen Regierungschef Zhao Ziyang unterzeichnet.	Der Musikwissenschaftler Christoph J. Wolff gibt die Entdeckung von 33 bisher unbekannten Kompositionen von Johann Sebastian Bach bekannt.	
20. Dezember	Der Bundesrat billigt den Bundeshaushalt 1985.		In den USA isolieren Wissenschaftler ein Gen, das bei der Funktion der Immunabwehr des Körpers eine wichtige Rolle spielt.	
21. Dezember			Die in Österreich erfolgte gerichtliche Beschlagnahme des Buches „Holzfällen" von Thomas Bernhard wird aufgehoben.	
22. Dezember		Dom Mintoff, seit 1971 erster sozialistischer Ministerpräsident von Malta, tritt zurück. Der bisherige Erziehungsminister Carmelo Mifsud Bonnici wird sein Nachfolger.	Bei Probebohrungen nach Uran stoßen Wissenschaftler in der Nähe der zentralspanischen Stadt Cuenca auf Knochenfunde von Tieren, die vor 20 Millionen Jahren gelebt haben.	
23. Dezember		Bei einem Bombenanschlag auf den Schnellzug Neapel –Mailand in einem Tunnel bei Bologna kommen 15 Menschen ums Leben, 180 werden verletzt.	Nach Mitteilung des schwedischen PEN-Clubs befinden sich 472 Schriftsteller und Journalisten in der Dritten Welt und in Europa im Gefängnis oder in der Verbannung.	
24. Dezember		Parlamentswahlen in Indien: Die regierende Kongreß-Partei erringt ihren größten Sieg seit der Unabhängigkeit des Landes. Dies ist vor allem ein persönlicher Erfolg des neuen Ministerpräsidenten Rajiv Gandhi. Am sechsten Jahrestag ihrer Kambodscha-Invasion eröffnen vietnamesische Truppen eine Großoffensive gegen kambodschanische Widerstandsgruppen.		
27. Dezember			Mit Hilfe eines Satelliten wird zum ersten Mal ein sichtbarer künstlicher Komet erzeugt. Der vom Max-Planck-Institut für extraterrestrische Physik entwickelte Raumflugkörper setzt etwa 110 000 km über dem östlichen Pazifik eine Bariumwolke frei, deren Verhalten Aufschluß über das irdische Magnetfeld und den Sonnenwind gibt.	
30. Dezember		In Bolivien wird eine Rebellion eines Teils der Streitkräfte nach 24 Stunden beendet.		
31. Dezember		Der Austritt der USA aus der UNESCO wird wirksam. Die Amerikaner haben ihre Mitgliedschaft wegen angeblicher Geldverschwendung und einseitiger politischer Ausrichtung dieser UNO-Organisation gekündigt. Zum 31.12.1985 haben auch Großbritannien und Singapur ihren Austritt angekündigt.		

1. Januar
Alexis Korner (55), englischer Pop-Musiker.

3. Januar
Karl Immer (67), früher Präses der Evangelischen Kirche im Rheinland.

10. Januar
Prinz Suvanna Phuma (83), letzter laotischer Ministerpräsident vor der kommunistischen Machtübernahme 1975.

11. Januar
Fritz Geißler (62), DDR-Komponist.

14. Januar
Saad Haddad (46), Chef der von Israel unterstützten christlichen Milizen in Südlibanon.

18. Januar
Pantelejmon Ponomarenko (82), ehemaliger ZK-Sekretär, Kultusminister und Vize-Ministerpräsident der UdSSR.

19. Januar
Wolfgang Staudte (77), Filmregisseur.

20. Januar
Johnny Weissmüller (79), erfolgreichster Schwimmer der ersten Jahrhunderthälfte und Tarzan-Darsteller.

21. Januar
Roger Blin (76), französischer Schauspieler und Regisseur.

26. Januar
Leny Marenbach (75), Schauspielerin.

29. Januar
Edzard Schaper (76), Schriftsteller.

30. Januar
Walter A. Berendsohn (99), Literaturwissenschaftler und Exil-Forscher.

5. Februar
Manès Sperber (78), Schriftsteller und Träger des Friedenspreises des Deutschen Buchhandels.

6. Februar
Jorge Guillen (91), spanischer Lyriker.

9. Februar
Jurij Andropow (69), sowjetischer Staats- und Parteichef.

12. Februar
Julio Cortazar (69), argentinischer Schriftsteller.

14. Februar
Hubert de Watteville (77), Schweizer Gynäkologe.

20. Februar
Otto Niemeyer-Holstein (87), Maler.

21. Februar
Michail Scholochow (78), sowjetischer Schriftsteller und Nobelpreisträger.

24. Februar
Helmut Schelsky (71), Soziologe.
Uwe Johnson (49), Schriftsteller.

1. März
Jackie Coogan (69), amerikanischer Filmschauspieler.

5. März
William Powell (91), amerikanischer Filmschauspieler.
Tito Gobbi (70), italienischer Opernsänger.

6. März
Martin Niemöller (92), evangelischer Theologe.

12. März
Heinz Oskar Wuttig (76), DDR-Schriftsteller.

25. März
Rudolf Schaller (92), Shakespeare-Übersetzer.

26. März
Ahmed Sekou Touré (62), Staatspräsident von Guinea.

30. März
Karl Rahner (80), katholischer Theologe.

1. April
Marvin Gaye (44), amerikanischer Rock-Sänger.

5. April
Herbert Fleischmann (59), Schauspieler.

8. April
Pjotr Kapitza (89), sowjetischer Atomforscher.

13. April
Ralph Kirkpatrick (72), amerikanischer Cembalist.

18. April
Leopold Lindtberg (82), Regisseur.

20. April
Mabel Mercer (84), amerikanische Sängerin.

21. April
Marcel Janco (89), israelischer Maler.
Manuel Mujica Lainez (73), argentinischer Schriftsteller.

26. April
William „Count" Basie (79), amerikanischer Jazz-Pianist und Bandleader.

4. Mai
Diana Dors (52), englische Filmschauspielerin.

11. Mai
Toni Turek (65), Mitglied der Fußball-Weltmeistermannschaft von 1954.

14. Mai
Walter Rauff (77), ehemaliger SS-Obersturmbannführer und Kriegsverbrecher.

16. Mai
Irwin Shaw (71), amerikanischer Schriftsteller.

19. Mai
Otto Rombach (79), Schriftsteller.
Sir John Betjeman (77), englischer Lyriker.

26. Mai
Waldemar Grzimek (65), Bildhauer.

5. Juni
Fuad Muhieddin (58), ägyptischer Ministerpräsident.

11. Juni
Enrico Berlinguer (62), Generalsekretär der Kommunistischen Partei Italiens.
Ernst Haeussermann (68), Theaterdirektor.

15. Juni
Harald Duwe (58), Maler.

16. Juni
Meredith Wilson (82), amerikanischer Musical-Komponist.

19. Juni
Wladimir Vogel (88), Komponist.

22. Juni
Joseph Losey (75), amerikanischer Filmregisseur.

25. Juni
Michel Foucault (57), französischer Philosoph und Historiker.

29. Juni
Herbert A.E. Böhme (86), Schauspieler.

30. Juni
Lillian Hellman (79), amerikanische Dramatikerin.

8. Juli
Franz Fühmann (62), DDR-Schriftsteller.

9. Juli
Hans Sedlmayr (88), Kunsthistoriker.

15. Juli
Karl Wolff (84), ehemaliger SS-General und Chefadjutant von Heinrich Himmler.
Magdalena „Montezuma" Kluge (41), Schauspielerin.

17. Juli
Maximilian Braun (81), Slawist.
Siegfried Perrey (69), Cheforganisator der Olympischen Spiele von München 1972.

23. Juli
Angel Maria de Lera (72), spanischer Romancier.

27. Juli
James Mason (75), englischer Filmschauspieler.
George Gallup (82), Gründer des amerikanischen Gallup-Meinungsforschungsinstituts.

30. Juli
Fritz Sänger (82), Journalist und erster Chefredakteur der dpa.

5. August
Rudolf Hagelstange (72), Schriftsteller.
Richard Burton (58), britischer Schauspieler.

8. August
Erich Eggeling (81), ehemaliger Chefredakteur der dpa.

11. August
Heinrich Reclam (73), Verleger.

14. August
J.B. Priestley (89), britischer Schriftsteller.

19. August
Ulrich Baumgartner (66), langjähriger Intendant der Wiener Festwochen.

23. August
Norbert Kappen (56), Schauspieler am Wiener Burgtheater.

25. August
Truman Capote (59), amerikanischer Schriftsteller.

26. August
Hans Tügel (90), Schauspieler und Regisseur.

28. August
Mohammed Nagib (83), Ägyptens erster Staatspräsident nach dem Sturz der Monarchie.

29. August
Pierre Gemayel (78), Vater des libanesischen Staatspräsidenten Amin Gemayel und Führer der christlichen Falange-Partei.

5. September
Adam Malik (67), früherer indonesischer Vizepräsident.
Leonid Kostandow (69), stellvertretender sowjetischer Ministerpräsident.

7. September
Josef Kardinal Slipyi (92), geistliches Haupt der mit Rom unierten ukrainischen Katholiken.

9. September
Yilmaz Güney (47), türkischer Filmregisseur.

25. September
Erich Arendt (81), DDR-Lyriker.

26. September
Shelly Manne (64), Jazz-Schlagzeuger.

2. Oktober
Helge Pross (57), Soziologin.

19. Oktober
Henri Michaud (85), französischer Dichter.

21. Oktober
François Truffaut (52), französischer Filmregisseur.

22. Oktober
Oscar Fritz Schuh (81), Theaterregisseur und Intendant.

23. Oktober
Oskar Werner (61), Schauspieler.

30. Oktober
Wolfgang Heinz (84), langjähriger Intendant des Deutschen Theaters in Ostberlin.

31. Oktober
Indira Gandhi (66), indische Ministerpräsidentin.

1. November
Marcel Moyse (95), amerikanischer Flötist.

7. November
Kurt Desch (81), Verleger.

8. November
Friedrich Maurer (86), Germanist.

15. November
Hermann Dietzfelbinger (76), ehemaliger evangelischer Landesbischof von Bayern.

16. November
Paul Pörtner (59), Schriftsteller.

17. November
Rudolf Eberle (58), baden-württembergischer Wirtschaftsminister.

20. November
Trygve Bratteli (74), ehemaliger norwegischer Ministerpräsident.

23. November
Paul Dahlke (80), Schauspieler.

26. November
Albert Vietor (62), langjähriger Vorstandsvorsitzender der „Neuen Heimat".

28. November
Hans Speidel (87), ehemaliger NATO-Oberbefehlshaber der Alliierten Landstreitkräfte in Mitteleuropa.

1. Dezember
Conny Rudhof (50), ehemaliger Berufsbox-Europameister.

5. Dezember
Viktor Schklowskij (91), sowjetischer Schriftsteller.

13. Dezember
Vicente Aleixandre (86), spanischer Schriftsteller und Literatur-Nobelpreisträger.

18. Dezember
Rudolf Platte (80), Schauspieler.

20. Dezember
Dimitri Ustinow (76), sowjetischer Verteidigungsminister.

24. Dezember
Peter Lawford (61), amerikanischer Filmschauspieler.

28. Dezember
Sam Peckinpah (59), amerikanischer Filmregisseur.

31. Dezember
Chan Si (50), kambodschanischer Ministerpräsident.

Abdullah, Farooq 108 f.
Abraham, Murray F. 170
Adam-Schwaetzer, Irmgard 215
Adams, Gerry 89
Adenauer, Konrad 66
Adler, Alfred 82
Albert, Prinz von Monaco 97
Albrecht, Ernst 251
Alfonsín, Raúl 22
Allen, Joseph 285
Andazola, Robert 282
Andropow, Jurij Wladimirowitsch 244 ff., 247
Apel, Hans 213
Aquino, Benigno 220
Arafat, Jassir 136
Assad, Hafis 137
Atkow, Oleg 249
D'Aubuisson, Major 158 f., 163

„Baby Fae" 148 f.
Bahro, Rudolf 216
Bailey, Dr. Leonard 148
Baker, Ginger 82
Bangemann, Martin 214
Barnard, Christiaan 151
Barzel, Rainer 250 ff., 255
Basie, William („Count") 83
Bastian, Gert 217
Baudouin, König von Belgien 120
Bazin, André 84
Beattie, Owen 52
Beatrix, Königin der Niederlande 120
Beck, Ludwig 85
Beckenbauer, Franz 74 f.
Benefield, Doug 264
Berg, Beate 46
Berlinguer, Enrico 83
Bhindranwale, Sant Jarnail Singh 100 ff.
Biedenkopf, Kurt 252
Bizet, Georges 165, 170
Blüm, Norbert 36, 40, 208
Börner, Holger 218
Bond, Graham 82
Bonfine, Hebe 22
Botticelli 202
Bräutigam, Hans Otto 46
Brandt, Willy 79, 210, 212, 218
Brauchitsch, Eberhard von 251 f., 255
Brecht, Bertolt 83
Breschnjew, Leonid 244 f., 247
Brook, amerikanischer Filmregisseur 165
Brymer, Jack 176
Burdon, Eric 82
Burroughs, Edgar Rice 58
Burton, Richard 84
Buscetta, Felicia 141
Buscetta, Tommaso 140 ff., 145

Callas, Maria 82
Capote, Truman 85
Caroline, Prinzessin von Monaco 97
Carter, Jimmy 265
Casiraghi, Andrea Albert 97
Casiraghi, Stefano 97
Cayahara, Necip 41
Charles, Prinz von Wales 96
Chiapel, Tom 155
dalla Chiesa, ital. Polizeioffizier 142
Clark, Dr. Barney 151
Clayton, Ronnie 133
Clegg, Sir Walter 89
Coleman, Joshua 146
Costie, Candy 195
Coubertin, Baron de 189

Dahlke, Paul 84
Damas, Arturo Rivera 159
Dean, Christopher 199
Derwall, Jupp 75
Diana, Prinzessin von England 96
Diehl, Rudolf 252
Disney, Walt 76
Ditfurth, Jutta von 217
Dollinger, Werner 277
Domingo, Placido 170
Downes, Sean 90
Dregger, Alfred 47, 208
Dreßler, Rudolf 41
Duarte, Napoleon 158 f., 163
Durham, Paul 131

Easterday, Kenny 153
Eichinger, Bernd 57
Eisler, Hanns 83
Elisabeth II., Königin von England 120
Ende, Michael 56 f.
Engels, Friedrich 18
Engholm, Björn 212
Enke, Karin 199
Eppler, Erhard 212 f.

Falcone, ital. Richter
Ferraro, Geraldine 280 f.
Figini, Michaela 200
Fischer, Joseph (Joschka)
Flick, Friedrich Karl 251 ff., 255
Flores, David 146
Fonseca, Carlos 156
Forman, Milos 170
Franco, Francisco 138
Franke, Heinrich 37
Franklin, Sir John 52
Freyer, Hans 83
Friderichs, Hans 251
Furtwängler, Wilhelm 82

Gades, Antonio 170
Galvin, Martin 90
Gandhi, Indira 100, 102, 104, 106 ff.
Gandhi, Mahatma 100
Gandhi, Rajiv 102, 106 ff.
Gandhi, Sanjay 108
Gardner, Dale 285
de Gaulle, Charles 66
Gehlen, Arnold 83
Geißler, Heiner 208, 219, 251
Gemayel, Amin 136 ff.
Gemayel, Pierre 138
Genscher, Hans-Dietrich 208, 214 ff., 252 f., 255
Ghaddafi, Muammar el 68
Girth, Peter 176
Glotz, Peter 217
Gobbi, Tito 82
Godard, Jean-Luc 165
Goodman, Benny 83
Gorbatschow, Michail 244
Gottwald, Gaby 216
Gromyko, Andrej 245 f.
Groß, Michael 190
Guardini, Romano 82
Guccione, Bob 155
Guevara, Che 156

Haile Selassie, verst. Kaiser von Äthiopien 18
Hämäläinen, Marja-Liisa 199
Harding, Will 131
Hauff, Volker 213
Heidegger, Martin 82
Heidemann, Gerd 224 f.
Heider, Gene 127
Hernandez, Omar 146
Henry Charles Albert David, Prinz von England 96
Hingsen, Jürgen 193
Hilpert, Heinz 84
Hitchcock, Alfred 84
Hitler, Adolf 120, 138
Hoften, James van 286
Honecker, Erich 46 f., 208, 245
Hope, Bob 155
Hopgood, Colin 130
Huberty, Edna 147
Huberty, James 146 f.
Hudson, Hugh 58
Hulce, Tom 170
Humez, Charles 79
Hussein, Saddam 116 f.

Ijengar, Indira 128

Jackson, Harry 92
Jackson, Michael 172 ff.
Jackson, Walter 132
Jagger, Mick 82
Jaruzelski, Wojciech 222
Jean, Großherzog von Luxemburg
Jenkins, David 31
Johnson, Bill 200
Johnson, James P. 83
Johnson, Uwe 83
Juan Carlos, König von Spanien 247
Jürgens, Curd 79

Karajan, Herbert von 176
Kennedy, John F. 240
Kerschgens, Karl 218
Khomeini, Ajatollah 110, 115 f., 119, 136, 138
Kiechle, Ignaz 208
Kießling, Günter 34 f., 205
Kirillow, Igor 244
Kisim, Leonid 249
Kisshazy, Rudy 270 f.
Kittinger, Joe 230 f.
Klose, Hans-Ulrich 212
Knef, Hildegard 79
Kohl, Helmut 35 f., 66 f., 120, 204 ff., 208 f., 219, 250 ff., 255
Korner, Alexis 82
Kronawitter, Georg 213
Küng, Hans 82
Kujau, Konrad 224 f.

Lafontaine, Oskar 212 f., 218
Lambsdorff, Otto Graf 214, 251, 253, 255
Landis, John 173
Last, James 180
Lawson, Gerry 131
Leber, Georg 36
Lenin, Wladimir Iljitsch (eigtl. Uljanow) 18
Lewis, Carl 186
Lieblang, Edith 224
Liggio, Luciano 145
Losey, Joseph 83
Lucia, Paco de 170

Maazel, Lorin 170
Madaus, Pharma-Fabrikant
Magoni, Paoletta 200
Manet, Edouard 202
Mansfield, Jayne 79
Mao Tse-tung 21
Marcos, Ferdinand 220 f.
Martinez, Alvarez 161
Martins, Antonio 8
Marx, Karl 18
Mason, James 84
Massoud, Ahmed Shah 21
Mayr, Hans 36 f.
McCandless, Bruce 286
McCarthy, Joseph 83
Mérimée, Prosper 165
Mesmer, Gustav 11
Metten, William 263
Meyer, Sabine 176
Miller, Glenn 83
Mitterrand, François 66 ff., 70 f., 120
Miyake, Issey 166
Möllemann, Jürgen 252
Mok, John 131
Mondale, Eleanor 281
Mondale, Walter („Fritz") 280 f.
Moreau, Jeanne 83
Morlok, Jürgen 215
Moser, Francesco 226
Moser, Jimmy 131
Moten, Benny 83
Mozart, Wolfgang Amadeus 170
Mussa, Abu 136
Mussolini, Benito 139, 143

Nanak, Guru 99
Nau, Alfred 252, 255
Niemöller, Martin 82

Olav, König von Norwegen 120
O'Neil, P. 89
Ortega, Daniel 156

Paefgen, Max 252
Parkar Singh Badal 102
Paul, Albert 251 f.
Peinemann, Günther 28
Peres, Shimon 136
Pessar, Henry 65
Petersen, Wolfgang 56 f.
Pinter, Harold 83
Piotrowski, Adam 220
Piscator, Erwin 82
Platini, Michel 48
Platte, Rudolf 85
Popieluszko, Jerzy 222 f.
Preminger, Otto 165
Priestley, J.B. 84
Prior, James 90
Pross, Helge 85

Rafsanjani, iranischer Parlamentspräsident 110
Rahner, Karl 82
Rainier, Fürst von Monaco 97
Rao, N.T.R. 108
Rau, Johannes 212
Reagan, Nancy 120, 278, 280
Reagan, Ronald 120, 137, 155 f., 160 f., 173, 186, 221, 234 f., 245 f., 265, 278, 280 ff.
Rehlinger, Ludwig 47
Reinhardt, Max 82
Rodriguez, Jesusa 202
Rosenhagen, Gudrun 28
Rosenhagen, Guntram 28
Rosenhagen, Matthias 28
Rosenhagen, Wolfgeorg 28
Rosi, Francesco 170
Ruiz, Tracie 195
Ryan, Jo 243
Ryan, Leo 243

Sacharow, Andrej 245
Sänger, Fritz 85
Salieri, Antonio 170
Salim, Ibrahim Ahmed 95
Sandino, Augusto 156
Saura, Carlos 165, 170
Schabell, Kurt 132
Scharping, Rudolf 213
Scheel, Walter 252
Schelsky, Helmut 83
Schily, Otto 217 ff.
Schiwkoff, Todor 208, 245
Schmeling, Max 79
Schmidt, Helmut 212 f., 253
Scholz, Gustav 78 f.
Scholz, Helga 79
Schröder, Gerhard 213
Schroeder, Margaret 150
Schroeder, William 150 f.
Schwan, Robert 75
Shaffer, Peter 170
Shindo, Kaneto 132
Shree Rajneesh, Bhagwan 242 f.
Sin, Jaime 220
Sinowatz, Fred 206
Smith, Don 243
Snowdon, Earl of 96
Solowjow, Wladimir 249
Somoza, Anastasio 161
Sorge, Wilfried 225
Späth, Lothar 205
Speidel, Hans 85
Sperber, Manès 82
Staudte, Wolfgang 82
Stéphanie, Prinzessin von Monaco 97
Stoltenberg, Gerhard 205, 251
Stoph, Willi 46
Stoppard, Tom 83
Stras, Georg Friedrich 13
Strasser, Josef 13
Stratas, Teresa 170
Strauß, Franz Josef 205 f., 208 f., 252 f., 255
Suhr, Heinz 219
Swarovski 13

Tabori, Georg 83
Taylor, Elizabeth 84
Tebbit, Norman 89
Thatcher, Margaret 88 f.
Thompson, Daly 193
Tichonow, Nikolaj 244 f.
Tito, Josip Broz 21
Torrington, John 52 f.
Torvill, Jayne 199
Trampert, Rainer 217 f.
Tretjak, Wladislaw 198
Trudeau, Pierre Elliott 120
Truffaut, François 84
Tschernenko, Anna 245
Tschernenko, Dimitrij 245
Tschernenko, Jelena 245
Tschernenko, Konstantin 244 f., 247
Turner, Ike 178
Turner, Tina 178
Tutu, Desmond 257

Ueberroth, Peter 189
Ustinow, Dimitrij 244 f.

Vietor, Albert 85
da Vinci, Leonardo 11
Vogel, Hans-Jochen 212 f.
Vogel, Wolfgang 46
Vollmer, Antje 216
Vollmer, Florian 216
de Vries, Dr. William 150 f.

Wagner, Richard 84
Walde, Thomas 225
Waller, „Fats" 83
Waniczek, Otto 264
Watts, Charlie 82
Wayne, John 92
Weinmann, Manfred 232
Weissmüller, Johnny 58, 81
Weissmüller, Maria 81
Wendland, Gerhard 79
Werner, Oskar 84
Wieczorek-Zeul, Heidemarie 212
Wieneke, Frank 189
William Arthur Philip Louis, Prinz von England 96
Williams, Vanessa 155
Wilmont, Mollie 240 f.
Wörner, Manfred 34 f., 205
Wruck, Ulrich 28

Zeffirelli, Franco 170
Zhou, Qiurui 196
Zia ul-Haq 204
Zimmermann, Friedrich 182 f., 276
Zurbriggen, Pirmin 200